NFT 실전 투자 바이블

대한민국 대표 가상자산거래소 '빗썸'이 알려주는 NFT 투자 가이드

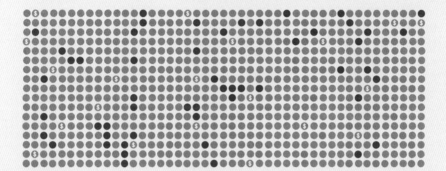

NFT 실전 투자
바이블

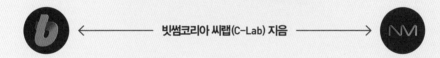

빗썸코리아 씨랩(C-Lab) 지음

비즈니스북스

일러두기

1. 이 책에 나오는 NFT 관련 용어 혹은 투자 관련 용어는 가급적 한국어로 번역해 소개하지만, 원어가 광범위하게 사용되고 있거나 원어를 사용하는 것이 더 의미 전달에 도움이 되는 경우 원어를 발음대로 표기했다.

2. 외래어 표기는 국립국어연구원의 '외래어표기법 및 표기 용례'를 따랐으나 일부 용어의 경우 시장에서 통용되거나 대중적으로 널리 쓰이는 표기를 따랐다(예: 프라이비트 → 프라이빗, 에어드롭 → 에어드랍, 톱숏 → 탑샷).

3. 괄호 안에 영문을 병기하는 경우 가급적 최초 1회에 한해 명시했으나, 내용이 경과된 후에 단어가 다시 나올 때에는 이해가 쉽지 않은 경우가 있어 반복해 병기한 경우도 있다.

4. 토큰이나 코인 이름의 경우 독자가 향후 투자 활동을 할 때 참고하기 편하게 하기 위해 여러 차례 영문 티커를 반복해 병기했다.

5. 책에서 인용하는 수치는 별도의 표현이 없는 한 집필 당시인 2022년 6월 기준이며, 출간일까지의 현황을 최대한 반영하려고 했다.

NFT 실전 투자 바이블

1판 1쇄 인쇄   2022년 8월 19일
1판 1쇄 발행   2022년 8월 26일

지은이 | 빗썸코리아 씨랩(C-Lab)
발행인 | 홍영태
편집인 | 김미란
발행처 | (주)비즈니스북스
등 록 | 제2000-000225호(2000년 2월 28일)
주 소 | 03991 서울시 마포구 월드컵북로6길 3 이노베이스빌딩 7층
전 화 | (02)338-9449
팩 스 | (02)338-6543
대표메일 | bb@businessbooks.co.kr
홈페이지 | http://www.businessbooks.co.kr
블로그 | http://blog.naver.com/biz_books
페이스북 | thebizbooks
ISBN 979-11-6254-294-1   03320

그럼에도 불구하고
여전히 NFT 시장은 뜨겁다

누가 가상자산과 블록체인의 종말을 말하는가?

블록체인 산업은 지금 그야말로 뜨거운 테마가 아닐 수 없다. 팬데믹 이후 시작된 유동성 증가의 여파로 전세계적으로 인플레이션 현상이 확산되며 이에 대처하기 위한 금리 인상이 단행되고 있다. 이에 따라 시장의 주요 플레이어들은 이제껏 경험해보지 못했던 급변하는 시장경제로 인한 유례없는 변동성을 맞닥뜨리고 있다. 주식시장 못지않게 큰 타격을 받은 것은 가상자산 시장이다. 2021년 말 8천만 원에 육박하던 비트코인 가격은 2022년 6월 2천 5백만 원까지 하락했다. 가상자산에 대한 투자 심리가 위축되면서 심지어 '크립토 시장' 전체의 위기와 몰락을 논하는 이들까지 생겨났다.

그런데 현장의 상황은 과연 어떨까? 결론부터 말하자면 블록체인 산업은 지금 이 순간도 뜨겁게 타오르는 중이다. 비록 시세가 크게 하락하긴 했지만 그렇다고 해서 블록체인 개발이 멈춘 것도, 블록체인과 접목된 새로운 아이디어가 사그라진 것도 아니다. 업계에서는 오히려 현재를 모두가 한 걸음 더 높이 도약하기 위한 시기로 보고 있으며 이 부침을 겪은 후의 시장 즉 넥스트 마켓Next Market을 논하고 있다. 가상자산 가격이 하락하더라도 오히려 펀더멘털은 더욱 튼튼해지고 있다고 보아야 할 것이다.

가상자산 시장이 겪어왔던 변화를 떠올려보면 이해가 쉬울 것이다. 2018년 무렵의 대세 하락장 시기에 제대로 기술에 집중하고 사업을 키우는 데 전념했던 디파이Defi나 가상자산은 이후 대상승장에서 누구도 부정할 수 없는 주인공으로 등극했다. 이런 경험이 있기 때문에 지금도 시장은 좌절하는 대신 새로운 도약을 준비하고 있는 것이다. 오히려 많은 시장 참여자들은 '무엇이 다음 상승장의 주인공이 될 것인가?' 촉각을 곤두세우고 있다.

이를 증명하기라도 하듯이 지난 2022년 6월 펜데믹으로 인해 무려 3년 만에 비대면이 아닌 오프라인 행사로 미국 텍사스에서 컨센서스Consensus 2022가 성황리에 개최되었다. 이 행사는 세계 최대 블록체인 콘퍼런스로서 가상자산 분야에서 가장 영향력 있는 이벤트로 꼽힌다. 소위 가상자산 빙하기라 할 수 있는 크립토 윈터Crypto Winter가 닥쳤음에도 불구하고 이 행사는 성황리에 종료되었다. 400명이 넘는 연사가 스테이지에서 자신의 의견을 피력하고 가상자산의 미래를 이야기했다. 블록체인 시장에서 높아진 한국의 위상을 반영하듯이 200명 이상의 한국인이 참석해 곳곳에서 한국어가 흔하게 들려왔다는 후문이다. 40도를 넘나드는 텍사스 날씨처럼 뜨거운 컨센서스 참가자들의 열기와 에너지는 앞으로의 블록체인 산업의 성장에 대한 기대감을 더욱 높여준다.

따지고 보면 처음 탄생한 이래 한 순간도 블록체인 시장이 뜨겁지 않았던 적이 있을까? 매일 새로운 뉴스가 뜨고 새로운 기술이 논의되고 새로운 시장을 개척해가는 것이 블록체인 시장의 모습이다. 그러므로 지금이야말로 바로 '넥스트 NFT'를 논하기에 매우 적절하고 적합한 타이밍이지 않은가 생각한다. 이 시장은 위기에 단단해지고 굴곡을 겪으며 더욱 성숙해져왔기 때문이다.

루나 발 위기로 촉발된 안정성과 신뢰성이라는 과제

2022년 상반기 블록체인 업계를 뒤흔든 사건은 누가 뭐래도 루나LUNA 발 위기일 것이다. 테라USDUST의 디페깅Depegging으로 인해 루나의 급격한 가치 변동이 발생했으며 이로 인해 네트워크에 대한 신뢰가 일시에 무너짐과 동시에 투자자들의 패닉 셀Panic Sell이 이어졌다.

간단히 설명하자면 테라USD는 그 가치가 미국 법정화폐인 1달러와 연동되도록 함으로써 신뢰할 수 있는 교환 가상자산 역할을 하도록 계획되었고 이를 위해 지속적으로 루나를 발행하거나 소각하는 구조로 설계되었다. 그런데 2022년 5월 7일 기준으로 약 10만 원에 거래되던 루나 가격이 5월 14일에 이르러 1원 미만으로 급락했다. 일주일 동안 무려 −99.99퍼센트라는 믿을 수 없는 가격 변동이 생겨난 것이다. 한때 코인마켓캡 기준 글로벌 가상자산 시가총액 8위(약 50조 원)에 올랐던 루나가 이렇게 폭락할 것이라고는 누구도 쉽게 예측하지 못했다. 루나의 시가총액은 삼성바이오로직스나 네이버와 비슷한 수준이었기 때문이다. 그런데 그런 일이 실제로 일어나고 말았다.

이 사건의 여파로 정부는 가상자산에 대한 규제를 강화함과 동시에 관련 법률 정비에도 박차를 가하고 있다. 루나가 쏘아올린 공은 가상자산 시장의 규제를 강화할 뿐 아니라 그 시기와 강도를 앞당길 것이 자명해 보인다. 좀 더 강력한 규제와 강화된 시장 진입 기준, 투자자 보호를 위한 장치 등이 생겨날 것이다. 당연히 가상자산 거래소나 가상자산을 발행하는 재단의 활동에 여러 제약도 생겨날 것이다.

그러나 규제에는 역기능만 있는 것이 아니다. 강력한 규제와 관련 법규의 강화는 오히려 이 시장에 대한 신뢰가 낮았던 대중들을 끌어들이는 효과로 작용할 수 있다. 시장이 건전해지면서 더 많은 이들이 참여하는 대중화가 가능해진다는 의미다. 가상자산이 법의 테두리 안에서 하나의 자산으로 인정받게 되고 투자자의 권리도 두텁게 보장받을 수 있게 된다. 그로 인해 더 많은 투자 정보가 대중들에게 편리하게 제공되고 누구나 손쉽게 가상자산을 투자할 수 있는 환경이 구축될 수 있다. 그렇게만 된다면 더 이상 가상자산이 어렵고 낯설고 위험한 투자 영역이 아니라 적법하고 안정적이며 믿을 만한 투자처로 각광받게 될 것이다. 그리고 그 중심에는 새로운 가치투자의 수단인 NFT가 자리하게 될 것이다.

지금이 바로 NFT에 관심을 두고 공부할 적기다

우리는 실패를 통해 성장하며 더 많은 것을 배운다. 인류는 실패를 통해 진화해왔다. 산업의 발전은 시행착오를 통해 가속화된다.

루나에서 시작된 글로벌 가상자산 시장의 위축은 최근의 경제 상황과 맞물려 시장의 더 큰 하락으로 이어지는 순환을 그리고 있다. 가상자산의 기축통화 격인 비트코인BTC과 이더리움ETH의 연쇄적 하락 현상은 당연히 NFT 시장에도 영향을 미친다. 안타깝게도 지금의 경제상황 때문에 NFT의 매력도 역시 떨어지고 있다는 게 다수의 평가다. 어떤 이들은 고평가된 NFT가 신기루와도 같은 한 순간의 버블이었을 뿐이라고 주장한다. NFT 시장 전체의 시가총액과 거래대금이 급격히 하락함으로써 NFT 시장이 이제 한물 간 것이 아니냐는 이들의 주장에 힘이 실리기도 한다. 이런 상황을 근거로 들며 급기야 크립토 윈터가 왔으며 다수가 살아남지 못할 것이라고 보는 비관적 시각도 있다.

그러나 시장을 바라보는 관점은 어느 하나만 있는 것이 아니다. 한쪽에서는 어느 순간 비트코인이 0원이 되어 시장에서 사라질까 두려워하지만 다른 쪽에는 이렇게 하락한 지금이 오히려 매수의 타이밍은 아닐까 판단하는 시각도 존재한다.

평소에 너무도 갖고 싶던 NFT가 있었는데 원하는 가격에 매수할 수 있게되어 구매에 나서는 커뮤니티의 움직임도 쉽게 확인할 수 있다. 물론 하락장이 언제까지 지속될 것이며 반등이 어느 시점에 일어날 것인지 그 누구도 예상할 수 없다. 하지만 NFT 열풍이 식어간다고 해서 이런 흐름이 언제까지 이어질 것이라고도 단언할 수 없다.

실제 NFT에 대한 관심은 가상자산 경기 침체와는 상반되게 움직이고 있기 때문이다. 국내외 기업들은 지속적으로 NFT를 출시하거나 관련 사업에 대한 진출을 발표하는 등 다양한 사업 모델을 준비하고 있다. 국내 대표 가상자산 거래소인 빗썸 역시 2022년 하반기에 NFT와 메타버스를 접목한 새로운 NFT 마켓을 런칭할 예정이다. LG, SK, CJ 등 국내 유수의 대기업과 합작하고 NFT 마켓플레이스와 메타버스 플랫폼을 연계한 새로운 형태의 NFT 마켓이다.

NFT는 일반 코인과 달리 게임, 리테일, 유통, 엔터테인먼트 등 다양한 비즈니스와 시너지를 생성해낼 수 있다. NFT는 저마다 고유의 아이덴티티와 지속가능한 가치를 담고 있기에 다양한 산업군은 이를 적극적으로 도입하기 위해 준비 중이다. 그러므로 이 시장은 아직 제대로 시작되지도 않았다고 보아야 마땅하며 앞으로 계속 지켜보면서 추이를 살펴야 한다.

실제로 대기업의 NFT 시장 진출이 계속되고 그 실체가 가시화된다면 대중들에게 NFT는 지금보다 훨씬 더 친숙한 존재로 다가서게 될 것이다. 그리고 실제 새로운 가치투자의 대상이자 누구나 하나쯤 갖고 싶은 디지털 아이템으로 자리 잡게 될 것이다. 다양한 유틸리티성을 가진 새로운 NFT 상품이 온라인과 오프라인의 경계를 무너뜨리며 시장의 변화를 가져올 것이라고 믿어 의심치 않는다.

NFT 투자를 시작하는 이들에게 꼭 당부하고 싶은 말

NFT 투자를 시작할 때에는 다음 3가지를 꼭 기억해주시기를 당부한다.

첫째 블록체인이나 NFT는 실제 굉장히 어렵다. 너무도 빠르게 성장하고 변화하기 때문이다. 그러므로 충분히 공부하고 꾸준히 익혀야 한다. 누군가 NFT 투자로 큰돈을 벌었다고 하면 혹하기 쉽다. 더군다나 지금처럼 시장이 얼어 있으니 싼값에 한 번 거래해보면 어떨까 하는 생각이 들 수도 있다. 그러나 투자를 시작하기 전에는 반드시 자신이 투자하는 것의 실체가 무엇이며 어떠한 가치가 있고 정녕 제대로 살아있는 프로젝트인지 검토하고 검증해야 한다. 빠르게 변하는 이 시장의 특성상 당신이 투자를 결정하는 시점의 NFT가 최종 완성본이 아니라는 것도 기억해야 한다. 시장은 계속 성장하고 변화하면서 새로운 아이디어와 기술과 접목해 나아간다. 그러므로 제대로 성장할 수 있는 옥석을 가리는 것이 무엇보다 중요하다.

둘째 단기간 수익을 내기 위한 투자는 상처만 남길 뿐이라는 점을 잊어서는 안 된다. 일시적인 투자 성과에 일희일비하지 말아야 한다. 지금의 시장은 불확실성으로 가득하다. 일반 자본시장과 비교할 때 블록체인 시장의 지표는 매우 한정적이다. 히스토리를 추적하기 어려우며 매우 단기간에 많은 자본이 누적되어서 전문가라 해도 완전한 예측이 어렵다. 그러므로 스스로 고민해서 선택한 투자가 바로 성과를 내지 못한다 하더라도 즉각적으로 좌절하고 실망하기는 이르다. 자신이 선택했다면 그에 대한 믿음을 어느 정도 가져야 한다. 나쁜 투자를 하고도 무작정 버티라는 의미가 아니다. 스스로 범위를 정해서 시장 흐름이나 성과에 흔들리지 말고 냉철하게 판단해야 한다는 의미다.

셋째 예측이 어렵지만 2022년 하반기에는 변동성이 클 것으로 보인다. 이런 시기에는 공격적인 투자보다는 지키는 투자를 지향해야 한다. 과감한 선택보다는 신중한 선택이 더 돋보이는 시기다. 누군가 전문가라 주장하는 이가 앞으로의 시장이 이렇게 될 테니 나를 따르라고 조언한다면 오히려 한 발 물러서서 정확히 검증해나가면서 자신의 소중한 자산을 지키는 투자를 하기를 진심으로 바란다.

NFT 시장의 새로운 봄을 만끽할 주인공은 누구인가?

겨울이 지나가면 봄이 온다. 수차례 하락장을 겪으면서 블록체인 시장 참여자들은 시장에 대한 믿음을 더욱 굳건히 해왔다. 하락장에서도 블록체인은 어김없이 진화를 계속하며 지속적으로 성장해왔다. 무엇보다 하락장이야말로 진정한 의미의 진검승부가 시작되는 시기다.

진짜 가치 있는 NFT를 찾기 위한 진검승부. 지금이 바로 그 시점이며 이 책에서는 그 옥석을 가릴 수 있는 구체적인 방법을 설명할 것이다. 또 현재 시장에서는 어떤 형태의 NFT가 각광받고 있으며 각 산업군에서 어떠한 방식으로 사용할 수 있는지 알아본다. NFT 시장의 현재를 알 수 있는 유용한 지표에 대한 설명도 잊지 않고 포함시켜두었다. NFT 투자할 때 꼭 확인해야 하는 핵심요소가 무엇이며 NFT와 짝꿍처럼 움직이는 메타버스 시장과는 어떻게 연관이 되는지도 낱낱이 살펴본다. 구체적인 투자 방법론으로 들어가서 어떤 프로젝트를 조심해야 하며 어떤 채널을 이용해 어떻게 실제 투자하는지도 실례를 들어 알아본다.

단언컨대 이 책은 현재의 NFT와 넥스트 NFT를 두루 볼 수 있는 가장 효과적인 창구가 되어줄 것이다. 이 책을 통해 단지 단기간 수익에 연연해 남들을 따라 다니는 피상적인 팔로어가 되지 말고 진정한 가치를 보고 신중한 투자를 하는 현명한 투자자가 될 수 있기를 바란다. 과거에는 비쌌는데 이제 시장 상황 때문에 급격히 가격이 하락했다고 해서 덜컥 투자에 나서는 우를 범하지 말아야 한다. 사두면 언젠가 오르겠지 하는 무지에 가까운 희망회로를 돌려서는 판판히 실패할 확률이 높다.

이 책을 통해 공부하고 익혀서 어려운 시기에 더욱 성장하는 지혜로운

NFT 투자자가 될 수 있기를 간절히 바란다. NFT 투자를 고민하는 이들이라면 단순히 예쁘거나 특이하다는 이유 혹은 누군가에게 좋다는 소문을 듣고 혹해서 섣불리 투자하지 말아야 한다. 또한 몇 번 투자에 실패한 다음 블록체인 시장이나 NFT 자체를 비관적으로 보고 부정하며 섣불리 투자를 접는 우를 범해서도 곤란하다. 이런 간절한 마음을 담아 거래소 직원들이 자발적으로 짬을 내어 투자에 필요한 A부터 Z까지 오롯이 담아냈다는 것을 기억해주었으면 한다.

이 책은 2021년 출간된 《한권으로 끝내는 코인 투자의 정석》에 이어 빗썸 씨랩C-Lab에서 선보이는 두 번째 책이다. 책 출간에 도움을 주신 빗썸 이재원 대표를 비롯한 많은 분들께 진심으로 감사를 전한다.

이 책이 대한민국 투자자들이 누구라도 NFT 투자를 하기에 앞서 가장 먼저 참고하는 책이 되기를 희망하고 바라본다.

CHAPTER 1
NFT가 뭔데 이렇게 난리지?

가상자산, 블록체인 기술, 코인 투자 …
NFT는 뭐가 다른가?

게임을 하면서 돈까지 번다
P2E 게임 NFT가 뜬다

전통적인 미술시장이 디지털 영역으로 확장된다
디지털 아트 NFT

희소성, 소속감, 유대감을 수집한다
컬렉터블 NFT

희소성과 스토리가 돈이 되는 시대
디지털 파일 NFT

CHAPTER 2

데이터로 보는 NFT 시장

NFT는 다른 가상자산들과 어떻게 다른가?
NFT 코인에 대한 기초 정보

NFT는 어디서 시작해 얼마나 발전했나?
NFT 마켓 데이터

NFT는 어떤 곳에서 어떻게 거래되는가?
NFT 마켓플레이스

CHAPTER 3

넥스트 NFT ① 투자의 핵심요소

돈이 되는 NFT, 인기 있는 NFT의 비결
NFT의 가치 평가

가치 있는 NFT는 사용처가 다양하다
지속성과 유틸리티

🔹 NFT 소장가치를 결정할 때의 체크 포인트
작품, 커뮤니티, 프로젝트팀, 플랫폼

🔹 NFT 투자를 위한 시장 분석 기법
추세 파악과 하이프 사이클

CHAPTER 4

넥스트 NFT ② 세계관의 확장

🔹 가상자산과 NFT 활용도의 차이
NFT가 특별한 이유

🔹 NFT가 쓰이는 특별한 방식
① 유니크 NFT

🎲 NFT가 쓰이는 특별한 방식
② 제너레이티브 아트 NFT

🎲 NFT가 쓰이는 특별한 방식
③ 에디션 NFT

🎲 미래에는 어떤 NFT가 새롭게 등장할까?
NFT가 그리는 미래

CHAPTER 5

넥스트 NFT ③ 메타버스와 NFT

🎲 우리 곁으로 성큼 다가온 상상
메타버스라는 멋진 신세계

🔷 기술의 축적과 새로운 철학이 결합하다
메타버스는 어디까지 와 있나?

🔷 상상의 현실화를 더욱 가속화시키는 동력
메타버스와 블록체인의 결합

CHAPTER 6

사례로 보는 조심해야 할 NFT 투자

🔷 소중한 돈을 잃지 않기 위해 알아야 할 것
전형적인 NFT 사기 수법

🔷 사기를 당하지 않기 위해 꼭 확인해야 할 것들
NFT 스캠 피하기

CHAPTER 7
NFT 실전 투자 방법론

◈ NFT 실전 투자 단계
① 지갑을 만들고 활용하기

◈ NFT 실전 투자 단계
② NFT 구매와 판매

◈ NFT 실전 투자 단계
③ NFT 민팅하기와 에어드랍 받기

◈ NFT 실전 투자 단계
④ NFT 투자의 보조 툴들

CHAPTER
1

NFT가 뭔데
이렇게 난리지?

등장한 지 얼마 안 된 NFT라는 단어를 이젠 누구나 한번쯤 들어보았을 것이다. 최신 트렌드로 꼽히며 미디어를 뒤흔들었고 새로운 투자처로 시장의 자금이 모여들었다. 이 새로운 형태의 블록체인에 기존 가상자산 투자자들이 열광했다. 심지어 코인에 대해서는 부정적인 시각을 가진 이들조차 세상 유일의 가치를 증명할 수 있는 투자 상품을 보유할 수 있다는 데 관심을 기울이기 시작했다. 팬데믹으로 세상에 풀린 돈이 모이기 시작했고 유명 미술품을 나도 손쉽게 소유할 수 있다는 말에 솔깃해졌다.

그런데 너무도 막연하기만 하다. 여전히 NFT 시장은 그들만의 리그인 경향이 크다. 블록체인을 통해 거래되고 코인으로만 살 수 있으며 설령 NFT 예술작품을 구매해도 우리 집 거실에 걸 수 없다. 생소하고 낯선 개념일 수밖에 없는 것이다. 그러나 이 숫자와 알파벳 조합으로 기록된 디지털 세상은 당신을 강렬히 끌어당기고 있다.

지금 가장 빠르게 성장하고 있는 시장이며 산업에 관한 인식, 비즈니스 모델, 거래 시장, 관련 법규 등이 모두 설익은 초기 단계의 맹아 상태인 NFT. 이러한 NFT 시장 트렌드에 뒤쳐지지 않기 위해, 전성기에 찾아올 기회를 놓치지 않기 위해 당신은 무엇을 해야 할까?

가상자산, 블록체인 기술, 코인 투자… NFT는 뭐가 다른가?

NFT, 디지털 세계에 자산 개념을 부여하다

이제 '투자'라는 단어는 많은 이들에게 너무나 익숙해졌다. 20~30대 젊은이들뿐 아니라 장년들의 보유자산 형태 중 주식이나 코인이 일반화된 지 오래되었다. 이들은 새로운 투자기회에도 관심이 많다. 근로 소득만으로는 살아갈 수 없는 시대라는 방증이기도 하다. 투자는 이제 삶에서 떼어놓고 생각할 수 없는 주제가 되었고 관련 광고나 콘텐츠도 많아졌다. 초등학생 때부터 주식을 거래하게 하면서 경제교육을 시키기도 한다. 돌 선물로 금반지 대신 믿을 만한 기업의 주식을 선물하는 쪽이 더 똑똑하다고 여기기도 한다.

가상자산과 코인 시장은 정보기술과 금융 혹은 기술 전반과 금융의 교집합에서 새로운 시장이 탄생한 첫 역사적 사례다. 그런데 이제 NFT를 통해 전혀 새로운 분야와의 융합이 시작되려 한다. 예술, 상업 광고, 일상생활, 디지털 세상 속 또 다른 '나'를 통해 이전과는 전혀 새로운 방식의 투자가 시작될 것이다.

NFT는 Non-Fungible Token의 약자다. 번역하자면 '대체 불가능한 토큰'이라는 의미다. 블록체인 기술을 통해 디지털 파일의 소유와 거래 기록을 영구적으로 저장함으로써 디지털 파일을 자산화할 수 있도록 지원하는 시스템이다.

우리가 이미 잘 알고 있는 가상자산 시스템과 비교하면 이해가 비교적 쉽다. 비트코인Bitcoin, BTC은 내가 가진 수량과 상대가 가진 수량이 동일할 경우 가치 역시 동일하다. 그러므로 서로 맞교환할 수 있다. 중앙집권적 금융 시스템을 벗어나긴 했지만 기존의 통화와 마찬가지로 수량에 비례해 동일한 가치를 지닌다. 이것이 대체가능한 재화의 특징이다.

반면 NFT는 이러한 기존 가상자산과도 다른 성질을 지닌다. 대체 불가의 고유자산으로 희소성을 갖는다는 것이 가장 큰 특징이다. 각각의 NFT 토큰은 제각기 고유한 값을 가지므로 서로 1:1 맞교환이 불가능하다. 이것이 바로 대체 불가의 특징이다. 복제할 수 없는 해시Hash 형태로 소유권이 블록체인 상에 등록되면서 고유 값을 가진 토큰으로 발행된다. 그런 특징 덕에 디지털 파일에 대한 대체 불가한 고유의 권리를 인정받을 수 있게 되는 것이다.

종래의 디지털 파일은 복사Ctrl C와 붙여넣기Ctrl V를 통해 무한복제가 가

능했다. 그런데 블록체인 기술을 통해 원본과 최

초를 특정할 수 있게 되었다. 종래의 디지털 세상

에서는 무한 생성을 통해 수요를 충족하고 복제

본이 나와도 무엇이 오리지널인지 알 수 없었다.

그런데 이제 나만 보유할 수 있는 유일한 파일이

생기게 되었고 그를 통해 새로운 경제적 가치를

생성하게 되었다.

이 관점에서 NFT는 고유한 디지털 자산에 대

한 소유권을 나타내는 전자적 증표로서 경제적

가치를 지닌다고 정의되기도 한다. 즉 디지털 자

산에 고유성과 희소성이라는 개념을 부여함으로

써 디지털 자산의 가치를 재평가하고 투자 자산

으로서의 가치를 부여할 수 있게 된다.

해시
Hash
하나의 문자열을 그에 상응하
는 고정된 길이의 문자열로 변
환하는 것을 말한다. 정보의
위·변조 여부를 체크해서 정보
의 무결함을 검증하기 위한 방
법론이다.

코인Coin**과 토큰**Token
이 둘은 혼용되어 사용되기도
하는데 코인이 여타의 플랫폼
에 종속되지 않고 독립 생태계
를 구성하고 있는 가상자산이
라면 토큰은 특정 플랫폼의 코
인 위에 개별적인 목적을 위해
만들어진 가상자산을 의미한다.
NFT는 이더리움, 솔라나, 바이
낸스코인 등 플랫폼 코인을 기
반으로 생성된 토큰으로 정의
된다.

가상경제에서 가장 신뢰할 만한 거래 방법

이제껏 우리는 거대한 디지털 전환의 시대를 지나왔다. 앞으로 기술 발전이

거듭될수록 사람들이 온라인에서 보내는 시간은 지금보다 더 급격히 증가할

것이다. 우리는 이미 스스로도 자각하지 못하는 사이 '온라인-오프라인', '가

상-현실'의 모호한 경계에 살고 있다. 이를 현실세계와 대비해 '가상세계'

라고 칭한다. 즉 가상세계는 완전한 온라인, 디지털 세계만이 아니라 현실과

오버랩 되는 영역까지도 포함한다.

가상세계에서 일어나는 경제 현상이 바로 '가상경제'다. 즉 가상세계에서 생성된 상품이 가상자산을 매개로 유통, 거래, 소비되는 모든 현상을 의미한다. 가상공간에서 창출된 가상의 재화가 가상자산으로 판매된 후에 거래소 등을 통해 현금으로 교환됨으로써 가상경제는 가상자산을 매개로 현실경제와 연결된다.

하나금융경영연구소와 한국정보사회진흥원이 공동 연구한 결과에 따르면 가상경제가 구현되기 위해서는 5가지 요건이 필요하다. 지속성, 희귀성, 전문화, 거래, 소유권 등이 그것이다.

➡ **가상경제를 구현하기 위한 5가지 요건**

구분	설명
지속성 Persistence	가상세계의 환경 및 이용자에 대한 정보가 시간과 무관하게 지속된다
희귀성 Scarcity	가상세계의 상품 및 자산은 유한하며 구입에는 현실 자원이 필요하다
전문화 Specialization	현실경제의 분업화와 마찬가지로 가상경제 역시 전문화에 의한 분업이 발생한다
거래 Trade	이용자들은 가상경제 상품을 타인과 자유롭게 거래할 수 있다
소유권 Property	가상자산의 소유권자를 식별할 수 있고 소유권이 원천적으로 보장된다

NFT는 블록체인을 통한 토큰 기록의 대체 불가성에 의해 디지털 파일의 소유주와 거래 기록의 신뢰성을 보증할 수 있다. 즉 가상경제 성립요건 중

지속성과 희귀성을 포함한 여러 조건에 부합하는 것이다.

가상경제라고 할 때 가장 대중적으로 떠올릴만한 온라인 게임에서의 아이템 거래를 예로 들어보자. 이들 아이템은 온라인 중개 사이트 등을 통해서도 거래할 수 있다. 하지만 본질적으로 아이템의 원천이자 사용처는 게임회사다. 즉 언제든 게임회사의 결정에 따라서 이용이 종료될 수도 있고 특정 아이템이 수백 개 심지어 수만 개까지도 생성될 수 있다. 통상 온라인 게임 약관에는 아이템의 현금 거래를 금지하는 조항이 있다. 게다가 실효적으로 게임 아이템이나 게임머니가 법적 재산으로 인정되고 그로 인해 탈취나 사기 등에 대한 법적 처벌이 가능하다 하더라도 이를 완전히 방지하긴 어렵다.

그렇다면 NFT는 어떻게 거래될까? 그것이 가진 경제적 가치를 바탕으로 다양한 NFT 마켓 등을 통해 소정의 절차를 거치면 원화와 달러 등 현실경제 자산으로 거래할 수 있다. 대체 불가한 자산으로서 나만의 소유권을 인정받을 수도 있다.

모든 것이 기록된 가장 앞선 소유 수단

NFT는 화폐와 다르다. 가상자산과도 다르다. 비유하자면 탑승자 성명, 목적지, 좌석번호가 표기된 비행기 티켓과 유사하다. 토큰 안에 소유자의 정보와 다른 것과 절대 바꿀 수 없는 고유한 정보가 들어 있기 때문이다.

이런 특징 덕에 NFT는 진위 여부나 소유권 입증이 중요한 미술품, 저작권 증명과 같은 분야에서 가장 먼저 적용되었다. 즉 예술계에서 제일 빨리 이용되었던 것이다. 뿐만 아니라 게임, 스포츠, 엔터테인먼트, 부동산 분야

➡ 다양한 분야에서 사용되는 NFT

오리지널 디지털 예술품   오리지널 음악   디지털 수집품

이벤트 티켓   한정판 패션 아이템   도메인 이름   게임 아이템과 챌린지

메타버스
Metaverse
초월을 의미하는 메타Meta와 우
주를 뜻하는 유니버스Universe
의 합성어로 온라인상에 구현
된 가상세계를 뜻한다. 1992
년 《스노우 크래시》Snow Crash
의 저자인 SF 소설가 닐 스티븐
슨Neal Stephenson이 착안했다.
책 속에서 메타버스는 컴퓨터 기
술로 구현한 상상의 3차원 가상
세계를 지칭하는 용어로 쓰였다.

등 다양한 영역에서 빠르게 성장하고 있다.

가상자산을 생산하고 소비하는 플랫폼을 위시
로 많은 기업들이 다양한 분야에서 활발히 투자
를 시작했다. 그중 눈에 띄는 분야는 급속히 성장
중인 메타버스 플랫폼이다. 이곳에서의 NFT 발
행은 특히 활발히 진행 중이다. 아직까지는 자사
의 메타버스 플랫폼 내에서 통용되는 자체 화폐
를 실물화폐로까지 교환할 수 있도록 하는 곳은
소수다. 하지만 메타버스 세상에서 가상자산과 NFT의 활용은 필연적으로
증가할 것으로 예상된다.

게임을 하면서
돈까지 번다
P2E 게임 NFT가 뜬다

크립토키티 광풍이 의미하는 것은?

일반 대중들이 NFT에 대해 알게 된 대표적인 계기로 게임과 NFT의 결합 모델인 크립토키티Crypto Kitties를 꼽을 수 있다. NFT에 문외한인 사람도 이에 관한 뉴스를 한 번쯤은 접했을 것이다. 크립토키티는 2017년 12월 캐나다 스타트업 기업 대퍼랩스DapperLabs가 개발한 NFT 기반 게임이다. 게임에서는 가상자산인 이더리움Ethereum, ETH이 통화로 이용된다. 그런데 단순히 게임을 하는 것을 넘어서 이를 통해 수익을 창출할 수 있도록 기획되었다. 이를 계기로 이른바 P2E Play to Earn 게임이라는 영역이 새로이 자리 잡았다. P2E는 이후 게임 산업과 NFT 마켓에 있어 매우 중요한 키워드로 등장했다.

이더리움

Ethereum, ETH

비탈릭 부테린Vitalik Buterin이 시작한 가상자산으로 스마트 컨트랙트 기능을 구현하기 위한 플랫폼 또는 운영체제를 지향하는 프로젝트다. 우리가 알고 있는 대다수 토큰들이 ERC-20 표준을 따르는데 NFT의 경우 ERC-721 표준에 따라 토큰이 발행된다.

크립토키티는 블록체인 기반 게임으로 가상의 고양이를 육성하고 교배시켜서 희귀한 생김새를 가진 고양이가 나오면 비싼 값에 판매할 수 있는 게임이다. 모든 크립토키티는 블록체인 기술을 기반으로 고유한 특성과 정체성을 지니도록 설계되었다. 즉 내가 소유한 고양이는 전세계에 단 하나뿐이다. 바로 이런 이유로 매력적인 크립토키티가 비싼 값에 팔릴 수 있는 환경이 만들어진 것이다. 크립토키티는 한화로 2억 원이 넘는 17만 달러에 거래되기도 했다.

트랜잭션

Transaction, Txn

블록체인에서의 거래기록. 토큰의 발행이나 이체 등 거래에 발생되는 모든 데이터와 서명된 정보를 의미한다. 또한 각 거래기록을 유일하게 구분할 수 있는 운송장 번호와 같은 txid로 구분된다.

크립토키티가 인기를 끈 것은 자신만의 귀여운 캐릭터를 만들어 소유하고 싶은 욕구와 동시에 희소성이라는 가치를 부여하는 NFT만의 특성이 잘 결합되었기 때문이라고 분석된다. 이들 고양이는 한때 압도적인 트랜잭션Transaction을 기록하며 이더리움 네트워크를 마비시키기도 했다.

한때 네트워크를 마비시킬 정도의 활발한 거래와 값비싸게 거래되던 캐릭터 가격은 이더리움 네트워크상의 문제와 함께 무색해지기에 이르렀다. 과도한 트래픽으로 이용자가 원활히 게임을 즐기기 어려웠고 그 와중에 과도한 수수료가 발생하기도 했기 때문이다. 현재는 이러한 문제를 해결하기 위하여 다른 네트워크를 통해 NFT를 발행하는 게임들이 증가하고 있다. 한때 최고가 2억 이상에 거래되던 이 고양이들은 2022년 6월 현재 약 0.1ETH, 즉 30만 원가량이면 소유할 수 있다.

출처: 크립토키티 cryptokitties.co

음지에서 위험하게 아이템 거래하던 시대의 종말

크립토키티가 NFT 게임 시장의 화려한 개막을 알린 이후 게임과 연계된 NFT 시장은 매우 빠른 속도로 성장한다.

본래 온라인 게임을 통해 획득한 아이템은 중개 사이트 등을 통해 거래할 수 있었다. 이들 아이템 거래는 각 게임 내에 존재하는 자체 거래소에서 게임 내 재화를 매개로 이루어지기도 한다. 그러나 때로 현금Fiat Money으로 거래할 수 있는 별도의 게임 아이템 거래소 플랫폼을 이용하기도 했다. 아이템베이(www.itembay.com)나 아이템마니아(www.itemmania.com) 같은 곳이 그런 예다.

2022년 기준 게임 아이템 현금 거래시장 규모는 약 1조 2천억 원으로 추산된다. 이렇듯 거래가 활발해졌는데도 여전히 게임 아이템 거래에는 위험성이 따른다. 게임 계정이나 아이템 해킹, 일부 게임사 아이템을 둘러싼 확률 조작 논란, 아이템 거래의 음성화 같은 고질적인 문제가 있었기 때문이다.

NFT와 게임시장의 만남은 기존 게임에도 디지털 소유권이나 P2E 개념을 적용할 수 있게 됨으로써 이전과는 확연히 다른 파급력을 가져온다. 기존에는 즐기기 위해서 내 돈을 써가면서까지 게임을 했다면 이제는 돈을 벌기 위해 게임을 하는 시대가 열리기 시작했다.

P2E 시장의 흥미로운 선두 주자들

엑시인피니티 Axie Infinities, AXIE는 디지털 반려동물인 엑시라는 판타지 생물을 모으고 키우고 이를 이용해 전투를 벌이는 게임이다. 게임 속 엑시는 다양한 외형을 띤다. 고양이, 새, 물고기와 비슷한 캐릭터도 있고 간헐적으로 DNA 속에 숨어 있던 신비한 동물의 유전자가 깨어나기도 한다. 예를 들어 고양이처럼 생겼는데 알고 보니 용으로 변신하기도 하는 식이다.

플레이어는 미니 게임, 퀘스트, 미션 수행 등의 활동을 통해 자신이 소유한 엑시를 강화시킨다. 이 게임은 이더리움 기반으로 운용되는데 게임 내 캐릭터와 아이템 모두를 블록체인 상 NFT로 구현한 것이 특징이다. 모든 플레이어는 자신이 키우는 엑시에 대한 완전한 소유권을 가진다. 이를 바탕으로 원활히 거래할 수 있다. 플랫폼 내에서만 활용되던 게임 아이템이 얼마든지 플랫폼 밖을 누빌 수 있게 된 것이다. 즉 특정 게임회사 서버에 보유중인 데이터가 아니라 경제적 가치를 지닌 자산으로 얼마든지 바뀔 수 있다는 가능

➡ 엑시인피니티 메인화면

출처: 엑시인피니티 axieinfinity.com

성을 보여준 것이다.

　게임의 양상을 보고 아마도 많은 독자들이 포켓몬스터를 떠올릴 것이다. 엑시인피니티는 베트남 게임 스튜디오 스카이 마비스Sky Mavis가 포켓몬스터에서 영감을 받아 개발했기 때문이다. 2018년 3월에 출시되었으므로 이미 꽤 연식이 된 NFT 기반 PVPPlayer Vs Player 게임이다.

　귀여운 캐릭터와 재미있는 게임 방식, 탄탄한 커뮤니티를 바탕으로 현재까지 안정적으로 운영되고 있다. '우리는 게임을 통해 각 플레이어가 주도할 수 있는 권한을 부여하고 경제적인 기회를 제공한다는 신념을 갖고 있다.' 엑시인피니티는 자신들의 비전을 이렇게 천명했다. 이는 P2E 대표주자로서의 면모를 그대로 보여주는데 토큰의 활용도가 계속 높아지고 있다는 것이 이를 방증한다. 게임에서 사용되는 엑시인피니티 토큰AXS은 게임의 거버넌스Governance 토큰이자 게임 내 화폐이며 다수의 거래소에 상장되어 있어 다

➡ 빗썸 엑시인피니티 코인 차트

출처: 빗썸 bithumb.com

른 통화로 교환할 수 있다.

AXS는 게임 참여에 사용되고 게임을 통한 보상으로 수령할 수도 있으며 자체 거래소인 엑시 마켓플레이스(marketplace.axieinfinity.com)에서 거래할 때에도 사용할 수 있다. 이 토큰을 이용해 새로운 디지털 반려동물 캐릭터를 만들어낼 수도 있고 스테이킹Staking을 할 수도 있으며 예치에 따른 보상도 받을 수 있다.

이 게임은 평균소득이 낮은 필리핀 등의 국가에서 노동의 가치를 뛰어넘는 투자의 가치를 증명해냈다. 코로나19 팬데믹으로 일자리를 잃은 사람들의 소득이 현격히 줄었는데 이 게임에서 나오는 수익으로 생계유지를

➡ 위메이드의 미르4

출처: 위메이드 wemade.com

넘어 자산을 축적하기까지 이르렀던 것이다. NFT가 활용된 새로운 가상경제의 대표적 사례로 꼽힌다.

국내 블록체인 게임업계 선두주자로 꼽히는 위메이드의 위믹스Wemix, WEMIX 역시 블록체인 기반 글로벌 게임 플랫폼이다. 유저들이 게임에서 생성된 NFT를 거래할 수 있도록 지갑이나 스테이킹 서비스 등을 제공한다.

위메이드는 기존 히트작인 미르4에 블록체인 기술과 P2E 콘셉트를 접목해서 '미르4 글로벌'을 출시함으로써 국내 P2E 트렌드를 선도했다. 2021년 8월 26일 글로벌 170여 개국에 출시된 미르4 글로벌은 출시 3개월 만에 동시접속자 130만 명, 서버 수 207개를 돌파하며 큰 주목을 받았다.

플레이어는 게임의 핵심 재화인 흑철을 채굴해 여러 과정을 거쳐 위믹스 토큰으로 바꾸고 이를 거래소에 팔아서 수익을 낼 수 있다. 미르4에서 사용되는 글로벌 게임 토큰은 드라코DRACO이다. 위메이드는 매 게임마다 동일하게 위믹스 토큰을 사용할 경우 게임의 다양성을 보장하기 어려울 것이라고 판단해 게임마다 별도의 토큰을 발행한다는 정책을 채택했다. 이들은

2022년 말까지 100개의 게임을 위믹스 플랫폼에서 서비스함으로써 위믹스를 게임 특화 블록체인 오픈 플랫폼으로 성장시킬 계획이라고 밝혔다.

P2E 게임시장을 둘러싼 치열한 선점 경쟁

국내 게임시장에서는 새로운 트렌드로 부상한 P2E 시장을 선점하기 위한 주도권 경쟁이 치열하다. 그중 눈에 띄는 몇몇을 소개하고자 한다.

카카오게임즈의 보라Bora, BORA는 대표 주자로 꼽힌다. 카카오게임즈의 블록체인 게임 개발 자회사인 프렌즈게임즈는 보라BORA 코인 발행사인 웨이투빗과 합병함으로써 블록체인 기반 NFT 사업 진출을 공식화했다.

게임, 소프트웨어와 같은 디지털 콘텐츠 블록체인 플랫폼에서 사용되는 가상자산인 보라는 처음에는 이더리움 네트워크를 통해 선보였다. 하지만 여타의 플랫폼과의 호환성 효율 등을 고려해서 클레이튼 기반으로 교체함으로써 토큰 효용성을 높이고자 했다. 이 토큰은 최근 그레이스케일Gray Scale의 투자 고려대상 자산으로 분류되어 화제가 되기도 했다.

그레이스케일
Gray Scale
세계적인 가상자산 투자사로 글로벌 1위 비트코인 신탁펀드를 운용하고 있다.

네오위즈의 네오핀Neopin, NPT의 행보 역시 주목할 만하다.

네오핀은 NFT나 P2E뿐 아니라 가상자산 금융서비스 제공을 목표로 출시된 블록체인 오픈 플랫폼이다. 클레이튼 기반의 네오핀은 다양한 게임에 연동되며 각 게임 생태계에서 사용하는 재화를 가상자산으로 교환하거나 연결해주는 매개체로 활용된다.

자체 스테이킹 서비스와 유동성 채굴, 코인 간 스왑 등도 지원할 예정이다. 특히 S2EService to Earn 시장, 즉 기존 오프라인 혹은 온라인 파트너사가 손쉽게 블록체인을 도입할 수 있도록 서비스를 제공하는 분야에 활발히 진출할 계획이다.

컴투스의 씨투엑스C2X 역시 그 활동이 기대된다.

컴투스의 P2E 플랫폼인 씨투엑스는 해외 거래소인 FTX에서 IEO Initial Exchange Offering를 하면서 처음 상장했다. 컴투스는 국내 최초 모바일 게임서비스 개시 업체로 유명하다. 씨투엑스는 플랫폼 내에서 각 게임에 사용되는 게임머니로 교환되며 NFT 등 재화를 사고파는 데에도 사용할 수 있다. 또한 플랫폼 내 거버넌스 의사결정에도 사용될 예정이다.

컴투스의 실시간 전략게임인 '서머너즈워: 백년전쟁'은 블록체인 게임 플랫폼인 씨투엑스 생태계에 제일 먼저 합류한 게임이다. 한국에서는 아직 이용할 수 없지만 글로벌 규모로는 앱 마켓에서 다운 받은 별도의 전자지갑 'C2X Station'을 통해서 P2E 경제시스템을 경험할 수 있다.

넷마블의 마브렉스MBX 플랫폼 역시 주목해볼 만하다.

넷마블의 자체 블록체인 게임 플랫폼인 마브렉스는 클레이튼 네트워크를 기반으로 한다. 넷마블의 다양한 게임과 연계해서 플레이어에게 블록체인을 활용한 게임 생태계를 제공하고 각 게임에서 만들어진 개별 체인을 브릿

> **FTX 거래소**
> 2019년 5월 서비스를 시작한 거래소로 홍콩 소재 디지털 자산 트레이딩 리서치 업체인 알라메다 리서치Alameda Research가 주축이 되어 출범했다. 가상자산 파생상품을 전문적으로 판매하며 바이낸스Binance와 코인베이스Coinbase와 더불어 글로벌 3대 거래소로 꼽힌다.

> **IEO**
> Initial Exchange Offering
> 가상자산 개발사가 자체적으로 진행하는 가상자산 공개Initial Coin Offering, ICO를 가상자산 거래소가 대행해주는 형태의 상장이다. 거래소가 사전에 해당 토큰을 검증하기 때문에 신뢰성을 담보한다고 평가된다. 신뢰할 만한 거래소가 진행하는 IEO여야 한다는 전제조건이 있다.

➡ 국내 주요 게임사들의 P2E 사업 현황

토큰명	운영 기업 및 네트워크	시가총액	상장 거래소
위믹스 Wemix, WEMIX	위메이드 클레이튼	5,952억	빗썸, 업비트, 코인원, 게이트아이오, 후오비글로벌 등
보라 Bora, BORA	카카오게임즈 클레이튼	8,758억	빗썸, 업비트, 코인원, 게이트아이오, OKX 등
네오핀 Neopin, NPT	네오위즈 클레이튼	355억	빗썸, 코인원, MEXC, 게이트아이오 등
씨투엑스 C2X, CTX	컴투스 테라 (메인넷 변경 검토 중)		코빗, FTX, 게이트아이오, 후오비글로벌 등
마브렉스 MarbleX ,MBX	넷마블 클레이튼	2,927억	빗썸, 후오비글로벌 등

시가총액은 코인마켓캡의 2022년 4월 중 자료를 참고

브릿지
Bridge
서로 단절되어 있는 각각의 블록체인 메인넷 간의 토큰 전환을 가능하게 해주는 기능을 말한다.

지 Bridge 체인에 연결함으로써 시장에서 광범위하게 사용할 수 있게 한다.

플레이어는 게임에서 획득한 토큰을 생태계 내의 다른 토큰으로 교환하거나 스테이킹 함으로써 마브렉스로 보상받을 수 있다. 마브렉스는 블록체인 서비스 운영에서 발생하는 수수료의 50퍼센트를 소각함으로써 토큰 가치를 보존하도록 설계되었으며 나머지 50퍼센트 역시 성장자금으로 사용되어서 장기적인 생태계 활성화에 활용된다고 한다.

한국에서의 P2E 시장과 규제

안타깝게도 아직 한국시장에서는 P2E 게임을 즐길 수 없다. 2000년대 초에 불법도박 게임 바다이야기로 야기된 사행성 문제로 인해 강력한 제재가 가해지기 시작했기 때문이다.

게임산업법 제32조에 의하면 게임을 통해 획득한 유·무형 결과물을 현금으로 환전하거나 환전 알선 또는 재매입하는 행위는 완전히 금지되어 있다. 게임을 통해 얻은 아이템이나 게임머니를 현금화하는 것이 불법이므로 게임코인을 가상자산이나 현금으로 환전하는 P2E 게임 역시 현행법상 불가하다.

따라서 한국에서는 해당 게임을 이용할 수 없고 글로벌 시장에서만 이용할 수 있다. 국내에서는 가상자산 거래소에 상장된 코인을 거래하는 수준에서만 시장 참여가 가능하다. 다만 해당 규제에 대한 재검토가 필요하다는 의견은 계속 제기되고 있으며 P2E 시장을 둘러싼 글로벌 트렌드에 뒤쳐져서는 안 된다는 주장 역시 힘이 실리고 있다.

P2E 게임의 구조는 저마다 차이가 있다. 하지만 주로 게임을 시작하기 위해 필요한 캐릭터나 아이템이 NFT 형태로 존재하기 때문에 NFT 구매를 위한 코인이 필요하다. 또한 게임을 진행하며 얻게 되는 보상으로 코인과 교환할 수 있는 재료 아이템을 획득하게 된다. 그래서 이 과정을 '채굴'이라고 부르기도 한다. 여기서 획득한 재료는 가상자산인 코인으로 교환할 수 있고 게임 캐릭터를 육성하는 데 혹은 아이템을 구매하는 데 사용한다. 대개 게임 캐릭터가 성장할수록 채굴의 효율 역시 증가하는 구조를 갖고 있다. 따라서 플레이어는 게임의 보상을 적절히 사용해서 효율을 높이기 위해 채굴을 하

게 된다. 이렇듯 채굴과 교환을 통해 획득한 코인은 가상자산 거래소에서 매도함으로써 현금화할 수 있다.

많은 P2E게임은 시작 단계부터 코인이 필요한 경우가 많다. 따라서 이것이 기존 온라인 게임과는 전혀 다른 진입장벽으로 작용하기도 한다. 이럴 경우 유저들 간에 자산을 대여Lend하는 개념을 도입함으로써 문제를 해결하고자 하였다. 코인이나 자산을 보유한 사용자가 신규 유저에게 자신의 자산을 대여해주고 게임을 통해 획득한 보상으로 이자를 지불하게 하는 방식이다. 이는 신규 유저의 진입장벽을 낮춰줄 뿐 아니라 코인을 보유한 기존 유저가 수익을 극대화할 수 있는 방법을 제공한다.

➡ **P2E 게임의 수익 창출 구조 예시**

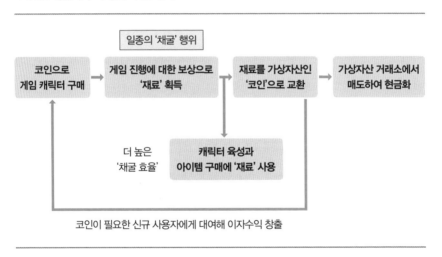

P2E 게임 NFT는 온라인 게임의 캐릭터나 아이템을 NFT로 발행하고 각각 자체적인 코인을 발행함으로써 생태계를 형성하여 운영된다. 게임 내 자산은 NFT로 민팅Minting하기 때문에 게임을 운영하는 게임회사가 소유하지

않고 자산을 획득한 유저가 소유한다. 이것이 기존 온라인 게임과의 가장 큰 차이라고 할 수 있다.

다만 여기서 소유권이란 저작권을 의미하는 것은 아니다. 게임마다 개별적인 정책에 따라 소유권을 가진 주체가 이를 통해 2차적 저작물을 생성해 상업적으로 활용할 수 있는지 여부는 달라진다. 그러므로 자신이 키우고 소유한 캐릭터나 아이템을 가지고 새로운 이용법을 고민하는 사용자라면 게임사 정책의 차이를 확인할 필요가 있다.

민팅
Minting
처음 무언가를 생성한다는 의미를 가지는 Mint라는 단어의 현재진행형을 이용한 NFT 용어. NFT를 민팅한다는 것은 디지털 파일을 스마트 컨트랙트를 통해 블록체인 상에 배포(발행, 생성)하는 것을 의미한다.

이렇듯 NFT 게임을 통해 획득한 자산은 탈중앙화Decentralized를 지향한다. 즉 블록체인 기반 NFT이기 때문에 혹여 해당 게임 서비스가 종료되더라도 자산은 소멸하지 않고 가상자산 지갑에 존재하게 된다. 하지만 이들 자산을 활발히 활용할 수 없다면 그 가치가 지속적으로 유지될 수 없다. 다른 게임 서비스 같은 중앙화Centralized 온라인 서비스에서 계속 사용 가능해야 한다는 한계는 여전히 존재한다.

전통적인 미술시장이 디지털 영역으로 확장된다 디지털 아트 NFT

디지털과 대중시장으로 성큼 다가서는 미술시장

예술의 문턱이 많이 낮아졌다고 하지만 일반 대중에게 여전히 미술관이나 예술작품은 특정인들의 전유물로 여겨진다. 그런 의미에서 NFT는 예술이 대중에게 좀 더 가깝게 가기 위한 수단임은 분명해 보인다.

예술작품 특히 미술품은 어떤 분야보다 디지털화가 늦어진 영역이다. 디지털 세상에서는 단순히 복사하고 붙여넣기만 하면 얼마든지 복제가 가능하다. 그러므로 미술품이 제대로 된 가치를 인정받기 힘들었다. 그러나 NFT는 예술시장이 그 벽을 넘을 수 있게 해주었다. NFT가 가지는 대체 불가라는 특성 자체가 미술품의 진품 가치를 증명해주는 도구로 작동할 수 있기 때문이다.

물론 아직까지 미술계 전반에 NFT가 대중화되었다고 보기는 어렵다. 또한 NFT가 미술시장에 대한 진입장벽을 확연히 낮추었다고 단언할 수 있는 단계도 아니다. 그러나 최소한 예술을 접하고 관심을 가질 수 있는 새로운 타깃을 끌어들임으로써 기존의 장벽을 허물고 시장이 점차 확장일로에 있음은 부인할 수 없는 사실이다.

➡ **마리오 타데이의 네오아트3**Neoart3 **NFT**

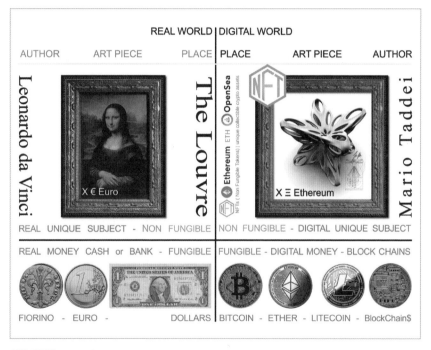

출처: 오픈씨 opensea.io

이탈리아 미술가 마리오 타데이Mario Taddei는 레오나르도 다빈치를 연구해온 대표적인 학자다. 그는 최근 들어 NFT에 푹 빠져 있다. 그는 전통적인 예술의 대명사로 꼽히는 다빈치의 모나리자와 자신의 NFT 아트인 스펀지Sponge를 비교·설명하는 작품을 NFT로 발행했다.

이 NFT 작품은 양쪽 미술품이 위치하는 곳이 현실 혹은 디지털 세상 중 어느 쪽이며 전시는 어떤 형태로 이루어지고 미술품이 어떤 통화로 거래되는지 비교한다. 이렇듯 둘은 확연히 다른 특징을 지녔지만 양쪽 미술품 모두 작가의 명성과 경력, 수요와 공급에 의한 희소성, 미술품이 가지는 스토리텔링 요소를 통해 가치를 형성한다는 일반론을 피력한다. 현실세계의 미술품과 NFT 아트의 양태는 다르지만 이 둘의 가격을 형성하는 요소는 동일하다는 것을 한눈에 보여준다.

속속 최고가를 경신하는 NFT 미술품의 위력

세계 최고의 권위를 자랑하는 크리스티Christie's, 소더비Sotheby's 등 전통적인 경매 회사들의 NFT 시장 진출은 주목할 만하다.

이들 경매 회사들을 통해 팔려나간 가장 대표적인 작품에 대해서는 아마도 한 번쯤 들어보았을 것이다. 디지털 피카소라고 불리는 마이크 윙켈만Mike Winkelmann은 본명보다 비플Beeple이라는 애칭으로 더 유명하다. 2021년 3월 크리스티가 내놓은 비플의 '매일: 첫 5,000일'Everydays: The First 5000 Days은 NFT 미술품 역사의 새로운 장을 열었다.

이 작품은 비플이 2007년 5월 1일 처음 그림을 그려 인터넷에 업로드 함으로써 시작되었다. 처음엔 심플하게 종이에 스케치한 드로잉 형태로 시작했지만 이후에는 3D 모델링 소프트웨어를 활용한 디지털 작품들이 이어졌다. 유명인을 풍자하는 그림으로 인기를 얻었던 비플은 이렇듯 14년 동안 매

➡ 크리스티 경매에서 역대 3번째 고가로 팔린 작품 '매일: 첫 5,000일'

출처: 오픈씨 opensea.io

일같이 작업했던 그림들을 하나의 디지털 클립으로 합친다. 이 10초 분량의 비디오 클립에 그는 '매일: 첫 5,000일'이라는 이름을 붙였다. 이 작품은 14년, 날짜로 환산하면 5,000일이라는 긴 시간 작가 자신과 미국사회가 어떻게 변화했는지 보여주는 예술의 기록이다. 비플은 한 인터뷰에서 다음과 같이 말했다.

"나는 미래의 예술이 벽에 거는 고정된 작품으로만 남아 있지 않을 것이라고 생각한다. 200년 뒤 사람들은 그런 것을 동굴벽화처럼 진부하다고 여기게 될 것이다. 지금 예술은 변화하고 진화하고 있다. 수집가와 예술가 사이의 지속적인 대화와 시간이 지나도 변하지 않는 그림의 대결이다. 사람들이 예술이 진화할 수 있다는 생각에 더 익숙해질수록 더 많은 사람들이 그러한 개념의 결과물에 더 열광하고 흥미를 가질 것이다."

경매가 열리기 불과 2주 전만 해도 이 작품의 시초 판매가는 한화로 10만

➡ 역대 가장 비싸게 팔린 NFT 아트 TOP 10

1위	Beeple 'Everydays : The First 5000 Days' $69,346,250(22,358.074ETH)
2위	Pak 'Clock' $51,465,362.96(16,593.059ETH)
3위	Beeple 'HUMAN ONE' $28,985,000.00(9,345.116ETH)
4위	Edward Snowden 'Snowden Stay Free' $6,898,002.88 (2,224ETH)
5위	Beeple 'CROSSROAD' $6,600,000.00(2,127.92ETH)
6위	Beeple 'OCEAN FRONT' $6,000,000.00(1,934.473ETH)
7위	Xcopy 'All Time High in the City' $5,055,640.60(1,630ETH)
8위	Xcopy 'Right—click and Save As guy' $4,962,592.00(1,600ETH)
9위	Freeross 'Ross Ulbricht Genesis Collection' $4,484,942.52(1,446ETH)
10위	Maddogjones 'REPLICATOR' $4,144,000.00(1,336.076ETH)

출처: 크립토아트 cryptoart.io(2022년 4월 21일 기준)

원을 겨우 넘는 100달러 수준이었다. 하지만 경매가 시작되고 나서 180건에 달하는 치열한 입찰 경쟁이 진행되었고 350억 원이 넘는 액수(3천만 달러)로 급등했다. 경매가 과열되어 2분간 연장되는 치열한 양상을 보이다가 결국 6,930만 달러(약 780억 원)에 최종 낙찰되었다. 제프 쿤스(토끼, 1986, 9,110만 달러), 데이비드 호크니(예술가의 초상, 9,030만 달러)에 이어 생존 작가 작품 중 역대 3번째로 비싼 판매가라는 사실에 시장의 관심이 폭발했다.

이 화제의 경매가 끝난 지 얼마지 않은 2021년 5월 12일, 같은 장소 뉴욕에서 소더비 경매가 열렸다. 이날 경매에서는 프랑스 인상파 화가로 유명한 클로드 모네의 작품 '수련연못'Le Bassin aux Nympheas이 7,040만 달러에 낙찰되었다. NFT 작품이 역사상 최고 작가의 작품과 어깨를 견줄 만큼 관심을 모았다는 이유로 앞선 경매와 비교가 된 사건이었다. NFT가 가상자산 시

➡ 역대 가장 비싸게 팔린 NFT 아트

출처: 크립토아트 cryptoart.io(2022년 4월 21일 기준)

장의 전유물이 아니라 예술품 시장의 새로운 주역으로 등장했음을 의미하는 신호탄이었던 셈이다.

크리스티는 비플의 작품을 포함해 NFT 미술품 누적 판매액이 약 1억 5천만 달러에 달하는 것으로 알려져 있다. 소더비는 약 8천만 달러 규모를 판매해왔다. 양사의 전체 예술품 경매금액이 140억 달러에 이르는 것을 감안하면 이들 NFT 미술품 비중은 약 1.6퍼센트로 아직 미미하다. 그러나 보수적인 미술시장을 고려하면 이조차 매우 파격적인 결과가 아닐 수 없다. 디지털 파일이 이 정도 가치를 인정받으며 거래될 것이라고 누가 예상을 했겠는가? NFT가 새로운 시장이자 새로운 예술 장르로 주목 받고 있다는 점만은 누구도 부인하기 어렵다.

NFT 미술품 시장의 확장을 위해 넘어야 할 과제

한국에서도 NFT 미술시장에서의 성공사례가 눈에 띈다. 마리킴Mari Kim은 어린아이 같은 작은 몸과 큰 눈을 가진 캐릭터 '아이돌'Eyedoll 그림으로 유명한 작가다. 한국 출신 팝 아티스트로서 2NE1의 앨범 아트워크와 뮤직비디오 연출을 맡아 화제가 되기도 했다.

그녀의 작품 '미싱 앤드 파운드'Missing and Found는 2021년 3월 28일 약 6억 원(288ETH)에 판매되었다. 작품은 마리킴의 트레이드마크이기도 한 캐릭터 그림을 기반으로 한 10초 분량의 영상이다. 작가에 의하면 중국의 민중 화가인 아이웨이웨이Ai Weiwei의 작품을 오마주했다. 아이웨이웨이는 중국 정부를 비판하는 내용을 담은 작품 활동 탓에 정부의 탄압을 피해 숨었다 나

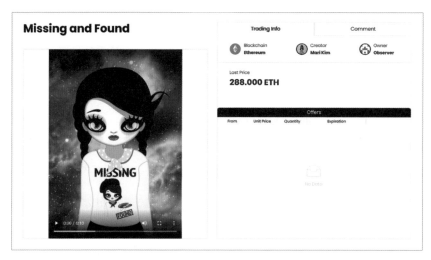

출처: 디파인아트 de-fine.art

타났다 하기를 반복하면서 '미싱 앤드 파운드'라는 문구가 쓰인 티셔츠를 보여주는 퍼포먼스를 하는 것으로 유명하다. 이러한 행위에는 수시로 실종되는 반체제 인사들의 현실을 풍자하는 의미가 담겨 있다. 마리킴은 자신의 작품 역시 '실종된 예술시장을 되찾는다'는 의미에서 이와 맞닿아 있다고 생각한다고 밝혔다. 시초가 5천만 원보다 11배 이상 비싼 가격에 낙찰된 이 작품은 마리킴 작품 역대 최고가로 알려져 있다.

가상자산 데이터 분석 기관인 메사리(Messari.io)의 발표에 따르면 세계 NFT 예술품의 시가총액은 2021년 1분기 12억 달러에서 3분기에 140억 달러로 급격히 증가했다. 메사리는 향후 10년간 NFT 아트시장 규모가 지금의 100배 이상으로 성장할 것이라고 예상했다.

그동안 원본과 복제품의 구분이 어려워 온라인 미술작품은 그 가치를 인정받기 어려웠다. 뿐만 아니라 기존 미술시장에서도 진품과 복제품을 구별하기 어려워 재산 가치를 손쉽게 인정받기 어려웠던 현실이 존재했다. 거래 역시 경매회사나 갤러리 등을 통한 중앙 집중 방식으로만 가능했다.

그러나 NFT 미술시장은 현실의 미술시장과 달리 상대적으로 저렴한 비용으로 투자가 가능하며 소유와 권리를 분명하게 규정해주기 때문에 새로운 미술품 투자시장의 가능성을 열어줄 것으로 평가된다. 이런 작품들은 특히 새로운 문화와 투자에 관심이 많은 MZ세대 사이에서 인기가 높다. 내 그림을 NFT로 발행해서 온라인 시장에 전시하고 내 작품의 구매자를 온라인을 통해 자유롭게 만난다. 또한 한 번 팔면 그만인 기존 미술시장과 달리 창작자와 구매자가 지속적으로 서로 소통할 수 있다는 점에서 MZ세대가 지향하는 특성에 매우 잘 부합한다.

하지만 기존 예술시장에서 NFT에 접근하기에는 장점과 단점이 극명히 존재하는 것으로 보인다. 온전한 예술시장에 진입하기 위해서 분명 과도기를 거쳐야 할 필요가 있다. 디지털 세상에 적응하기 어려워하는 기성 작가들에 대한 배려도 필요하고 NFT로 만들기 어려운 예술장르도 분명 존재할 것이다. 작품에 대한 객관적이고 검증할 만한 가치 평가의 기준이 마련되어야 하고 작품의 질보다는 화제성 등 단기적 이익을 추구하는 수단으로 전락하지 않도록 해야 하는 점 등 과제도 산적해 있다. 하지만 내가 좋아하는 작품을 직접 소유할 수 있다는 소속감과 애착, 동시에 자신이 소유한 작품을 휴대전화 같은 다양한 디지털 공간에 전시하고 소개하고 공개할 수 있는 활용도 측면 등 착안하고 개발할 장점 역시 많다.

블록체인 기술을 통해 작품을 창작한 작가와 연결되어 소통함으로써 팬덤을 지속적으로 유지·발전시킬 수 있다. 창작자와 구매자가 직접 NFT 커뮤니티를 통해 소통할 수 있다는 점은 예술품 거래의 매개를 넘어 새로운 문화를 창출해낼 가능성으로 꼽힌다. 초기 NFT 시장이 작가와 미술품을 투자자와 단순히 연결하는 데 그쳤다면 작가와 미술품을 추종하는 커뮤니티가 형성되고 발전해서 PFP와 같은 컬렉터블 NFT 형태의 프로젝트들도 속속 탄생하게 된 것이다.

희소성, 소속감,
유대감을 수집한다
컬렉터블 NFT

컬렉터블 NFT의 성장이 가장 빠른 이유

2022년 4월 기준 시장의 주류를 차지하고 있는 NFT 유형이 바로 NFT 컬렉션 이른바 '컬렉터블'Collectable NFT다. 한정된 수량을 발행함으로써 희소성이라는 가치를 부여하며 동일한 NFT 컬렉션을 보유한 홀더들의 유대관계를 기반으로 해서 커뮤니티를 형성하고 동일한 목표를 향해 운영되는 특징을 가진다. 통상은 SNS 프로필 이미지로 활용할 수 있는 형태로 만들어지기 때문에 PFP ProFile Picture라는 장르로 분류되기도 한다.

PFP는 일종의 아트워크Artwork이자 디지털 세상의 프로필 이미지로 광범위하게 활용된다. PFP 프로젝트의 경우 제너레이티브 아트Generative Art, GA라는 방식을 통해 1만 개가 넘는 작품을 한 번에 만들어내기도 한다. 일부 프

➡ 스테판 커리의 트위터 프로필 이미지

로젝트는 인공지능AI 프로그램을 활용해 생성하기도 하는데 이 과정을 민

팅Minting이라고 부른다.

  각각의 작품은 사전에 설계된 프로그램에 따라 다양한 요소들을 랜덤하

게 결합함으로써 생성된다. 그러므로 어느 하나 중복되는 특징을 갖지 않는

다는 특이성이 있다. 각각의 요소가 등장할 수 있는 확률이 서로 다르기 때

문에 같은 프로젝트 내에서 생성된 작품이라고 해도 희소성 측면에서는 제

각기 다른 가치를 갖게 된다. 이런 특성 때문에 PFP NFT가 온라인 세상에

서 나를 대체해줄 수 있는 독창적 프로필이 되어줄 수 있게 된다.

  SNS 서비스 중에서 트위터(twitter.com)가 가장 발 빠르게 NFT와 연계된 프로필 이미지를 활용할 수 있는 서비스를 개시했다. 아직까지 국내에서는 해당 서비스가 시작되지 않았지만 해외에서는 이미 활발하게 확산되었다.

디지털 플렉스
Digital Flex
명품을 자랑하는 플렉스라는 단어와 디지털을 결합해 고가의 NFT 등을 구매해 자신의 소셜 플랫폼의 프로필 사진으로 게시하는 행위를 가리킨다. 래퍼 제이지Jay-Z가 크립토펑크 NFT를 트위터 프로필로 게시한 것을 위시로 스테판 커리의 보어드에이프 요트클럽 NFT 트위터 프로필 게시 등이 화제가 되며 새로운 트렌드로 자리 잡았다.

보어드에이프 요트클럽
Bored Ape Yacht Club, BAYC
이더리움 기반으로 1만 개가 생성된 NFT 컬렉션. 최대 170개의 특징을 조합해 랜덤 생성된 원숭이 그림의 프로필로 이 NFT 보유자는 클럽 커뮤니티 멤버로 인정받는다. 지루한 원숭이들의 요트클럽이라는 명칭 자체가 풍자의 의미를 띤다.

뮤턴트에이프 요트클럽
Mutent Ape Yacht Club, MAYC
기존 보어드에이프 요트클럽 보유자들에게만 한정적으로 퍼블릭 세일 민팅을 통해서 소유할 수 있게 한 NFT 컬렉션이다.

자신의 트위터 계정과 가상자산 지갑을 연동해서 프로필 사진과 인증마크 등에 자신의 NFT 자산을 활용할 수 있다. 이러한 지원 서비스가 가능해짐에 따라 NFT를 보유한 트위터 사용자는 자신의 프로필 이미지가 복사해 붙여 사용하는 흔한 프로필이 아닌 자신만이 소유한 원본의 NFT임을 과시할 수 있게 되었다.

심지어 수억 원 수준으로 거래되는 NFT도 있으므로 이것을 가진 사람은 소위 디지털 플렉스Digital Flex가 가능해진다. 실제 유명인들이 자신이 소유한 PFP를 본인 계정 SNS 채널을 통해 소개하면서 디지털 플렉스를 한껏 과시하고 있다.

농구 스타 스테판 커리Stephen Curry는 자신의 트위터에서 보어드에이프 요트클럽BAYC의 PFP 이미지를 사용한다.

캐나다 출신 팝 가수인 저스틴 비버Justin Biener는 자신의 인스타그램 계정에 보어드에이프 요트클럽뿐 아니라 뮤턴트에이프 요트클럽MAYC, 클론엑스CLONE X, 두들스Doodles, 인비트위너스in-Betweeners 등 자신이 소유하고 있는 NFT들을 대거 공개하기도 했다.

우리 대다수는 자신의 SNS 계정이나 디지털 플랫폼 내 커뮤니티를 통해

➡ 저스틴 비버가 보유하고 있는 NFT들

출처: 저스틴 비버 인스타그램

서 나 자신 혹은 나를 대체하는 제2의 자아로서 존재한다. 그곳에서 우리 각자는 자신만의 아이덴티티를 만들어가고 있는 것이다. 이전 같으면 또 다른 나를 과시하고 표현하기 위해서 기존에 유행하던 이미지나 유명한 소위 '짤'을 검색해서 링크를 걸거나 카피해 업로드 하는 방식으로 활동해왔다.

그런데 NFT는 완전히 다른 방식을 가능하게 한다. 누구도 소유할 수 없는 나만의 NFT를 가짐으로써 나만의 아이덴티티를 내 손으로 직접 큐레이션할 수 있게 된 것이다.

　NFT 시장에서 기존 참여자들에게 가장 영향력 있는 NFT를 꼽자면 단연 크립토펑크CryptoPunks라고 할 수 있다. 크립토펑크는 2017년 라바랩스Larva Labs가 디자인한 이미지로 24×24 픽셀로 이루어진 아바타 모음이다. 초창기에는 총 1만 개의 크립토펑크 NFT가 생성되어 대중에는 무료로 공개되었다. 그런데 이것이 시간이 지나면서 심지어 수천만 달러를 호가하는 가격에 거래되기까지 했다. 심지어 크립토펑크 아트워크의 구매 바닥가격Floor Price은 30만 달러에 달하기까지 했다. 이러한 크립토펑크의 인기는 이더리움 네트워크 최

바닥가격
Floor Price
NFT 마켓에서 해당 NFT를 구매할 수 있는 최저 가격을 의미한다. 주식시장의 하한가와 같은 개념이라고 할 수 있다.

초의 NFT 중 하나라는 역사성과 더불어 네트워크 형성 초반에 만들어진 프로젝트인 만큼 매우 강력한 커뮤니티를 형성하고 있다는 데서 기인했다.

특별한 그룹의 일원이 될 수 있는 입장권

통상 NFT 커뮤니티는 특정한 NFT 컬렉션을 발행한 프로젝트팀과 이 컬렉션을 구매해서 보유하고 있는 홀더들로 구성된다. 가상자산 시장에서의 코인 프로젝트와 마찬가지로 여기서도 거버넌스의 개념이 사용된다.

　거버넌스란 프로젝트를 진행하는 방향성 설정 등 주요한 의사결정에 커뮤니티 전체가 참여하도록 하는 방식을 말한다. 즉 발행자인 프로젝트팀이 일방적으로 모든 것을 결정하고 진행하는 것이 아니라 해당 프로젝트의 홀더들이 영향력을 발휘해서 투표 등의 방법으로 의사결정을 해나가는 것을

➡ **오픈씨에서 거래 중인 보어드에이프 요트클럽BAYC NFT 컬렉션**

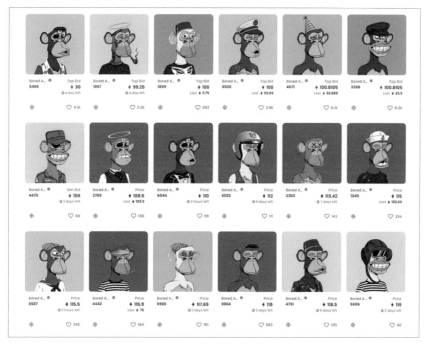

출처: 오픈씨 opensea.io/collection/boredapeyachtclub

의미한다. 물론 여전히 커뮤니티 운영의 주체는 프로젝트팀인 경우가 많으므로 안건 상정 등 굵직한 방향성을 제시하는 역할을 주로 담당한다. 하지만 해당 안건을 채택할 것이냐 하는 것에서는 홀더들의 영향력이 크게 작용한다. 마치 주식회사가 주주총회 등을 통해 주식 지분율에 따라 주요 안건을 결정하는 것과 비슷한 맥락으로 이해할 수 있다.

이러한 특징 때문에 NFT 컬렉션 프로젝트는 홀더들 간의 강한 유대감으로 커뮤니티를 형성하게 된다. 물론 커뮤니티에 가입하기 위해서는 반드시 해당 NFT를 보유해야만 한다. 강력한 익스클루시브 멤버십인 셈이다.

보어드에이프 요트클럽BAYC의 경우만 보아도 그렇다. 이 클럽은 BAYC

NFT를 보유한 유저에게 다양한 혜택을 제공한다. 그렇게 해서 외부자들이 커뮤니티에 들어오기 위해 BAYC를 구매하고 싶도록 만드는 전략을 쓰고 있다고 보아도 무방한 정도다. 59쪽의 그림이 바로 가장 유명한 NFT 컬렉션 중 하나인 BAYC 컬렉션으로 2021년 4월 출시되어 유명인들이 앞 다퉈 구매한 것으로 큰 화제가 되었다.

BAYC NFT 보유자 중에는 농구스타 스테판 커리, 래퍼 에미넴과 포스트 말론, 글로벌 셀럽이자 가수 저스틴 비버와 마돈나 등 굵직한 이름들이 눈에 띈다. 이 외에도 다수의 셀럽이 보유한 NFT 컬렉션으로도 유명세를 과시하고 있다.

디스코드
Discord
인스턴트 메신저 프로그램 중 하나. 온라인 게임시장을 중심으로 게임 플레이 중에 친구와 음성, 채팅, 화상통화 기능을 사용할 수 있는 메신저로 유명해졌다. 다수 NFT 프로젝트의 커뮤니티 채널로 사용된다.

NFT 커뮤니티는 주로 SNS 채널인 디스코드 Discord, 트위터, 텔레그램 등을 통해 운영되며 NFT 컬렉션을 발행한 프로젝트팀과 NFT를 보유한 홀더들이 동일한 목표를 달성하기 위해 활발히 소통하고 교류한다. 대다수 프로젝트의 목표는 활발한 유지와 성장을 통한 이익실현이며 이를 위해 여러 유인요소들을 만들고자 골몰한다.

공동의 목표를 추구하는 비즈니스 커뮤니티

각 컬렉션들의 홈페이지에는 해당 프로젝트가 커뮤니티를 구축함으로써 나아가고자 하는 방향과 계획을 로드맵Roadmap 형태로 표현해 게재하는 경우가 많다.

➡ 메타콩즈 로드맵

5%
민팅 완료 후 콩즈 15개 이상을 보유한 홀더 전원에게 '한정판 NFT'를 에어드랍 한다.

10%
서울시 관할 로드 광고판에 '완판 기념' 광고를 한다.

15%
샌드박스, 디센트럴랜드, 크립토복셀 메타버스의 땅을 구입한다.

30%
유튜브 채널 콩즈를 시작한다.

25%
지원하는 홀더 3명과 함께 아프리카 우간다나 르완다에 직접 가서 어려움에 빠진 고릴라를 지원한다. 미션을 성공적으로 완료하면 홀더 3명에게 한정판 NFT를 지급한다.

20%
메타버스 크립토복셀에서 신년 축하파티를 한다.

35%
거버넌스 기능을 홈페이지에 추가한다.

40%
코인 생태계 구축 및 브리딩 기능 개발을 시작한다.

50%
공식 홈페이지 내 '홀더 전용 콩즈 스토어'가 잠금 해제된다.

80%
BAYC 혹은 사이버콩즈에게 협업 제안 이메일을 발송한다.

70%
한정판 NFT인 '○○'을 홀더만 구매 가능하도록 열어둔다.

60%
세계화를 위해 국내 상위 엔터테인먼트 사에 협업을 제안한다.

90%
샌드박스에 복셀 아바타와 게임 개발을 시작한다.

100%
혹성탈출! 'K-NFT 세계화' 2.0은 본격적인 메타버스로!

출처: 메타콩즈 themetakongz.com/kr.html

➡ NFT 컬렉션 문버드

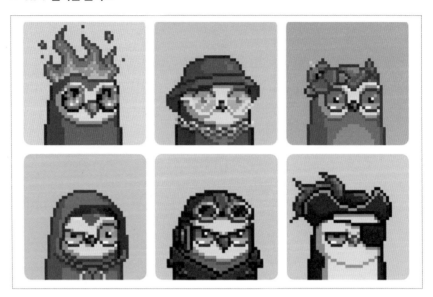

출처: 문버드 트위터 @moonbirds_xyz

　클레이튼Klaytn, KLAY 기반의 대표적인 NFT 프로젝트 메타콩즈Meta Kongz, MKC는 최초 민팅을 하면서 프로젝트팀에서 중장기 로드맵을 매우 구체적으로 제시했다. 따라서 이 계획에 동조하는 홀더를 모집해 커뮤니티를 형성하고 운영해나갈 수 있었다. 로드맵에 제시된 마일스톤Milestone들을 하나하나 달성해나가면서 홀더들과 끊임없이 소통하고 적극적으로 의견을 반영한다는 점이 NFT 컬렉션을 기반으로 한 커뮤니티들의 특징이라고 할 수 있다.

　문버드Moonbirds 역시 NFT가 가지는 커뮤니티로서의 특성을 잘 활용함으로써 성공리에 런칭한 PFP 프로젝트 중 하나다. 런칭 8일 만에 민팅 가격 0.01ETH에서 최고 39ETH까지 바닥가격이 크게 오르는 놀라운 상승률을 보여주었다. 이러한 문버드의 성공 요인으로 커뮤니티에 대한 충성도와 프로젝트팀에 대한 신뢰를 꼽는 시각이 다수다. NFT PFP 프로젝트에서 커뮤니티의 중요성을 보여주는 대표적인 사례인 셈이다.

문버드는 프루프PROOF를 통해 출시되었는데 프루프는 1천 개만 생성되어 바닥가격 130ETH을 호가하던 고가의 멤버십 NFT다. 벤처캐피털 트루벤처스True Ventures의 파트너로 활동하는 케빈 로즈Kevin Rose와 3개의 기업과 비영리단체의 창립자이자 투자자인 라이언 칼슨Ryan Carson, 그리고 일러스트레이터인 저스틴 메젤Justin Mezzell이 주축이다. 비공개로 활동하는 여타의 NFT 창립자들과는 달리 모두 자신의 프로필을 공개하면서 투명하게 활동한다. 이로 인해 팀에 대한 신뢰도가 매우 높은 편이다. 프루프의 NFT를 보유해야만 비공개 디스코드에 접근할 수 있고 오프라인 이벤트 참여나 팟캐스트 청취도 가능해진다. 프루프 디스코드에서는 창립자나 다른 홀더들과 직접 대화할 수 있다. 프루프 홀더 중에는 유명인사가 많은 편이라 여기 참여하고자 하는 열망을 배가시킨다.

프루프 보유자는 문버드와 관련된 정보를 얻을 수 있고 향후 팀에서 준비 중인 메타버스 프로젝트 등에도 접근이 가능하다고 한다. 또한 스테이킹과 유사한 '네스팅'Nesting이라는 기능이 제공되기 때문에 NFT 락업Lock up을 통한 추가적인 혜택을 제공받을 수 있다.

> **락업 해제**
> Lock-up Expiration
> 본래 주식 시장에서 나온 개념으로 '보호예수 물량 해제'라고도 한다. 기업이 상장 등을 하게 될 때 대주주 혹은 투자자들이 보유한 지분이 풀리는 시점을 말한다.

NFT 컬렉션은 기존에 존재하는 다양한 커뮤니티 유형 중 하나로 자리 잡고 있으며 각자 자신이 속한 커뮤니티의 이익을 위해 점차 그 영향력을 넓혀 나가고 있다. 그 결과 가장 대표적이고 활발히 성장하는 NFT의 유형이 되었다고 평가할 수 있다.

희소성과 스토리가
돈이 되는 시대
디지털 파일 NFT

무엇이든 NFT가 될 수 있는 시대가 열렸다

바야흐로 세상 모든 것이 NFT가 될 수 있는 시대가 되었다. 독창적인 창작자의 희소가치를 증명할 수 있다는 NFT의 특성 때문에 여러 산업과 연계되어 그 가치가 폭등하고 있는 것이다.

블록체인이라는 기술, 독특한 콘텐츠가 가지는 희소성, 거기에 발행자만의 스토리를 담으면 세상 유일한 디지털 파일로서 그 가치를 인정받을 수 있다.

그런데 어떤 상품은 그 가치를 인정받아 고가에 거래가 이루어지는 성공적인 케이스가 되지만 발행할 때의 가격이 마지막 거래가가 되어버리거나 얼마지 않아 가치가 크게 하락하는 사례도 숱하게 발생한다. 그런데도 여전히 수많은 디지털 파일 NFT 분야의 다양한 시도가 계속되고 있다.

몇 가지 사례를 한 번 짚어보자.

한국 순수문학 시장에서 자신의 시집 초판을 NFT로 발행해 경매에 붙여 화제가 된 사건이 있었다. 배수연 시인이 자신의 시집 《쥐와 굴》의 초판 NFT를 경매에 붙여 최종적으로 약 900만 원에 낙찰되었다. 이는 시집 1천 권을 팔아야 받을 수 있는 로열티에 해당한다.

뉴욕타임스 칼럼니스트인 케빈 루스Kevin Roose는 경제면에 실은 자신의 칼럼 '블록체인에서 이 칼럼을 구매하세요'Buy This Column on the Blockchain!를 350ETH, 당시 한화 약 6억 원에 판매했다.

미국 시사주간지 타임TIME 역시 NFT를 발행했다. 1966년 4월 8일자 커버 '신은 죽었나'Is God Dead?, 2017년 4월 4일자 커버 '진실은 죽었나'Is Truth Dead?, 2021년 3월 29일과 4월 5일 발간 예정 특별판 커버 '법정화폐는 죽었나'Is Fiat Dead? 시리즈를 묶어 NFT로 발행한 것이다.

돈으로는 살 수 있지만 실제 들어가서 살 수는 없는 집도 있다. 캐나다 작가 크리스타 킴의 메타버스 주택 '마스 하우스'Mars House는 메타버스 주택 최초로 가상현실VR과 증강현실AR로 만들어져 전용 고글을 써야만 진입할 수 있는 디지털 하우스다. 직접 들어가 살 수도 없는데도 288ETH, 당시 한화 5억 6천만 원가량에 판매됐다.

2021년 5월, 바둑기사 이세돌 9단은 구글의 딥마인드 프로그램인 알파고AlphaGo를 꺾었다. 이후 연패하면서 당시에는 굴욕적인 사건으로 보도되었지만 이는 결과적으로 인간 바둑기사가 AI를 이긴 유일한 사건이 되었다. 화제의 대국인 이 제4국의 기보는 NFT로 만들어져 경매에 붙여졌으며 60ETH, 당시 한화 약 2억 5천만 원에 낙찰되었다.

➡ **Lee Sedol vs. AlphaGo, Round 4**

　　이런 흐름을 비웃는 사례도 있었다. 지나치게 과열된 시장과 터무니없이 비싼 값에 팔려나가는 NFT 작품을 조롱하며 친구들과 모은 1년 치 방귀소리를 NFT로 가공해 경매에 붙인 사례다. 뉴욕에 사는 영화감독인 알렉스 라미레스 말리스는 1년 치 방귀소리를 모은 52분 분량의 오디오 파일 '1년간 기록한 방귀소리'One Calendar Year of Recorded Farts를 NFT로 발행했다. 그는 NFT를 둘러싼 광기 어린 열풍의 배후에는 진정한 디지털 예술작품 애호가가 아니라 투기꾼들만 있을 뿐이라며 이를 풍자하고자 작품을 만들었다고 밝혔다.

진위를 검증해주는 확실한 장치 NFT

NFT의 적용 분야가 여러 경계를 넘어서면서 실생활로 깊숙이 파고들어온

➡ MIT 졸업장이 담긴 블록서츠Blockcerts 월렛

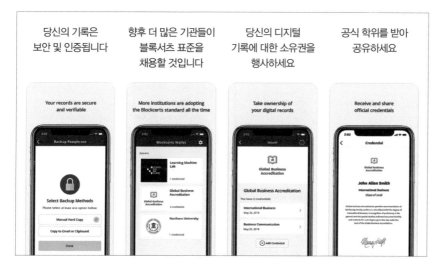

출처: 애플 앱스토어 내 블록서츠 월렛

사례도 있다. 2017년 미국 매사추세츠공대MIT는 졸업생 111명에게 블록체인으로 졸업장을 수여했다. 스마트폰 앱을 통해서 블록체인 학위증을 받은 것이다. 그럴 일은 없겠지만 설령 MIT가 사라진대도 이들은 블록체인을 통해 MIT의 공식 기록을 언제든지 인증 받을 수 있다.

앱의 작동원리는 다음과 같다. 개인이 애플리케이션을 다운로드하면 공개 키와 개인 키 한 쌍이 생성된다. 이와 동시에 단방향 해시가 블록체인에 추가된다. 학생이 가진 공개 키는 졸업장 디지털 사본에 새겨져 있으며 개인 키는 소유권 증명을 목적으로 애플리케이션을 통해 접근할 때 사용된다. 누군가가 졸업장이 합법적인지 확인하고 싶다면 링크를 붙여 넣거나 디지털 파일을 업로드 하는 방식으로 학위 소유자의 정보를 확인할 수 있다.

유명인사들의 학력위조 사건이 구설에 오르는 것을 보면 이런 장치야말로 투명하게 학위 이수 사실을 증명할 수 있는 가장 확실한 장치가 될 것이

➡ 호서대학교 학위증 예시

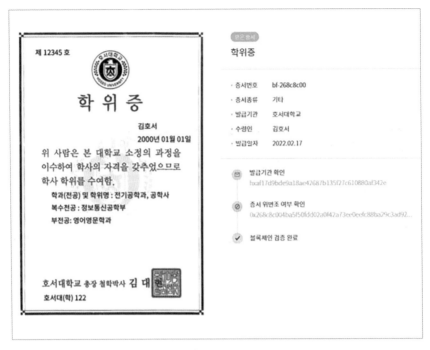

출처: 호서대학교

다. 취업이나 이직을 원할 때마다 졸업증명서를 발급받기 위해 번거롭게 신청해야 한다는 사실을 감안하면 블록체인 기술의 유용성에 감탄할 만하다. 이는 개인정보 인증에서 블록체인 기술이 활용되어 매우 확실하게 진행되는 전세계 첫 사례였다.

국내에서도 비슷한 사례가 있다. 코로나 팬데믹으로 온라인 졸업식이 흔해지면서 2020년에 포항공과대학교POSTECH가 동일한 방식으로 디지털 학위증을 발급했다. 브루프Broof라는 블록체인 증명서 발급 서비스를 통해 수령자가 언제 어디서나 블록체인 증명서를 조회할 수 있도록 한 것이다.

이런 트렌드는 점차 확산되어서 2022년에는 NFT 학위증도 발행되기 시작했다. 호서대학교는 2022년 2월 학위수여식에서 졸업자 2,830명 전원에게 NFT 학위증과 상장을 발급했다. 이제 학생들은 시간과 공간의 제약 없이 저마다 디지털 학위증과 상장을 확인할 수 있다. 더불어서 이 기록은 절대 조작할 수 없다는 강력한 특징을 가진다.

만약 NFT 졸업장이나 표창장, 학위증 등이 확장된다면 앞으로 학력위조라는 단어는 사라질 것이다. 누가 어느 학교를 졸업했고 어느 과를 나왔는지 하는 기록을 모두가 확인할 수 있고 사실 여부를 검증할 수 있기 때문이다. 이러한 이유로 앞으로는 자신의 개인 지갑 안에 신분증이나 자격증빙 같은 NFT 증명서를 쉽게 저장하고 교환할 수 있게 될 것으로 보인다. 새로운 세상의 시작인 것이다.

제품 구매, 팬 서비스, 유통 혁신에 활용되는 NFT

NFT가 가지는 정보의 증빙과 소유권 확인 기능은 여러 분야에서 활발히 활용되고 있다.

세계 최초의 DTC NFT 마켓플레이스인 블록바BlockBar는 와인 비즈니스에서 고질적인 문제점으로 꼽히던 원산지 등에 대한 투명성과 진위여부, 품질보증 등의 문제를 NFT를 통해 해결하기로 했다.

블록바에서는 소비자가 직접 브랜드 소유주로부터 NFT를 구입할 수 있다. 이렇듯 브랜드와의 다이렉트 거래를 통해 정품 인증을 확실히 할

> **DTC**
> Direct To Customer
> 제조업자가 유통업자 플랫폼을 통하지 않고 온라인을 통해 제품을 직접 판매하는 방식을 의미한다.

출처: 블록바 blockbar.com/releases

뿐 아니라 구입 후에 장기간 보관해야 하는 고충도 동시에 해결했다. 방법은 이러하다. 우선 달러 같은 기축통화나 이더리움 등으로 브랜드에 직접 결제를 하고 특정 제품의 NFT를 구매한다. 그런 다음 이 NFT를 이용해 실물 제품으로 직접 교환하거나 제품이 필요해질 때까지 보관하거나 재판매하거나 심지어 선물을 할 수도 있다. 소비자가 보유하던 NFT를 실물 제품으로 교환하고 나면 해당 NFT는 소각된다. 와인이나 고급 주류시장에서 가품 구매의 위험 혹은 구매와 유통 과정에서의 불편과 보관상의 어려움을 모두 해결한 방법이다. 실제 블록바에서 판매된 글랜피딕 NFT시리즈는 단 4초 만에 매진되는 기염을 토했다.

NFT의 특성을 활용한 공연티켓 판매 방식도 다양해지고 있다. '피케팅'이

➡ NFT 티켓 소지자만 참여할 수 있는 백스테이지 이벤트

 현대카드 MINTS | HyundaiCard MI... ✔ @HyundaiCard_N... · 5월 1일 ···
🔔 UNDERSTAGE NFT Ticket

오늘은 아쉬운 글책 공연 마지막 날🥹

글렌체크와 NFT Ticket 소지자들이 함께한 Meet & Greet 현장을 살짝 공개합니다 👀✨

오랜만에 다같이 맘껏 소리지르고, 떼창까지,,🖤
글렌체크(@bandglencheck)와 행복했던 주말 마무리! 또 만나요🐰

#현대카드MINTS #현대카드NFT

출처: 현대카드 MINTS 트위터 @HyundaiCard_NFT

라는 말을 들어본 적이 있을 것이다. 피가 튀는 전쟁 같은 티케팅이라는 의미로 유명 가수의 공연이나 스포츠 경기 티켓을 구매하려면 고성능 컴퓨터와 눈보다 빠른 손놀림, 심지어 불법적인 방법도 기승을 부린다. 성공하면 다행이지만 실패하면 당근마켓이나 중고나라 같은 곳에서 2~3배 가격으로 구해야 한다. 그런 곳에서 어렵사리 구매한 티켓이 가짜이거나 환불된 티켓이라 낭패를 보는 경우도 많다. 그런 이유 때문인지 최근 티켓 산업에 NFT를 접목한 이벤트들이 많이 생겨나고 있다. 티켓을 NFT로 판매하고 공연장 입장 때 NFT를 태그 하는 방식이다. 관련 굿즈Goods도 함께 구매할 수 있다.

현대카드 언더스테이지는 공연에 NFT를 적용한 '언더스테이지 NFT'를 판매한다. NFT 티켓을 소지하면 언더스테이지 1열 중앙에서 공연을 관람할 수 있을 뿐만 아니라 백스테이지를 포함한 공연장 여기저기를 둘러볼 수 있는 프라이빗 투어의 기회도 누릴 수 있다. 아티스트가 사인한 실물 포스터와 직접 제작한 아트워크도 NFT로 제공된다.

현대카드는 NFT 사업을 위해 모던라이언을 설립했다. 모던라이언은 2022년 하반기 NFT 거래소와 NFT 월렛 서비스를 오픈할 계획으로 현대카드 브랜딩 자산에 기반한 NFT 발행과 NFT 소싱, 큐레이션 비즈니스도 추진할 계획이라고 밝혔다. 이렇듯 기업들의 NFT 시장 진출 사례는 쉽게 찾을 수 있는데 특히 NFT와 패션산업의 만남은 매장 앞에서 줄을 서서 구매하던 오프라인 한정판 시장을 온라인에서 색다른 방식으로 재현함으로써 시너지를 만들어가고 있다.

나이키는 오픈씨에서 'RTFKT×나이키 덩크 제네시스 크립토킥스'Nike Dunk Genesis CryptoKicks를 판매 중이다. 나이키는 버추얼 스니커즈 NFT 기업인 RTFKT 스튜디오를 인수했다. RTFKT의 대표 제품은 가상 스니커즈 NFT 컬렉션이다. RTFKT는 디지털 자산을 실제 제품과 페어링 할 수 있는 크립토킥스CryptoKicks 특허를 보유하고 있다. 구매자가 블록체인에 등록된 크립토킥스 운동화를 구매하면 식별부호가 생성된다. 구매자는 신발과 함께 가상토큰을 받는데 이 토큰으로 상품의 진위 여부를 확인할 수 있다. NFT로 디지털 자산을 생성하고 이것을 이용해 실물 운동화를 구매한다. 이는 리셀 시장에서 진가를 발휘한다. 실물 운동화와 함께 가상토큰을 타인에게 양도

함으로써 진위 여부가 저절로 확인되게 해주기 때문이다.

아디다스는 보어드에이프 요트클럽BAYC과 협업해 한정판 NFT를 판매한 바 있다. '메타버스 속으로'Into the Metaverse라는 이름의 NFT 컬렉션으로 BAYC, NFT 수집가인 지머니Gmoney, 크립토펑크에서 영감을 얻은 비공식 이더리움 NFT 프로젝트인 펑크스코믹Punkscomic과 합작해 한정판 NFT를 판매한 것이다.

이 NFT를 구매하면 디지털 상품은 물론 같은 디자인의 실물 옷과 신발도

➡ 아디다스와 BAYC

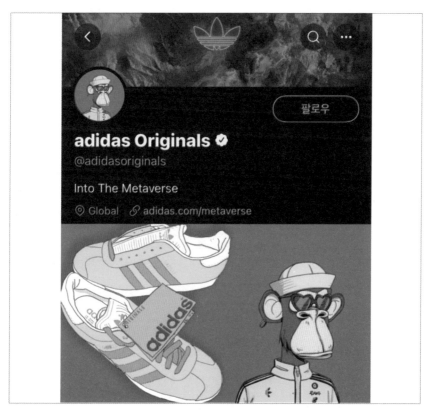

출처: 아디다스 오리지널 공식 트위터

소유할 수 있으며 아디다스가 출시할 메타버스 내 커뮤니티 활동의 참여 권리도 갖게 된다. 아이다스는 이 프로젝트를 진행하면서 공식 트위터 프로필 사진을 BAYC 이미지로 교체했는데 그림 속 원숭이는 형광노랑 파이어버드 트랙수트를 입고 있다. 후문에 의하면 아디다스는 BAYC NFT #8774를 2021년 9월 46ETH, 당시 약 15만 6천 달러에 구입했다고 한다.

앞으로 무엇이 또 NFT로 만들어질 수 있을까?

지난 수십 년 간 패스트 패션의 위세에 밀려 비교적 보수적인 행보를 보이던 이른바 명품 브랜드들은 NFT를 통한 가상세계 진출에서는 뒤처지지 않기 위해 혼신의 노력을 기울이고 있다. 이들은 잠재고객인 MZ세대에게 인지도를 높이고 힙한 이미지를 유지하기 위해 다양한 방식으로 NFT를 활용한다.

구찌는 그중에서도 가장 활발하게 활동하는 브랜드 중 하나다. 이들은 이미 제페토나 로블록스 같은 메타버스 플랫폼을 통해 구찌 가방과 의류 등을 전시하고 판매해왔다. 또한 약 4분 분량의 패션 관련 동영상을 NFT로 발행해 미술품 경매회사 크리스티를 통해 2만 5천 달러에 낙찰시키기도 했다.

2022년에는 슈퍼플라스틱SUPERPLASTICS과의 콜라보레이션으로 슈퍼구찌SUPERGUCCI NFT 컬렉션을 출시한다. 슈퍼구찌 프로젝트를 통해 이들은 슈퍼플라스틱과 구찌가 함께 제작한 NFT를 3회에 걸쳐 공개하며 구찌 시그니처 패턴과 심벌을 반영한 NFT 작품을 만든다는 계획이다.

루이비통, 까르띠에, 프라다 등도 2021년 4월 블록체인 플랫폼을 만들어 소비자가 구매한 제품에 대한 보증을 NFT로 할 수 있도록 했다. 발망은 바

➡ 슈퍼구찌 NFT 컬렉션

출처: 슈퍼플라스틱 인스타그램

비인형 제작사인 마텔과 협력해 3가지 발망의 옷과 액세서리로 꾸며진 바비 인형 3개를 NFT로 발행했다. 발렌시아가는 에픽게임스의 게임인 포트나이트와의 콜라보에이션을 통해 NFT 형태인 게임 아이템, 즉 디지털 의류 세트와 실물 한정판 의류 컬렉션을 실제로 판매했다. 버버리는 블록체인 기반 게임인 블랭코스 블록파티와 함께 버버리 썸머 모노그램 문양을 한 캐릭터 '샤

키 B' NFT를 750개 한정으로 내놨다.

코카콜라는 '픽셀의 풍미'the flavor of pixels를 담은 메타버스 음료 코카콜라 제로슈거 바이트를 한정판으로 출시했다. 향후 제로슈거 바이트를 소재로 한 메타버스 미니게임도 출시한다고 한다.

'맛볼 수 없고, 칼로리도 없는!'이라는 괴상한 카피를 단 식품 광고도 있었다. 미국의 패스트푸드 체인점 타코벨은 '우리 타코를 이제 당신의 심장과 디지털 지갑이 살 것이다'라는 트윗을 게시하면서 NFT 판매를 발표했다. 타코벨은 타코를 테마로 하는 5종류의 NFT를 발행했고 전량 매진 기록을 세웠다. 이들 5개 타코 NFT는 각기 다른 타코 이미지와 비디오 클립으로 구성되어 있다.

글로벌 피자 브랜드 피자헛은 세계 최초의 블록체인 피자인 '원 바이트 인기메뉴'One Byte Favourites를 NFT로 선보였다. 한정기간 동안 매일 점심시간에 판매되었고, 하루 한 조각만 제공되었다. 하와이안, 페퍼로니, 캐네디언, 마르게리따 피자 등이 제공되었으며 실제 피자 한 입에 해당되는 가격을 추산해 최초가가 산정되었다. 실제 최초가 0.0001ETH에 판매되었지만 첫 NFT 페퍼로니 한 조각이 무려 9,163달러에 최종 낙찰되었다.

감자칩 브랜드 프링글스는 크립토크리스프CryptoCrisp 프링글스를 출시했다. 슈퍼에서 구입할 수 없는 이 프링글스는 우크라이나의 일러스트레이터 바시아 콜로투샤Vasya Kolotusha와 협업한 한정판 NFT다. 금으로 도금된 프링글스 캔이 회전하는 6초짜리 MP4 파일로 실물 상품과 동일한 0.0013ETH(약 2달러)에 판매되기 시작하더니

WETH
기존 이더리움을 ERC-20 표준에 맞게 랩핑한 토큰이다. WETH와 ETH의 가치는 1:1로 동일하며 메타마스크나 유니스왑 등의 플랫폼에서 교환이 가능하다.

계속 가격이 치솟아 입찰가가 1.1WETH(2,113달러)까지 오르기도 했다.

국내 기업들도 속속 이 시장에 진출하기 시작했다. 현대자동차는 메타콩즈와 협력해 커뮤니티 기반 NFT를 발행하겠다고 밝혔다. 추후에는 메타모빌리티를 주제로 한 NFT 작품을 공개하는 웹사이트를 런칭한다는 계획이다.

LG생활건강은 화장품 브랜드 빌리프의 세계관을 담은 '빌리프 유니버스' 캐릭터를 NFT로 제작한다. 소비자들이 원하는 캐릭터 포즈나 상황을 NFT에 반영해 소비자 참여를 유도할 계획이라고 한다.

BHC치킨은 치즈 볼처럼 생긴 '뿌찌'라는 캐릭터를 활용해 쿠폰 타입의 NFT를 발행했다. BBQ치킨은 자사의 마스코트인 '치빡이'를 활용해 1만 개 한정의 NFT를 발행했고 이를 향후 VIP 멤버십으로 활용할 계획이라고 밝혔다.

나이키, 구찌, LG 등 이름만 들으면 알 만한 대기업들의 NFT 시장 진출은 하루 이틀의 일이 아니다. 심지어 페이스북은 사명을 메타Meta로 바꾸기까지 했다. 일상생활에서의 구매 체험을 디지털 세상으로 연결시켜 소비자 경험을 확대하는 것. 이것이 가지는 가치에 모두가 주목하고 있는 것이다.

NFT는 이제 일상 속 여러 모습으로 우리 주변에 가까이 다가오기 시작했다. 모든 유·무형 자산이 디지털 세상으로 확장되고 그 자산들을 거래하는 것이 가능해지면서 새로운 시장이 형성되었다. 이 시장의 자산이 가지는 희소성 덕택에 시간이 지날수록 가치가 상승하리라는 믿음도 만들어지기 시작했다.

NFT는 단순한 디지털 파일의 저작권자나 보유자에게 새로운 수입과 투자수익을 제공하는 수단이지만 그에 그치지 않는다. 이종산업 간의 융합을 통한 새로운 시도는 지속적으로 이어질 것이다. 지금은 상상할 수 없지만 앞으로는 각종 온·오프라인에서 사람들이 만든 유행어, 움짤, 장면, 이벤트 등 무엇이든 NFT로 만들어져 거래되는 것이 당연시되는 날이 올 수도 있다. 이 흥미로운 변화의 물결에 함께 하지 않을 이유가 없다.

CHAPTER
2

데이터로 보는
NFT 시장

CHAPTER 1에서 현재 통용되고 있는 여러 사례들을 통해 NFT가 무엇인지 막연하게나마 알아보았다. 그러나 여전히 독자 머릿속에는 'NFT라는 것이 구체적으로 어떤 것이며 실물경제에서 차지하는 위치가 어느 정도인지' 쉽게 감이 잡히지 않을 것이다. 많은 이들이 NFT에 대해 충분히 공부를 하고 난 뒤에도 여전히 그 실체를 파악하기 힘들어한다. 또한 현재 등장한 NFT는 앞으로 펼쳐질 가능성에 비하면 아주 미미한 수준이기 때문에 막연한 정의 규정만으로는 제대로 파악하기 어렵다. 이 장에서는 NFT에 대한 추상적이고 개념적인 접근을 하기보다 블록체인 기반 가상자산인 코인의 한 종류로 이해해 보고자 한다. 일단 그렇게 가볍게 규정을 해놓은 상태에서 구체적인 데이터를 통해 NFT 시장에 대한 다양한 해석을 하는 편이 훨씬 더 실리적이라고 판단하기 때문이다.

NFT는 다른 가상자산들과 어떻게 다른가? NFT 코인에 대한 기초 정보

대체 불가성을 만들어주는 NFT 코인의 조건

제2세대 가상자산으로 불리는 이더리움은 여러 표준안을 갖고 있다. 코인 투자를 해봤던 사람이라면 아마도 ERC-20 유형에 익숙할 것이다. 이것이 이더리움 표준 유형 중 하나다.

ERC-20은 이더리움 계열로 생성된 코인이며 동일한 코인이라면 동일한 성질을 갖게 되므로 대체 가능하다는 성격을 가진다. A의 지갑에 있는 1만 원 권 지폐와 B의 지갑에 있는 1만 원 권 지폐의 가치가 동일하며 서로 대체 가능한 것과 같다. 대체 가능하다는 것은 1:1로 교환이 가능하다는 뜻이다.

그런데 NFT 발행을 위한 코드 ERC-721은 이와 다른 방식으로 구동된다. NFT는 ERC-721 이더리움 표준안으로 인해 비로소 창조되고 유통

될 수 있었던 것이다. ERC란 'Ethereum Request for Comments'의 머릿글자를 딴 약자다. 번역하자면 이더리움 코멘트 요청서다. 이더리움 상의 프로그래밍 표준을 대략적으로 설명하는 기술문서를 말한다. ERC-721은 2018년 6월 21일 최종적으로 채택되었는데 그 특징 때문에 대체 불가능한 토큰Non-Fungible Token, NFT이라는 표현이 붙기 시작했다. ERC-20과 ERC-721의 특징과 차이를 정리하면 다음 표와 같다.

➡ **ERC-20과 ERC-721의 특징과 차이점**

기능	구분	입력값	진행
발행 Mint	ERC-20	주소account 발행량amount	주소로 발행량을 생성
	ERC-721	받는 주소to 토큰 IDtoken ID 소유자owner	토큰 ID의 소유자를 주소로 발행·전송
전송 Transfer	ERC-20	송신주소sender 수신주소recipient 보내는 양amount	송신주소에서 수신주소로 보내는 양만큼 전송
	ERC-721	보내는 주소from 받는 주소to 토큰 ID	송신주소에서 수신주소로 토큰 ID를 변경
소각 Burn	ERC-20	주소 소각할 양amount	주소에서 일정량을 소각
	ERC-721	토큰 ID	토큰 ID의 소유자 정보를 삭제하고 토큰 ID를 소각

ERC-721은 이더리움 네트워크상에서 발행된 개별적인 코인들이 제각기 고유Unique 값을 포함하게 된다. 그러므로 코인은 동일한 것이 아니라 서로 다른 가치Value를 지니게 된다. 이런 특징 덕에 최초에는 게임 분야에서의 활용도를 중심으로 그 적용이 모색되었다.

값비싼 수수료를 절감해주는 다양한 플랫폼들

이더리움은 스마트 컨트랙트 기능을 구현하기 위한 분산 컴퓨팅 플랫폼 또는 운영체제를 지향하는 생태계다. 그러므로 ERC 표준안에서 제각기 서로 다른 토큰을 생성할 때마다 별도의 스마트 컨트랙트가 필요해진다. 블록체인 상에서 스마트 컨트랙트는 곧 네트워크 수수료와 직결된다. 이더리움이 비싸지면서 스마트 컨트랙트에 따른 수수료 부담은 점점 가중되었다. 그 대안으로 등장한 표준안이 바로 ERC-1155다.

ERC-1155는 한 번의 스마트 컨트랙트로 일정 수량의 대체 가능한 코인을 발행할 수 있다. 이 특징 때문에 '에디션'Edition이라는 형태로 NFT의 한 종류로 취급된다.

이더리움 외에 다른 네트워크 계열로 발행되는 NFT도 많다. NFT 시장이 확대됨에 따라서 이더리움 네트워크를 통해서 NFT를 발행하고 이체하고 소각하는 등 네트워크 이용량이 급격히 증가했다. 수요가 늘면서 이더리움 가격이 높아지고 그에 따라 수수료, 가스비 부담도 점점 더 가중되는 사이클이 생겨나기 시작했다. 결국 NFT 발행을 원하는 이들은 다른 네트워크 체인들로 눈을 돌리게 되었다. 시장의 기회가 다른 플랫폼들에게도 찾아온 것이다.

대표적인 NFT 마켓인 오픈씨 기준으로 2021년 5월 대비 2022년 2월 NFT 발행과 거래량은 무려 40배 이상 급증했고 이는 곧바로 이더리움 시세

스마트 컨트랙트
Smart Contract
이더리움은 이 기능을 내세우며 제2세대 블록체인 시대를 열었다. 스마트 컨트랙트란 계약 조건이 만족되면 그 즉시 계약이 성사되는 자동계약을 의미한다.

이더리움 가스비
Gas fee, Gwei
네트워크를 이용하는 데 지불하는 수수료로 고정적이지 않고 유동적이라는 특징이 있다. 빨리 처리하고 싶을수록, 이용자가 많을수록 가스비는 계속 올라가게 된다. 또한 내부 작동의 복잡성에 따라서도 달라진다.

상승과 가스비 상승으로 이어졌다. 일례로 가스비의 평균값은 20Gwei에 불과하던 것이 200Gwei으로까지 상승했고 일반 사용자들이 이더리움이나 이더리움 계열 토큰을 입출금하는 데 따르는 수수료 부담을 크게 느끼기 시작했다. 이런 이유로 NFT를 지원하기 위한 여러 다른 네트워크들이 등장하기 시작한다.

➡ **오픈씨 이더리움 계열의 NFT 거래량 변동 추이**

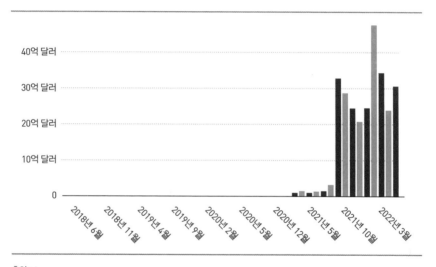

출처: dune.com

코인 발행을 결정할 때 저마다의 사업계획이나 목표에 가장 적합한 네트워크를 선택하게 된다. 어떤 네트워크를 선택하느냐에 따라 코인 입출금의 원활함, 안정성, 보안 등의 수준이 결정되고 각 네트워크 메인넷Mainnet의 기능에 따라 코인의 개발 변동성도 연동되어 결정되게 된다.

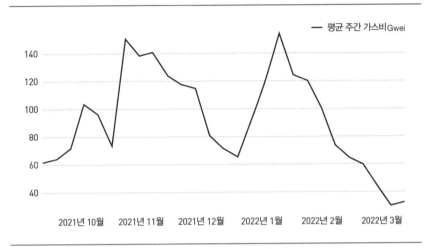

➡ **이더리움 가스비 변동 추이**

평균 주간 가스비Gwei

출처: dune.com

어떤 메인넷이 더 안정적이며 NFT 발행에 더 적합하냐 하는 명확한 기준
은 아직 없지만 어떠한 네트워크에서 발행했느냐에 따라 트랜잭션에 소요되
는 수수료나 네트워크 안정성, 코인을 이동시킬 수 있는 지갑의 효용성 등이
결정이 되므로 NFT를 발행할 때 매우 중요한 기준이 되는 것만은 분명하다.

이더리움 외에도 폴리곤Polygon, MATIC, 솔라나Solana, SOL, 바이낸스 스마
트 체인Binance Smart Chain, BSC, 클레이튼Klaytn, KCT 등이 대표적으로 NFT
발행이 가능한 블록체인이다.

폴리곤은 이더리움의 수수료 부담과 느린 전
송 속도를 대체해 많은 거래량을 빨리 처리하
기 위해 개발된 레이어2 Layer2 의 대표적인 프
로젝트다. 이더리움의 확장성을 보완하기 위해
2017년 인도에서 매틱네트워크MaticNetwork라

레이어2
Layer2
블록체인 상의 통신 규모를 확
장하여 처리 능력을 향상시키는
레이어로 비트코인이나 이더리
움 같은 레이어1이 가진 한계나
문제점을 해결하기 위해 개발되
었다.

웹 3.0
Web 3.0
탈중앙화 시대와 개인의 자유로운 콘텐츠 소유가 특징인 차세대 인터넷을 말한다. 웹 2.0 시대가 공유와 개방을 모토로 사용자들이 직접적으로 참여함으로써 정보를 만들어 공유하는 것을 강조했다면 웹 3.0 시대는 개인에게 맞춰진 지능화되고 개인화된 맞춤형 웹이 일반화되는 시대를 의미한다.

유니스왑
Uniswap,UNI
대표적인 탈중앙화 거래소로 유니스왑 버전3v3가 폴리곤 메인넷에서 운영이 된다. 이에 따라 유니스왑 사용자는 공식 인터페이스를 통해 폴리곤 블록체인을 사용해 거래하게 되며 이더리움보다 낮은 수수료로 서비스를 이용할 수 있다.

1인치 네트워크
1inch Network, 1INCH
탈중앙화 거래소의 유동성 소스에 연결해줌으로써 가장 비용이 저렴한 트랜잭션을 지원하는 서비스. 이 서비스를 통해 거래자들은 모든 거래소의 유동성을 직접 확인할 필요가 없이 서비스를 이용할 수 있다.

는 이름으로 최초 설립되었기 때문에 '인도의 이더리움'이라는 닉네임을 갖고 있다. NFT뿐만 아니라 웹 3.0을 주도하는 가상자산으로서 많은 가상자산 투자자들의 관심을 받고 있다. 유니스왑Uniswap,UNI, 1인치 네트워크1inch Network, 1INCH 등 많은 DEXDecentralizedExchange가 폴리곤 네트워크 생태계에 함께 하고 있다.

솔라나의 경우 비트코인이나 이더리움보다 훨씬 저렴한 네트워크 수수료로 구동되기 때문에 이더리움의 대항마라는 별칭을 얻으며 2021년 시장에서 가장 화제의 중심에 선 프로젝트 중 하나다. 아나톨리 야코벤코Anatoly Yakovenko가 2017년에 설립하고 FTX 거래소 대표인 샘 뱅크먼 프라이드Sam Bankman-Fried가 지원하는 고성능 역사증명방식PoH, Proof of History 블록체인 프로토콜이다. 솔라나의 성장은 NFT 시장의 확장 차트와 거의 유사한 궤도를 그릴 정도로 NFT와 함께 성장한 플랫폼이라고 해도 과언이 아니다.

바이낸스 스마트 체인은 가장 대표적인 글로벌 가상자산 거래소로 손꼽히는 바이낸스Binance가 운영하는 자체 네트워크다. 해당 체인에서 사용되는 바이낸스코인Binance-Coin, BNB은 바이낸스 거래소에서 거래 수수료 등으로 이용할 수 있을 뿐 아니라 심지어 직원 급여 지급 수단으로도 쓰인다고 한다. 이들은 분기별로 일정량을 지속적으로 소각함으로써 코인 가격을 지속적으로 상승시키는 유인책을 사용한다.

클레이튼의 경우 2022년 1월 메타버스 생태계 확장에 초점을 맞춘 클레이튼 2.0을 발표하는 등 과감한 행보를 보여왔다. 클레이튼은 국내 NFT 시장을 이끄는 대표적인 코인으로 카카오의 블록체인 플랫폼으로 유명하다. 이더리움처럼 독자적인 분산 애플리케이션 디앱을 만들기 위해 확장 가능한 블록체인 개발 플랫폼이다. 실제 위믹스Wemix, WEMIX, 보라BORA, BORA 등 다수의 국내 프로젝트들이 클레이튼 네트워크를 통해 서비스를 제공하고 있다.

DEX
DecentralizedExchange
탈중앙화 거래소. 빗썸, 업비트, 바이낸스 등 중앙화 거래소CEX, Centralized Exchange 와 달리 거래 당사자들 간 직접적인 거래를 제공한다.

바이낸스
Binance
가상자산 업계의 최대 부호로 알려진 창펑 자오 Changpeng Zhao가 운영하는 세계 최대의 가상자산 거래소다. P2P나 마진거래 등 단순 거래서비스 외에도 BSC체인 등 바이낸스 자체 네트워크를 운영하며 바이낸스 아카데미와 NFT 마켓 등 다양한 서비스를 제공한다.

디앱
DApp
Decentralized Application의 약자로 탈중앙화된 블록체인 플랫폼을 기반으로 작동하는 앱을 의미한다.

NFT를 구성하는 핵심적인 기술적 요소들

NFT를 구성하는 데이터는 스마트 컨트랙트와 토큰 메타데이터, 토큰 이미지 등이다. 토큰 이미지는 NFT를 고르는 기준이 되는데 이미지 파일에서부터 영상, 음악 등 우리 눈에 보이는 디지털 콘텐츠를 의미한다.

토큰 메타데이터는 명칭이나 URL 등 콘텐츠를 설명하는 부분을 의미하며 이것이 토큰 개별적으로 차이점을 부여해준다. 메타데이터에는 사이즈, 명칭, 희소값 등이 포함된다.

토큰의 스마트 컨트랙트가 '토큰 값 – 토큰 고유 아이디'로 대체 불가함을 실현하게 되는데 이것이 바로 NFT 기술의 핵심이다. 각각의 디지털 파일에 고유한 증표(토큰)를 부여함으로써 디지털 파일의 거래 및 소유 기록에 대한 위·변조와 복제가 불가능하게 만드는 것이 핵심이기 때문이다.

DRM
Digital Right Management
허가된 사용자만이 디지털 콘텐츠에 접근할 수 있도록 만드는 제한 기술을 뜻한다. 일반적으로 콘텐츠의 불법복제를 방지하기 위해 활용되는 방식이다.

NFT는 디지털 파일의 소유자와 거래 이력을 블록체인에 기록함으로써 기존의 중앙 집중형 제어방식인 DRM Digital Right Management과 비교했을 때 위·변조와 삭제의 위험을 획기적으로 개선시켰다.

NFT는 어디서 시작해 얼마나 발전했나? NFT 마켓 데이터

데이터를 통해 알아보는 최신 NFT 트렌드

여타의 투자시장을 분석할 때에도 동일한 방식을 사용하듯이 NFT 시장 역시 전체 시장의 흐름을 파악할 수 있는 몇 가지 데이터를 확인해보아야 한다. 투자를 계획하거나 시작하기 전에 반드시 살펴보아야 할 핵심적인 데이터들이다.

NFT 시장은 형성되고 주목받기 시작한 지 얼마 되지 않았다. 따라서 아직까지 다른 투자시장에 비해서 활용할 수 있는 데이터의 종류는 적은 편이다. 하지만 블록체인 기반의 시장인 만큼 투명하게 공개되어 누구나 확인할 수 있는 몇 가지 데이터들이 존재한다.

NFT 시장을 파악하는 데 도움이 될 만한 몇 가지 데이터를 기반으로 최

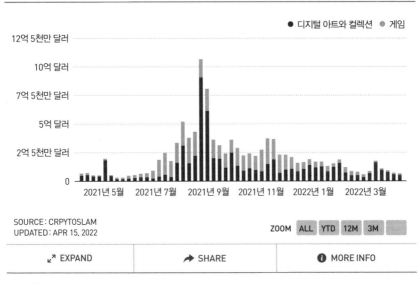

신 시장 트렌드를 파악하는 일에 익숙해지도록 하는 것이 좋다.

첫째, '주간 NFT 거래량 추이'는 매우 중요한 시장 파악 수단이다.

위 그림은 NFT 거래량 현황을 주간 단위를 파악할 수 있는 그래프다. 아주 단순한 그래프지만 이 안에는 많은 함축적인 의미가 담겨 있다.

그래프를 보면 시장에서 거래되는 NFT의 대표적인 유형인 '디지털 아트와 컬렉션Art and Collectibles' 분야와 '게임' 분야로 구분해 구체적인 거래량 데이터를 확인할 수 있다.

이 그래프는 무엇을 말해주고 있을까? 위 데이터를 살펴보면 NFT의 전체 거래 규모는 2021년 8월에 가장 높은 수치를 찍은 이래 상대적으로 낮아졌다. 이 데이터만을 보면 2022년 4월에 NFT 시장의 대한 전반적인 관심도가 낮아지고 있는 것으로 보인다.

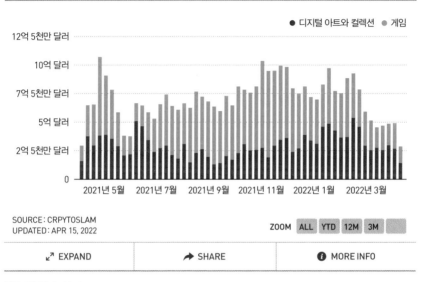

⇒ 주간 NFT 판매 현황

● 디지털 아트와 컬렉션   ● 게임

SOURCE : CRPYTOSLAM
UPDATED : APR 15, 2022

ZOOM ALL YTD 12M 3M

↗ EXPAND   → SHARE   ⓘ MORE INFO

출처: 더블록 theblock.co

유형별 거래 비중을 살펴보면 '디지털 아트와 컬렉션' 대비 '게임' NFT의 비중이 상대적으로 더 낮아졌다는 것을 확인할 수 있다. 전체 시장의 거래량이 줄어든 것은 맞지만 시장의 거래 트렌드 역시 '게임'에서 '디지털 아트와 컬렉션' 중심으로 재편되고 있다고 해석해볼 수도 있다.

둘째, '주간 NFT 판매 현황' 역시 주목할 만한 데이터 중 하나다.

위 그림처럼 주간 NFT 판매 현황 역시 그래프 형태로 파악할 수 있다. 주간 NFT 거래량 추이 그래프와 마찬가지로 '디지털 아트와 컬렉션', '게임' 카테고리로 구분해 확인할 수 있다. 앞의 데이터와 연결해서 이 그래프가 의미하는 바를 확인해보자.

게임 NFT의 거래량 자체는 줄었지만 신규 판매되는 게임 NFT의 판매 비중은 여전히 높다는 것을 알 수 있다. 거래량은 2021년 8월 기준 시점에 비

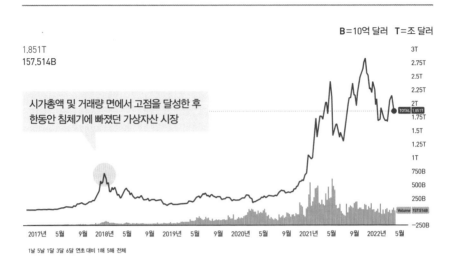

B=10억 달러 T=조 달러

1.851T
157.514B

시가총액 및 거래량 면에서 고점을 달성한 후
한동안 침체기에 빠졌던 가상자산 시장

3T
2.75T
2.5T
2.25T
2T
TOTAL 1.851T
1.75T
1.5T
1.25T
1T
750B
500B
250B
Volume 157.514B
−250B

2017년 5월 9월 2018년 5월 9월 2019년 5월 9월 2020년 5월 9월 2021년 5월 9월 2022년 5월

1일 5일 1달 3달 6달 연초 대비 1해 5해 전체

출처: 트레이딩뷰 tradingview.com

해 현저히 낮아졌지만 신규 판매되는 NFT 프로젝트의 판매는 꾸준히 유지되고 있다는 점도 확인할 수 있다.

실제 2017년 말 가상자산 시장 자체가 시가총액과 거래량 면에서 고점을 달성한 이후 한동안 침체기에 빠졌던 것과 맞물려 해석할 수 있다. 시장의 침체 기간이었던 이 시기 동안 양질의 코인 프로젝트가 판별되고 그를 바탕으로 해서 다양한 개발이 진행되면서 시장은 다시 활성화되고 도약의 토대가 만들어졌다. 이러한 패턴을 대입해 게임 NFT 시장의 추이를 파악해보는 것도 좋은 방법이다.

NFT 시장이라는 것이 등장하고 유의미한 시장의 관심을 받기 시작한 것은 2021년이 처음이다. 역사상 없었던 산업이 새롭게 태동한 것이다. 그러므로 관련 산업과 프로젝트 역시 아직 영유아기인 초창기에 해당한다고 해석해볼 수 있다. 이런 시기일수록 시장이 어느 방향으로 성장할지 지켜보면서 잘 확장될 수 있는 좋은 프로젝트를 선별해내는 시각을 기르기 위해 노력하는 것이 중요하다.

네트워크 계열별 특징과 연동된 NFT 시장

앞서 네트워크 계열별 NFT에 대해서 살펴본 바가 있다. NFT를 민팅할 때 사용되는 가장 대표적인 네트워크는 이더리움과 솔라나 등으로 나뉘지만 전체 비중으로 보았을 때 이더리움 계열의 NFT가 압도적으로 많다.

솔라나 계열이나 국내의 클레이튼 기반 NFT 프로젝트도 활발하게 진행되고 있다. 그러나 전체 시장 비중으로 살펴보았을 때는 이더리움이 여전히 막대한 영향력을 발휘하고 있는 것이 현실이다.

NFT 투자전략을 세울 때에는 여러 요소를 고려해야 한다. 물론 네트워크 수수료도 중요한 결정사항이 된다. 그러나 무엇보다 NFT는 기반이 되는 체인에서 발행한 코인의 가격변동에 영향을 받게 되므로 어떤 네트워크 기반의 NFT인가를 확인하고 각 네트워크의 특징을 비교·판단해서 신중하게 진입할 필요가 있다. 그런 이유로 다음 요소는 매우 중요한 판단 기준이다.

셋째, '주요 네트워크 체인별 NFT 거래량 점유율'을 잘 확인해야 한다.

넷째, 'NFT 관련 코인들의 시가총액과 도미넌스' 역시 시장의 추이를 파악할 수 있는 핵심 데이터로서 중요하다.

각각의 NFT 프로젝트가 전체 가상자산 시장에서 어느 정도 비중을 차지하고 있는지 파악할 수 있는 지표이기 때문이다. NFT 프로젝트로 발행된 코

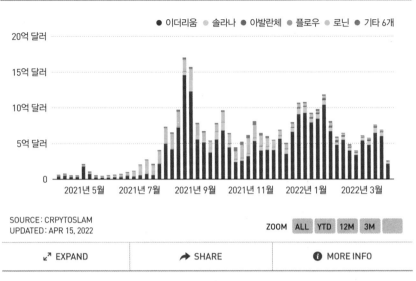

출처: 더블록 theblock.co

인들의 시가총액 총합과 이들이 전체 가상자산 시장에서 차지하는 비중인 도미넌스Dominance 데이터를 비교할 수 있는 그래프가 그것이다.

이 글을 작성하는 시점인 2022년 4월 기준으로 NFT는 약 51조 5,079억 규모의 시가총액과 약 2.23퍼센트의 도미넌스를 차지하고 있음을 확인할 수 있다. 다만 이 데이터는 NFT가 아니라 NFT 프로젝트에서 발행하는 코인을 전부 하나의 카테고리로 묶어서 보여주기 때문에 각각의 NFT 컬렉션별 시가총액은 아니라는 점을 인지하고 살펴보아야 한다.

해당 카테고리를 구성하고 있는 세부 코인 목록 역시 확인할 수 있고, 전체 가상자산 시장의 프로젝트들과 비교했을 때 상위 100위권 이내에 위치하는 프로젝트가 12개가량 되는 것으로 나타나 있다.

디센트럴랜드Decentraland, MANA나 샌드박스TheSandbox, SAND 등 메타버

➡ NFT 관련 코인들의 시가총액과 도미넌스

# ▲	Name	Avg. Price Change	Top Gainers	Market Cap ⓘ	Dominance	Volume ⓘ	Gainers / Losers Number	
78	Rollups	▼ 0.02%	ZKSpace ZKS ▲ 3.06%	₩3,250,040,334,919 ▼ 0.6%	0.14%	₩172,682,175,867 3,478 BTC	3 (38%)	5 (63%)
79	Yield Farming	▼ 0.02%	CafeSwap Token BREW ▲ 80.46%	₩22,654,641,308,218 ▲ 0.08%	0.98%	₩1,613,332,099,516 32,471 BTC	86 (51%)	82 (49%)
80	Ethereum Ecosystem	▼ 0.07%	Loomi LOOMI ▲ 61.4%	₩0	0.00%	₩0 0 BTC	82 (45%)	101 (55%)
81	Governance	▼ 0.09%	AlgoGems GEMS ▲ 28.4%	₩32,129,551,366,003 ▼ 0.1%	1.39%	₩2,507,093,072,600 50,459 BTC	54 (50%)	55 (50%)
82	NFTs & Collectibles	▼ 0.09%	FM Gallery FMG ▲ 90.85%	₩51,507,955,651,164 ▼ 0.08%	2.23%	₩4,341,675,915,158 87,383 BTC	200 (41%)	291 (59%)
83	DeFi Index	▼ 0.09%	DEGEN Index DEGEN ▲ 1.08%	₩124,792,872,268 ▼ 0.78%	0.01%	₩878,842,412 18 BTC	3 (43%)	4 (57%)
84	Paradigm Portfolio	▼ 0.1%	Gitcoin GTC ▲ 0.86%	₩2,282,548,593,347,196 ▼ 1.53%	63.89%	₩68,436,578,295,335 1,377,396 BTC	7 (50%)	7 (50%)
85	Injective Ecosystem	▼ 0.1%	Conflux CFX ▲ 14.6%	₩698,885,576,718,556 ▼ 0.12%	30.21%	₩68,592,148,176,740 1,380,527 BTC	30 (48%)	32 (52%)

출처: 코인마켓캡 coinmarketcap.com

스Metaverse 서비스와 NFT에 사용되는 코인들이 상위권에 위치한 것을 확인할 수 있다. NFT와 떼려야 뗄 수 없는 관계를 가진 키워드 중 하나가 바로 메타버스인데 이에 대해서는 CHAPTER 5에서 상세히 다루도록 하겠다.

디센트럴랜드
Decentraland, MANA
이더리움 블록체인 기반의 가상현실 플랫폼으로 사용자는 디센트럴랜드라는 가상현실 세계에서 토지를 구매 및 판매하거나 다양한 활동을 할 수 있으며, 콘텐츠 및 응용 프로그램을 만들고 경험하며 수익을 창출할 수 있다.

샌드박스
TheSandbox, SAND
블록체인 기반의 유저 생성 컨텐츠UGC 및 분산형 게이밍 플랫폼으로 유저가 직접 아이템 및 캐릭터를 제작할 수 있는 '복스 에딧', 아이템 거래를 위한 마켓플레이스와 아이템을 활용하여 게임 제작이 가능한 '게임 메이커'로 구성되어 있다.

➡ **NFT 관련 코인들의 랭킹 순위**

시가총액 기준 상위 Collectibles & NFTs 토큰

Collectibles & NFTs에 사용되는 최고의 암호화폐 코인 및 토큰이 아래 나열되어 있습니다. 시가총액 기준으로 정렬되었습니다. 정렬 순서를 바꾸려면 24시간, 7일 등 기준을 클릭하여 다른 기준으로 정렬된 결과를 확인하세요.NFT 컬렉션에 대해 자세히 알아보기 here.

시가총액	거래량
₩51,681,719,722,645	₩4,357,980,666,6
▲ 0.17%	▼ 32.3%

☆ 관심 목록   ☆ 포트폴리오   암호화폐 카테고리   DeFi   NFT   Metaverse   폴카닷(Polkadot)   BNB Chain   솔라나(Solana)   Avalanche

#▲	이름	가격	24h %	7d %	시가총액	거래량 (24시간) ⓘ	최근 7일
☆ 33	Decentraland MANA	₩2,659.74	▲1.16%	▼6.45%	₩4,945,016,167,804	₩249,802,946,661 / 93,075,383 MANA	
☆ 39	ApeCoin APE	₩14,919.96	▼2.78%	▲10.44%	₩4,152,336,939,310	₩350,856,179,054 / 23,447,661 APE	
☆ 40	The Sandbox SAND	₩3,510.88	▲1.80%	▼3.70%	₩4,118,325,315,385	₩265,780,093,474 / 74,760,903 SAND	
☆ 41	Theta Network THETA	₩3,756.14	▼0.02%	▼10.49%	₩3,762,463,100,028	₩131,699,582,100 / 35,003,554 THETA	
☆ 43	Axie Infinity AXS	₩59,039.05	▼0.19%	▼7.12%	₩3,599,768,668,709	₩314,752,101,390 / 5,325,554 AXS	
☆ 44	Tezos XTZ	₩3,966.45	▲1.04%	▲1.73%	₩3,533,681,649,882	₩61,907,540,058 / 15,613,141 XTZ	
☆ 51	PancakeSwap CAKE	₩9,961.51	▼0.69%	▼4.54%	₩2,841,405,054,624	₩146,705,019,871 / 14,679,065 CAKE	
☆ 52	Flow FLOW	₩7,192.79	▼1.01%	▼5.72%	₩2,600,655,666,017	₩73,321,721,754 / 10,156,824 FLOW	
☆ 67	Chiliz CHZ	₩291.68	▼1.58%	▲0.07%	₩1,756,771,662,879	₩155,231,989,280 / 530,205,935 CHZ	
☆ 68	Gala GALA	₩249.46	▲1.06%	▼6.72%	₩1,753,026,484,608	₩258,427,807,989 / 1,028,568,267 GALA	
☆ 75	Enjin Coin ENJ	₩1,873.72	▲0.19%	▼11.11%	₩1,655,559,862,858	₩141,385,623,837 / 75,000,735 ENJ	
☆ 92	Oasis Network ROSE	₩285.04	▼1.07%	▼12.80%	₩996,114,778,474	₩37,446,223,621 / 131,310,365 ROSE	
☆ 120	WAX WAXP	₩342.91	▲0.33%	▼5.82%	₩674,058,114,026	₩24,593,825,418 / 71,720,714 WAXP	

출처: 코인마켓캡 coinmarketcap.com

코인마켓캡
CoinMarketCap
여러 코인의 거래량, 시세, 시가총액 등의 정보를 제공하는 사이트.
코인은 상장된 거래소마다 시세가 다르고 거래량도 다르다. 그러
므로 분석과 계산을 위해 코인에 대한 전세계 수치 등을 알기 위해
서는 코인마켓캡에서 제공하는 정보를 참고하는 경우가 많다.

NFT 프로젝트의 경쟁력을 파악할 수 있는 수치들

NFT로 발행된 프로젝트별 랭킹도 확인할 수 있다. 아래 그림은 현존하는 NFT 컬렉션을 시가총액 내림차순으로 정렬한 것이다.

2022년 4월 기준으로 보자. NFT에 대해서 별다른 관심이 없던 사람이라도 한두 번씩은 들어봤을 법한 PFP NFT 보어드에이프 요트클럽, 크립토펑크 등이 시가총액 상위권에 위치해 있음을 확인할 수 있다. 이들 프로젝트는 강력한 커뮤니티를 보유하고 있다는 특징을 가진다.

NFT 시장에서 몇 가지 유용한 비교 데이터를 확인할 수 있는 사이트들도 있다. nonfungible.com은 마켓 트래커_{Market Tracker}라는 툴을 제공한다. 이를 활용하면 시장을 파악하는 데 도움이 될 만한 몇 가지 비교 데이터를 확

➡ NFT 컬렉션 랭킹

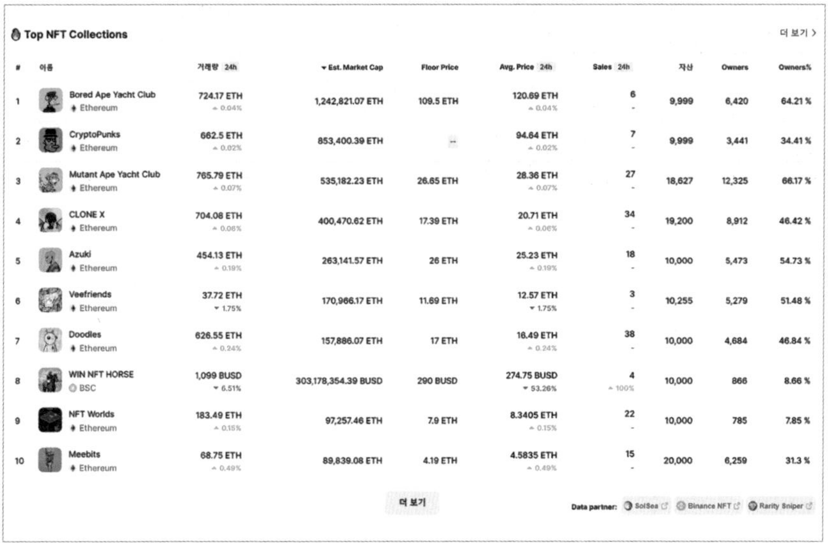

#	이름	거래량 24h	▼ Est. Market Cap	Floor Price	Avg. Price 24h	Sales 24h	자산	Owners	Owners%
1	Bored Ape Yacht Club ⬥ Ethereum	724.17 ETH ▲ 0.04%	1,242,821.07 ETH	109.5 ETH	120.69 ETH ▲ 0.04%	6 -	9,999	6,420	64.21 %
2	CryptoPunks ⬥ Ethereum	662.5 ETH ▲ 0.02%	853,400.39 ETH	--	94.64 ETH ▲ 0.02%	7 -	9,999	3,441	34.41 %
3	Mutant Ape Yacht Club ⬥ Ethereum	765.79 ETH ▲ 0.07%	535,182.23 ETH	26.85 ETH	28.36 ETH ▲ 0.07%	27 -	18,627	12,325	66.17 %
4	CLONE X ⬥ Ethereum	704.08 ETH ▲ 0.06%	400,470.62 ETH	17.39 ETH	20.71 ETH ▲ 0.06%	34 -	19,200	8,912	46.42 %
5	Azuki ⬥ Ethereum	454.13 ETH ▲ 0.19%	263,141.57 ETH	26 ETH	25.23 ETH ▲ 0.19%	18 -	10,000	5,473	54.73 %
6	Veefriends ⬥ Ethereum	37.72 ETH ▼ 1.75%	170,966.17 ETH	11.69 ETH	12.57 ETH ▼ 1.75%	3 -	10,255	5,279	51.48 %
7	Doodles ⬥ Ethereum	626.55 ETH ▲ 0.24%	157,886.07 ETH	17 ETH	16.49 ETH ▲ 0.24%	38 -	10,000	4,684	46.84 %
8	WIN NFT HORSE ⬥ BSC	1,099 BUSD ▼ 6.51%	303,178,354.39 BUSD	290 BUSD	274.75 BUSD ▼ 53.26%	4 ▲ 100%	10,000	866	8.66 %
9	NFT Worlds ⬥ Ethereum	183.49 ETH ▲ 0.15%	97,257.46 ETH	7.9 ETH	8.3405 ETH ▲ 0.15%	22 -	10,000	785	7.85 %
10	Meebits ⬥ Ethereum	68.75 ETH ▲ 0.49%	89,839.08 ETH	4.19 ETH	4.5835 ETH ▲ 0.49%	15 -	20,000	6,259	31.3 %

Top NFT Collections   더 보기 ❯
더 보기
Data partner: 🔵 SolSea ⬥ Binance NFT 🔴 Rarity Sniper

출처: 코인마켓캡 coinmarketcap.com

인할 수 있다.

➡ 거래 건별 NFT 1차 시장과 2차 시장 거래량 비교

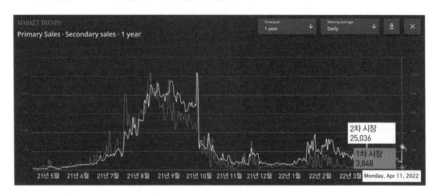

➡ 거래 금액별 NFT 1차 시장과 2차 시장 거래량 비교

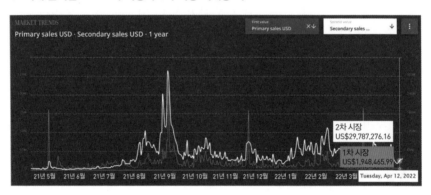

출처: nonfungible.com

그래프에서는 최근 1년간 NFT 1차 시장과 2차 시장 거래량을 비교하여 살펴볼 수 있다. '1차 시장'이란 NFT 창작자인 프로젝트팀이 NFT를 최초로 민팅했을 때 판매되는 것을 가리킨다. '2차 시장'이란 최초로 민팅한 NFT를 구매한 투자자인 홀더가 새로운 홀더와의 사이에서 거래를 발생시킨 것을 의미한다.

1차 시장은 일종의 B2C Business2Customer 형태의 거래이며 2차 시장은 C2C Customer2Customer 형태의 거래인 셈이다. 1차 시장은 일반적으로 창작자의 웹사이트나 민팅을 지원하는 플랫폼에서 이루어진다. 반면 2차 시장은 창작자에게서 NFT를 구매한 홀더가 오픈씨(opensea.io)나 룩스레어(looksrare.org) 같은 2차 거래시장에 상품을 내놓음으로써 형성된다.

왼쪽 그림에서는 1차 시장과 2차 시장의 거래 건수와 금액을 서로 비교해 볼 수 있다. 2021년 7~8월을 기준으로 2차 시장의 거래가 상대적으로 활발해졌다는 것을 확인할 수 있다. 이 시기에 NFT의 전반적인 가격이 상승하면서 거래가 활발해졌다고 해석할 수 있는 것이다. 거래 건수로 보면 1차와 2차 시장의 차이가 커 보이지 않는다. 그러나 2022년 1월경을 기점으로 2차 시장의 거래 건수가 1차 시장의 거래 건수에 비해 지속적으로 높아지고 있다는 것을 확인할 수 있다.

➡ **NFT 거래량과 NFT 평균가 추이**

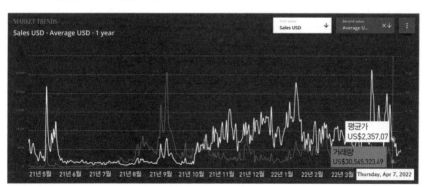

출처: nonfungible.com

위 그림의 데이터와 연관 지어 살펴보면 왜 그런 현상이 발생했는지 파악할 수 있다. NFT 가격이 오르면서 최초 민팅에서 구매해 보유하고 있던 NFT 홀더들이 자신의 상품을 2차 시장에 판매해서 이익실현을 했던 것이다. 이렇게 시장 활성화에 따라 NFT시장에서의 '손바뀜'이 일어나고 있는 것으로 해석해볼 수 있다.

손바뀜
주식 등 투자시장의 매매 빈도를 나타내는 말로 주로 회전율로 표시한다. 회전율은 일정기간 동안 거래된 주식 수를 회사가 발행한 주식 수로 나눈 수치로 높을수록 거래가 많이 돼 주주가 자주 바뀌었음을 뜻한다.

일반적으로 투자시장에서 적절한 손바뀜 현상은 활발한 거래와 향후 추가적인 가치 상승을 예견해볼 수 있는 지표로 활용된다. 그러므로 이는 시장 트렌드를 파악하는 데 유용한 데이터로 활용할 수 있다. 그러나 반대의 양상을 의미하는 경우도 있다. 하락장에서의 지나치게 잦은 손바뀜 현상은 투자자들의 공포심에 따른 급격한 매도현상을 뜻하는 패닉 셀Panic sell로 이어질 수도 있다. 그러므로 하나의 지표를 아전인수 격으로 해석해 판단하는 것은 금물이다.

그렇다면 과연 NFT 시장에서 건수가 아닌 중복되지 않는 고유Unique 구매자 수와 판매자 수는 어떻게 파악할 수 있을까?

오른쪽 그림이 바로 그에 해당하는 데이터다. 이 그래프를 보고 알 수 있는 것은 아직까지는 구매자와 판매자 간의 유의미한 격차를 찾아보기 어렵다는 점이다. 즉 수요와 공급이 대체로 균형을 이루며 시장이 원활히 유지되고 있다는 의미다. 이 그래프에서 판매자에 비해 구매자의 수치가 현저히 줄어든다면 시장이 위축되어 수요가 사라지고 빨리 팔아서 수익실현을 하거나 손절하려는 이들이 많아졌다는 의미가 될 것이다.

➡ NFT 구매자 수와 NFT 판매자 수 추이

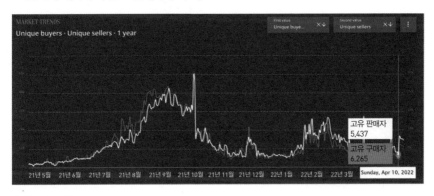

출처: nonfungible.com

　시장에서 판매자(공급)보다 구매자(수요)가 조금 더 많은 상태가 되고 100쪽 그래프에서 보았듯이 1차 시장의 판매 건수와 2차 시장의 판매 건수가 연동되어 증가한다면 시장이 활황을 보이는 징표로 볼 수 있다. 즉 1차 시장에서 최초로 민팅되어 시장에 공급되는 NFT보다 구매하고 싶어 하는 수요가 더 높다는 의미이기 때문이다.

　민팅 당시의 가격보다 2차 시장에서 판매되는 가격이 더 높아질 것이라는 기대가 시장에 반영될 때 비로소 거래시장은 활기를 띨 것이다. 그러나 2차 시장에서의 수요가 없어진다면 민팅 당시의 1차 시장 역시 흥행을 하기 힘들어진다. 그러므로 어찌 보면 NFT 시장은 특정 수요에 의해 지나치게 좌우되는 시장이라는 비판으로부터 자유롭기 어렵다.

　앞으로 시장이 더 성장하고 성숙해짐에 따라 이러한 지표들이 어떻게 변화해 가는지 살펴보는 것도 NFT 시장을 이해하는 시각을 기르는 데 도움이 될 것이다.

　흥미로운 사례 중 하나로 최고 시가총액을 자랑하는 보어드에이프 요트클럽 홀더들은 어떤 컬렉션을 사고팔았는지 한 번 살펴보도록 하자. 이들이 어떤 컬렉션을 구매하고 판매하였는지는 마치 여타의 투자시장에서 고래Whale 투자자가 어떤 종목에 투자하였을까 하는 궁금증과 일맥상통한다고 볼 수 있다.

➡ BAYC 홀더들이 구매·판매한 컬렉션 순위

Top NFT Collections Bought By BAYC Holders @cryptuschrist
=Collection Dashboard =OpenSea =Changes Collection Below

COLLECTION LINKS	BUYERS	BUYS	VOLUME	LOWEST	MEDIAN	HIGHEST	DETAILS
Bored Ape Kennel Club	1,078	2,886	15,608	0.01	3.80	375.00	
Mutant Ape Yacht Club	952	2,580	39,056	0.01	10.00	800.00	
Art Blocks	648	7,080	29,503	0.01	1.00	460.00	
Bored Ape Chemistry Club	617	1,218	20,423	1.00	11.50	1,542.07	
Cool Cats NFT	588	1,766	8,548	0.01	2.00	50.00	
Doodles	481	1,169	10,585	0.01	4.60	269.69	
Meebits	451	1,129	7,870	0.67	4.00	1,000.00	
World of Women	438	1,412	5,770	0.04	2.00	200.00	
Azuki	436	1,147	16,082	0.10	11.25	275.00	
CLONE X - X TAKASHI MURAKAMI	434	1,013	15,254	1.75	12.00	302.00	
adidas Originals Into the Metaverse	399	857	1,057	0.35	1.00	11.18	
CryptoPunks	353	781	71,140	12.45	70.00	8,000.00	
Jenkins the Valet: The Writers Room	326	1,045	677	0.01	0.23	36.00	
CrypToadz by GREMPLIN	326	798	3,701	0.10	3.49	69.00	
0N1 Force	319	974	3,103	0.42	2.00	188.00	

3,105 rows Search... « ‹ Page 1 › »

Top NFTs Sold by Bored Ape Holders @cryptuschrist
The NFT collections that Bored Ape Holders are Selling

COLLECTION LINKS	SELLERS	SELLS	VOLUME	LOWEST	MEDIAN	HIGHEST	DETAILS
Mutant Ape Yacht Club	1,182	3,477	49,364	0.00	11.00	800.00	
Bored Ape Kennel Club	1,022	3,200	16,645	0.00	3.82	106.70	
adidas Originals Into the Metaverse	739	1,273	1,371	0.01	0.90	12.10	
Bored Ape Chemistry Club	628	1,178	20,346	0.00	11.88	999.00	
Cool Cats NFT	428	1,576	8,927	0.01	5.00	75.00	
Art Blocks	420	3,163	19,196	0.01	8.99	2,100.00	
Elite Ape Entry Coins	386	787	160	0.06	0.18	1.80	
10KTF	333	1,548	485	0.01	0.20	13.00	
CLONE X - X TAKASHI MURAKAMI	328	1,083	14,585	0.10	11.99	250.00	
World of Women	324	1,655	6,723	0.01	2.35	200.00	
Meebits	310	824	5,101	0.50	4.00	960.00	
Doodles	293	812	7,598	0.01	9.56	120.00	

2,240 rows Search... « ‹ Page 1 › »

출처: 듄애널리틱스 dune.xyz

왼쪽 그림은 오픈된 블록체인 데이터 분석 툴을 제공하는 둔애널리틱스Dune Analytics라는 사이트로 사용자들은 여기서 다양한 블록체인 데이터를 해석해 대시보드Dashboard로 구성하고 공유한다. 여기에는 다양한 인사이트가 담긴 대시보드들이 있다. 그중 하나가 바로 이 BAYC 홀더들의 구매·판매 컬렉션 목록이다.

고래투자자
Whale
주식 등 자본시장에서 큰 물량을 보유·거래하는 투자자를 일컫는 말

최근 1년 이내 구매 목록 중 상위권을 차지하는 컬렉션들을 살펴보면 2022년 4월 기준 실제 시가총액 상위에 위치한 NFT 컬렉션들을 다수 찾아볼 수 있다. 12위 쿨캣츠Cool Cats, 7위 두들스Doodles, 10위 미빗츠Meebits, 5위 아주키Azuki, 4위인 클론엑스CloneX 등을 매우 저가에 구매한 것을 확인할 수 있다.

물론 이들이 판매하는 수량까지 확인해야만 좀 더 정확한 투자전략을 세울 수 있을 것이다. 컬렉션을 기반으로 한 커뮤니티 중심의 시장에서 가장 영향력이 강한 커뮤니티를 구성하는 홀더들의 투자 성향을 파악하는 것은 자신만의 투자전략을 세우는 데 도움이 될 수도 있다.

NFT는 어떤 곳에서
어떻게 거래되는가?
NFT 마켓플레이스

모든 NFT를 거래할 수 있는 오픈 마켓플레이스

NFT를 구매할 수 있는 대표적인 마켓플레이스는 어떤 곳들이 있을까? NFT 유형이 다양한 것처럼 마켓플레이스도 유형이 서로 다르다. 구매하고자 하는 NFT를 선택했다면 어떤 마켓플레이스에서 구매할 것인지도 정해야 한다. 그러려면 거래량, 네트워크 체인, 수수료, 특장점 등 고려해야 할 사항이 있다. 여기서는 몇 가지 대표적인 유형을 살펴보고자 한다.

가장 쉽게 접근할 수 있는 마켓플레이스는 다양한 유형의 NFT를 거래할 수 있는 일명 'NFT 종합 거래소' 오픈씨가 대표적이다.

오픈씨는 이더리움 블록체인 기반의 NFT를 거래할 수 있는 세계 최초, 세계 최대 규모의 NFT 마켓플레이스다. 최대 규모답게 가장 많은 NFT가

➡ 다양한 유형의 NFT를 거래할 수 있는 오픈씨

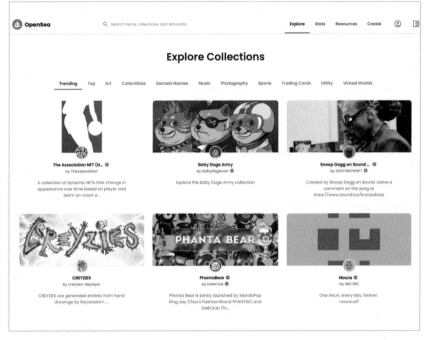

출처: 오픈씨 opensea.io

거래를 기다리며 상품으로 등록되어 있다. 이 마켓플레이스에서는 ERC-721과 ERC-1155 표준을 모두 지원한다.

NFT 유형별로 살펴보아도 디지털 아트, 컬렉션, 음악, 비디오, 스포츠 등 광범위한 유형을 모두 망라하고 있다. 2022년 4월 기준 가장 대중적인 마켓플레이스로 지원하는 지갑의 종류도 가장 많다. NFT를 거래하고자 한다면 가장 접근성이 높은 마켓플레이스라고 할 수 있다.

그러나 방대한 만큼 단점도 존재한다. 너무도 많은 NFT가 등록되어 거래되기 때문에 비슷한 이름의 여러 컬렉션이 존재할 수도 있어 거래할 때 각별히 주의해야 한다.

➡ **엑시 마켓플레이스(위)와 NBA 탑샷 마켓플레이스(아래)**

출처: 엑시인피니티 axieinfinity.com(위) NBA 탑샷 nbatopshot.com(아래)

IP 프로젝트별로 특화된 마켓플레이스

특정한 게임이나 컬렉션을 위한 전용 마켓플레이스도 있다. 앞에서 수차례 언급되었던 블록체인 P2E 기반 게임인 엑시인피니티Axie Infinity, AXS 전용 마켓플레이스인 엑시 마켓플레이스(marketplace.axieinfinity.com)가 게임 분야의 대표적인 특화 마켓플레이스다.

미국 프로농구 리그 NBA 선수 관련 NFT 그리고 경기 클립 영상이나 하이라이트 영상을 스포츠 카드 형태의 NFT로 만들어 판매하는 NBA 탑샷Top Shot 마켓플레이스도 유명하다.

이러한 유형의 마켓플레이스는 특정 지식재산권Intellectual Property, IP 프로젝트를 위한 전용 마켓플레이스로 운영된다.

전체 시장 대비 규모 면에서는 크지 않은 거래량을 갖고 있을지 몰라도 프로젝트 전용으로 운영되는 만큼 전문성이 있다는 장점이 있다. 즉 해당 프로젝트에 대한 NFT를 구매하기에는 가장 좋은 환경을 갖추고 있다. 예를 들어 NBA 탑샵의 경우 폐쇄형 Private 마켓플레이스라는 특징을 가진다. 즉 NBA 관련 NFT는 여기서만 거래할 수 있다.

디지털 아트 중심의 전문 마켓플레이스

NFT의 유형 중에서 디지털 아트에 특화되어 조금 더 전문적으로 다루는 마켓플레이스도 존재한다. 슈퍼레어(superrare.com)나 파운데이션(foundation. app) 등이 이 유형에 속하는 대표적인 마켓플레이스라고 할 수 있다.

➡ 슈퍼레어(위)와 파운데이션(아래)에서 거래되는 디지털 아트 **NFT**

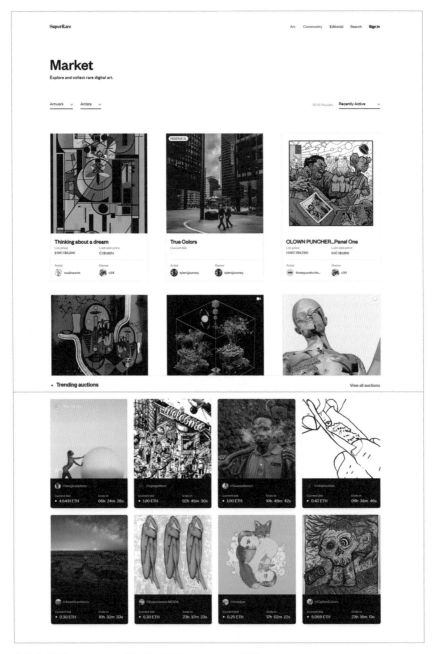

출처: 슈퍼레어 superrare.com(위) 파운데이션 foundation.app(아래)

두 곳 모두 디지털 아트 NFT를 전문적으로 다루고 있으며, 디지털 환경에서 아티스트들이 자신의 작품을 NFT로 민팅하고 판매할 수 있는 플랫폼이다.

디지털 아트의 경우 경매 형태로 거래가 이루어지는 케이스가 많다. 슈퍼레어의 경우 마켓플레이스가 엄선한 소수 아티스트들의 작품만 민팅해서 판매하는 방식으로 실제 미술 갤러리가 거래하는 방식을 그대로 차용한 점이 인상적이다.

파운데이션의 경우는 누구나 아티스트 창작자로 등록해 활동할 수 있다. 그러나 마켓플레이스에서 운영하는 유저 커뮤니티의 투표를 통해 선택을 받아야 하는 관문이 존재한다. 무분별한 판매 범람을 방지하는 방식을 채택하고 있다.

어떤 투자상품을 거래하든 우선 투자 대상에 대한 명확한 정보를 확실히 탐색하고 해당하는 투자시장의 상세 데이터를 활용하는 습관을 들이는 것이 중요하다. NFT 역시 시중의 행태를 무작정 좇는 묻지 마 투자로는 성공할 수 없는 분야다. 특히 시장이 경기 흐름이나 투자심리 등에 의해 급격히 변동되는 상황에서는 더더욱 그렇다. 자신의 판단을 뒷받침할 만한 주춧돌이 없는 상태에서는 시장상황에 휘둘려 낭패를 보기 십상이다.

특정 NFT 그래픽이나 디지털 아트가 마음에 들어서 또는 믿을 만한 사람이 추천해줘서 투자를 시작했을 수도 있다. 그리고 실제 그런 투자로 꽤 짭짤한 수익률을 올렸을 수도 있다.

그러나 그런 것은 어디까지나 운에 의한 것이지 온전히 자신의 투자 실력에 의한 수익률은 아님을 인지할 필요가 있다. 투자 대상에 대한 정보탐색과 거시적 관점에서 시장이 어떤 방식으로 형성이 되는가를 파악하고 전략을 세울 수 있는 습관을 기를 필요가 있다. 그렇게 한다면 변화하는 NFT 시장에서도 성공적인 투자 경험을 이어나가고 성공 확률 또한 높일 수 있을 것이다.

CHAPTER
3

넥스트 NFT ①
투자의 핵심요소

NFT는 고유의 '희소성'과 '불변성'을 무기로 한다. 특히 이러한 NFT의 특성 때문에 열성적인 팬덤을 모으며 수집가들 사이에서 각광 받고 있다. 그 바탕 위에서 다양한 활용 사례들이 속속 나타나고 있으며 이로 인해 여러 시장에서 매우 인기 있는 자산군으로 부상하고 있다. 자신이 창작한 작품을 디지털화 함으로써 정당한 소유권을 보장받고 누구나 갖고 싶어 하는 수집품으로 만들 수 있다. 누구나 블록체인을 통해 손쉽게 발행할 수 있기에 진입장벽이 낮다. 접근성이 높아지면서 전세계의 여러 사람들이 창작자가 되어 NFT 세계에 진입하고 있다. 나이키, 아디다스 같은 유명 스포츠 브랜드나 이름만 대면 알 만한 명품 브랜드도 이 대열에 발 빠르게 합류했다. 이 장에서는 NFT 투자를 위해 고려해야 할 핵심적인 요소들을 살펴보도록 한다.

돈이 되는 NFT,
인기 있는 NFT의 비결
NFT의 가치 평가

NFT에 대한 근원적 질문에 답하다

NFT 시장이 커지고 발전함에 따라 게임 산업에서는 아예 P2E Play to Earn라는 신종 분야가 생겨났다. P2E 모델을 추구하는 게임에서 플레이어는 기존에는 그저 놀이로만 여겼던 게임을 하면서 특정 생태계에서 제공하는 가상자산을 보상 형식으로 획득할 수 있다. 게임을 플레이하는 것이 곧 돈벌이가되는 시대가 시작된 것이다. 게임 세계에서는 다양한 종류의 인게임 In Game NFT 자산이 생성되며 플레이어는 이를 획득하거나 교환, 구매함으로써 경제활동을 한다.

주로 SNS에서 프로필 사진으로 사용되는 PFP NFT, 그리고 예술작품 수집을 목적으로 발행되는 디지털 아트 NFT 역시 매우 강력한 핵심 시장을 형성하면서 발전해가고 있다.

NFT의 활용 사례가 지속적으로 늘어나고 대중들의 관심이 커짐에 따라 NFT는 점차 유용성과 기능 면에서 확장되고 있는 추세다. 또한 스스로의 가치를 꾸준히 확대하면서 추가적 수요를 지속적으로 촉발시키고 있다. 그러나 이제 막 NFT를 접하는 잠재 구매자의 관점에서는 여러 의문이 꼬리에 꼬리를 물고 이어지지 않을 수 없다.

> **PFP NFT**
> ProFile Picture NFT
> 초기에는 일부 NFT 커뮤니티 내 혹은 디파이 관련 프로젝트 종사자들이 자신의 SNS 프로필에 NFT로 발행한 이미지를 게시하기 시작했다. 정체성을 드러내는 독특한 이미지, 그리고 한정된 수량만 생성된다는 점이 인기를 끌기 시작하면서 폭발적으로 성장해 유명인사와 일반인들 사이에도 PFP NFT를 사용하는 게 새로운 문화로 받아들여졌다.

"컴퓨터로 아주 손쉽게 복사해 붙여넣기를 할 수 있는 별 것 아닌 그림파일이 왜 수백 수천만 원을 호가하며 거래되는 걸까?"

"NFT를 구매할 때 적정한 가격은 어떻게 판단하며 그것은 어떤 기준을 통해 만들어지는 걸까?"

"내가 구매하려는 NFT의 가격이 적정수준인지 내가 구매한 다음에 가격이 폭락하지는 않을지 어떻게 판단할 수 있을까?"

NFT 구매 및 매도 적정 시점은 언제일까?

투자를 하려는 사람이든 그저 이 NFT 시장을 관망하는 사람이든 관심 갖지 않을 수 없는 주제들이다. 그만큼 정보도 부족하고 불확실성도 크기에 NFT 시장의 고위험성에 대해 경고하는 이들의 목소리도 크다. 이러한 의문들을 해결해줄 정보는 어디에서 찾을 수 있을까?

NFT 투자에서 성공하고 싶은 사람이라면 누구나 저평가된 블루칩 NFT를 선점하고 상대적으로 저렴한 가격에 구입하고 싶을 것이다. 이런 '원석 NFT'를 찾으려면 어떤 것을 살펴보고 검토해야 할까?

투자 목적으로 NFT 구매를 고려하고 결정할 때에는 해당 NFT의 잠재적 가치를 측정하기 위해 살펴봐야만 하는 몇 가지 기본 항목이 존재한다.

실제 이제 막 NFT 시장에 입문해서 구매를 하려는 이들은 NFT 관련 정보가 매우 비대칭적으로 유통된다는 것을 깨닫게 된다. 또한 아직은 시장 유동성이 충분하지 않아 객관적이고 합리적인 가치 측정을 하기가 매우 어렵다는 사실도 발견하게 될 것이다.

그러나 이런 상황에서도 NFT 시장 참여자들은 생태계의 끊임없는 발전을 위해 가치 평가에서 고려할 수 있는 핵심요소를 정해가면서 평가 모델을 만들고자 지속적으로 노력하고 있는 중이다.

그렇다면 현재 시점에서 과연 어떠한 요소들이 '가치 평가' 기준으로 활용되고 있을까? NFT 투자에서 참고할 만한 대표적 지표인 NFT의 지속성, 희귀성, 커뮤니티, 팀, 기반 블록체인 등에 대해 하나하나 알아보도록 하자.

가치 있는 NFT는
사용처가 다양하다
지속성과 유틸리티

실물 세상과 디지털 세상을 연결하는 힘

NFT의 가치 평가 기준 중 핵심적인 것이 바로 지속성과 유틸리티Continuity & Utility다. 유틸리티라는 말은 번역하면 효용성이나 활용도가 되겠지만 그보다는 좀 더 폭넓은 의미로 사용되기에 여기서는 원어 그대로 표기했다. NFT의 유틸리티성이라는 개념은 투자를 시작할 때 흔히 듣는 표현이 될 것이다.

NFT의 유틸리티성은 현재 우리가 살고 있는 실물 세상과 디지털 세상 사이 여러 애플리케이션이나 중계 매체를 통해서 생겨난다. 양쪽 세상의 경계가 점점 사라지고 현대인들은 더욱 이 두 세계에 걸쳐 살아가고 있다. 그렇게 된다는 것은 우리가 가진 자산의 가치를 실물 세상에서 디지털 세상으로 변환할 때마다 특정한 매개체를 필요로 하게 된다는 의미다. 이럴 때 유용하게 활용할 수 있는 것이 바로 NFT다.

지금 현재 NFT는 게임이나 메타버스 세계에서 캐릭터의 아이템을 구매하거나 토지나 건물을 확보하고 더 강한 캐릭터로 만들기 위해 스킬을 사는 등 다양한 영역에서 사용되고 있다. 이렇듯 얼마나 많은 곳에서 실질적으로 사용할 수 있느냐 하는 '유틸리티성'은 NFT의 핵심가치 중 가장 최우선으로 살펴보아야 하는 가치 측정의 척도다.

유틸리티성이 사라지게 되면 NFT의 활용 케이스들이 없어지고 자연스레 수요가 줄어들게 되어 시세가 하락하게 될 것이다. 다양하고 확고한 유틸리티성을 지닌 NFT라면 지속적으로 사용 가치를 제공하게 된다. 유틸리티성은 NFT 발행자나 프로젝트팀의 유명세나 견인력 여하에 따라 시간이 지나며 지속적으로 누적되며 형성된다.

유틸리티성이 뛰어난 NFT의 대표적인 예는 더샌드박스The Sandbox, 리그 오브 킹덤스League of Kindoms 등과 같은 P2E 게임 NFT에서 매우 쉽게 찾아볼 수 있다. 이들 세계에서 NFT는 그 가치를 극대화할 수 있는 게임 내의 자산으로서 중대한 역할을 차지한다. 122쪽의 그림은 더샌드박스 게임 내 유저들의 '랜드' 영토 소유 상황을 나타낸다.

인기 있는 게임의 NFT는 접근성이 높고 유용하게 사용되므로 꾸준히 새로운 플레이어들이 유입되며 지속적으로 커뮤니티를 형성한다는 장점이 있다. 게임 NFT는 게임 생태계 내에서도 매우 빠른 성장세를 보이며 주목 받고 있다.

리그 오브 킹덤스
League of Kindoms
블록체인 기술 기반의 다중 접속 온라인Massively Multiplayer Online, MMO 게임이다. 랜드에 자기만의 성을 만들어 왕국을 세우고 강성하게 만듦으로써 더 많은 땅을 차지하기 위해 경쟁을 벌이는 방식이다. 랜드를 구입하거나 왕국을 강화하는 데 필요한 자원을 구입하기 위해 NFT를 이용한다.

➡ **더샌드박스 랜드의 NFT 지도**

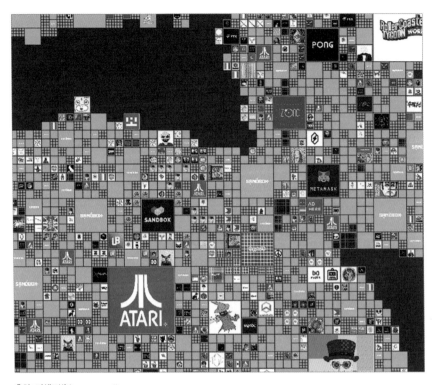

출처: 더샌드박스 www.sandbox.game

특별한 디지털 세계로 들어갈 수 있는 입장권

NFT의 유틸리티성 중 하나로 컬렉터블 NFT를 들 수 있다. 일부 NFT 컬렉
션은 실물 상품과 교환하는 데 직접적으로 사용할 수 있다.

예를 들어 특정 NFT는 이벤트 입장권으로 활용되고 특별한 파티에 참여
할 수 있는 독점적인 권한을 제공한다. 그 대표적인 예로 PFP NFT인 아주
키ₐZUKI를 들어보겠다.

키AZUKI를 들어보겠다.

122

➡ 아주키 가든파티 포스터

출처: 아주키 공식 트위터 @Azukiofficial

2022년 1월 민팅 이벤트를 통해 출시된 아주키는 이후 민팅 가격의 약 300배인 25ETH까지 올라갔다. 얼핏 보면 일본 애니메이션 캐릭터 같은 이미지가 상당한 고가에 거래되었으나 그 이미지는 프로필 게시용으로만 사용될 뿐이다.

NFT를 처음 접하는 사람이라면 이것을 NFT로 보유하는 것과 컴퓨터 화면에서 그 이미지를 캡처해서 공짜로 프로필 사진으로 사용하는 게 뭐가 다른지 의아할 것이다. 굳이 고액을 지불하지 않아도 이미지 자체는 얼마든지 자유롭게 사용할 수 있으며 겉보기에는 똑같으니까 말이다.

그런데 이 NFT에는 특별한 '멤버십' 기능이 담겨져 있다. 항공사 라운지를 이용하려면 VIP 멤버십이 있어야 하듯이 아주키 NFT를 보유한 사람은 더가든The Garden이라는 아주키 커뮤니티 멤버십을 갖게 된다. 그러고 나면 아주키 메타버스 내에서 네이티브 토큰Native Token으로 활용 가능한 빈BEAN의 에어드랍Airdrop 대상이 될 수도 있다. 또한 이 아주키 NFT를 보유한 사람은 미국 LA에서 2022년 3월에 열린 가든파티 입장권을 구매할 수 있는 독점적 권한을 받았다.

네이티브 토큰
Native Token
생태계의 정상적인 운영을 유지하기 위해 프로젝트에서 직접 발행한 토큰을 말하며 이 토큰은 형평성을 실현하고 블록체인 시스템의 기능을 구현하는 데 사용된다.

에어드랍
Airdrop
개인 투자자가 보유한 특정 가상자산에 대해 투자 비율에 따라 무상으로 가상자산을 지급하는 것을 의미한다. 주식 시장에서의 무상증자 또는 배당락과 같은 개념이라고 보면 된다.

실제 향후 여러 SNS에서는 프로필로 설정한 NFT 이미지의 보유 여부를 증명해주는 장치들을 개발하고 있다. 오른쪽 그림처럼 트위터의 경우 프로필 이미지에 자신의 개인지갑에 실제로 소유한 NFT를 연결하면 테두리가 원형에서 육각형으로 바뀜으로써 진품 NFT 이미지임을 인증해주는 기능을 제공하고 있다.

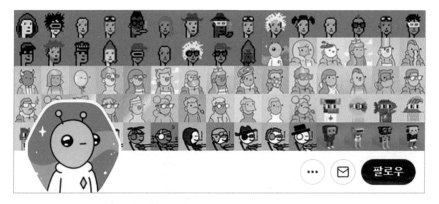

출처: 트위터 @PabloPunkasso

대출 담보, 스테이킹으로 활용되는 NFT

일부 NFT는 대출 담보 역할로 활용되기도 한다. 담보로 맡긴 NFT는 차용인이 대출 원금에다 사전 합의한 이자 전부를 상환할 때까지는 접근할 수 없다. 부채가 모두 상환되면 NFT는 차용인에게 반환된다.

인기를 끄는 NFT 중에는 스테이킹Staking이라는 부가가치 창출 기능을 선보이기도 한다. 사용자가 특정 프로젝트에서 발급한 NFT를 락업Lock-up 해서 스테이킹 하면 프리미엄 콘텐츠와 교환하는 데 사용할 수 있는 게임 혹은 메타버스 내 가상자산으로 보상 받는다.

NFT 스테이킹의 대표적인 예로 126쪽의 클레이시티KlayCity NFT 프로젝트를 참고해볼 만하다. 클레이시티 내 디스트릭트District NFT를 가진 홀더는 그것을 스테이킹 함으로써 레이LAY 토큰을 획득할 수 있는데 이를 거래소에서 판매할 수 있다. 또한 탐사Exploring를 통해서 오브ORB 토큰을 획

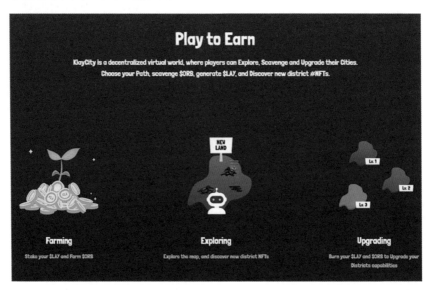

출처: 클레이시티 공식 홈페이지 Klaycity.com

득함으로써 자신의 디스트릭트를 업그레이드할 수 있도록 설계했다.

발행한 뒤 사용 가치가 없고 그저 장식품과 같은 소장품이 되는 NFT는 가치의 지속성을 유지할 수 있는 원동력을 잃게 된다. 반면 다양한 생태계에서 활용됨으로써 많은 사용자들이 주목하는 유틸리티성을 가진 NFT는 독창적인 현금흐름Cashflow를 창조해냄으로써 내재적인 가치를 지속적으로 창출한다.

독자적인 유틸리티성이 없다고 하더라도 유명 작가가 발행한 NFT의 경우 그 작품성과 희소성으로 인해 예외가 될 수는 있다.

그러므로 어떤 NFT를 구매할 것인지 결정하기에 앞서 과연 해당 NFT가 구매 후에도 가치를 지속적으로 유지·증대시킬 수 있는 유틸리티성을 확보하고 있는지 먼저 검토해야 한다.

당장에 유틸리티성이 부족하다고 판단된다면 프로젝트팀이 제시한 로드맵을 통해 향후 어떤 가치를 지속적으로 제공할 수 있는지 검토해보아야 할 것이다.

NFT 소장가치를 결정할 때의 체크 포인트
작품, 커뮤니티, 프로젝트팀, 플랫폼

갖고 싶다는 욕망, 작품성과 희귀성

작품성과 희귀성Artistry & Rarity이야말로 NFT의 가장 핵심적인 가치 척도의 기준이라고 볼 수 있다.

NFT는 고유하며 누구나 소유권과 진위를 블록체인 상에서 확인할 수 있지만 임의로 변경할 수 없다는 특징을 가진다. 그러므로 NFT는 오직 마켓을 통해 구매, 판매되거나 선물 형태로 전송되는 경우에만 소유권이 바뀐다. 이런 NFT의 고유한 특성 때문에 유명 아티스트들이 자신만의 시그니처 작품을 NFT를 통해 발행하기도 한다. 다수의 국내외 셀럽 등도 다양한 NFT 프로젝트와의 협업을 통해 다채로운 영역에서 NFT를 발행하고 있다.

수요에 비해 공급이 적은 데서 오는 불균형, 희소성의 법칙 등에 따라서 희귀하고 구매 수요가 높은데 컬렉션 수량은 적은 NFT는 시장에서 더 각광받을 수밖에 없다. 당연히 구매자가 더 많으므로 예상치도 못한 높은 가격에 판매되기도 한다.

과거 판매 사례를 검토해보고 지속적으로 NFT 시장을 모니터링하면서 발행자의 인지도, 총 발행량 같은 수치들을 종합해 검토하면서 대략적인 판매가를 유추해보는 연습을 해볼 필요가 있다. 이렇게 판매가를 매기는 데 숙달되다보면 원하는 NFT의 적정 가격을 측정할 수 있는 판단기준이 생길 것이다.

일본의 현대 미술가인 무라카미 다카시Murakami Takashi가 발행한 해바라기 NFT는 발행 직후 오픈씨에서 6ETH, 당시 원화 2,500여만 원에 거래되기도 했다.

NFT 구매를 결정할 때 염두에 두어야 할 여러 객관적인 기준이 분명 존재한다. 그러나 소장가치가 있는 NFT에는 분명 개개인의 주관적 판단과 선호도가 뚜렷하게 작용한다. 무라카미 다카시의 해바라기를 보고 어린애 낙서 같다고 생각하는

> **무라카미 다카시**
> Murakami Takashi
> 일본 태생의 현대 미술가이자 팝 아티스트. 순수 미술과 상업 미술을 오가면서 소위 고급 예술과 대중 미술의 경계를 허문 것으로 유명하다. 오타쿠Otaku, 즉 마니아만의 문화를 미술로 승화시켰다는 평을 듣는다.

이들도 있을 것이다. 그런데도 높은 가격이 책정된 데에는 어떤 요인이 작용했을까 생각해볼 필요가 있다.

대다수 NFT 수집가는 예술적 요소, 배경 스토리, 희귀성, 발행 프로젝트와의 관계 등 여러 요소들을 다면적으로 판단해 NFT를 구매하고자 할 것이다. 하지만 때로 자신이 개인적으로 부여한 가치 때문에 일부 NFT를 시장 평균가보다 훨씬 높은 가격에 사고자 하는 수집자도 존재한다. 좋아하는 NFT를 구매할 때의 심리는 단순히 가격에 대한 판단보다는 자신에게 어필

➡ 무라카미 다카시의 해바라기 NFT

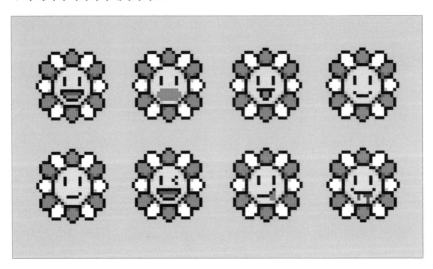

출처: bijouxpedia.com

하는 내재가치에 더 방점을 찍게 되기 때문이다. 결국 그러한 NFT는 언젠가 가치가 떨어져 투자자에게 손해를 입힐 수도 있다. 하지만 자신만이 산출할 수 있는 내재적 가치는 유지되기 때문에 소유하는 것만으로도 지속적인 만족감을 제공할 수 있다.

열광하는 팬덤과 지속적인 수요, 커뮤니티

NFT 가치를 산정하는 데 핵심 지표로 쓰이는 요소 중 하나는 '커뮤니티'Community다.

특정 NFT에 열광하는 커뮤니티가 얼마나 크냐에 따라 현재의 NFT 홀더 규모와 향후 잠재적 구매자 수요에 영향을 주기 때문이다. 물론 제작자나 프

디스코드
Discord

텔레그램
Telegram

유튜브
Youtube

카카오톡
Kakao Talk

트위터
Twitter

로젝트팀의 구성원이 누구냐에 따라 1차적인 NFT의 가치가 결정된다. 하지만 커뮤니티 역시 내러티브Narrative와 거버넌스, 로드맵Roadmap 등과 함께 2차적인 가치를 형성해 나가는 핵심적인 주체가 된다.

커뮤니티가 크면 클수록 NFT는 각종 SNS 채널을 통해 정보를 빠르게 공유할 수 있다. 이는 투자자들이 해당 NFT에 대한 정보를 획득하는 효과적인 전파 포인트가 된다. 프로젝트가 더 많은 잠재적 구매자들을 확보하는 데 매우 큰 이점이 된다.

인기 있는 NFT 컬렉션인 보어드에이프 요트클럽이나 두들스 등에는 대중에게 프로젝트를 소개하는 크고 작은 그룹의 커뮤니티가 전세계적으로 존재한다. 또한 이들은 다양한 이벤트나 커뮤니티 활동을 전개한다.

커뮤니티 규모를 확인하려면 프로젝트 공식 SNS를 방문해서 팔로어나 구독자 숫자를 확인하면 된다. 이를 근거로 커뮤니티 규모를 가늠할 수 있다.

장기간 동안 기반이 단단한 커뮤니티의 지원을 받는 NFT 프로젝트는 시간이 지남에 따라 대중의 관심을 끌 가능성이 더욱 높아지며 구매 수요가 증가하게 된다. NFT의 희귀성이 상대적으로 높아지기 때문에 가격을 견인할 수 있는 힘이 생기게 되는 것이다.

➡ **미국 텍사스에서 열린 두들스의 SXSW 2022 이벤트**

출처: schedule.sxsw.com/2022/events/OE42213

    NFT 프로젝트가 장기적으로 다양한 커뮤니티를 유지한다는 것은 시장에서 인지도와 보유자 참여도를 유지할 수 있는 역량이 있다는 의미이기도 하다. 《해리 포터》Harry Potter 같은 판타지 소설 시리즈는 25년이 넘도록 마니아층을 끌어 모으며 성장했다. 이에 따라 탄탄한 커뮤니티를 바탕으로 소설뿐 아니라 영화, 캐릭터 산업, 테마파크 등 다양한 산업 영역으로 확장될 수 있었다. NFT를 구매하기에 앞서 다른 핵심요소들과 함께 장기적이며 다양한 커뮤니티를 운영함으로써 인지도를 늘려가는 능력이 있는지를 확인해서 NFT의 매력도를 평가해야 할 것이다.

    NFT의 커뮤니티 규모를 확인할 수 있는 또 다른 방법은 NFT 2차 시장에서의 호응도를 체크하는 것이다. 오픈씨, 래리블 등의 NFT 마켓에서 즉시 구매 가능한 NFT가 얼마나 올라와 있는지 비교해볼 수 있다.

    A라는 NFT 컬렉션이 총 1만 개 민팅되었다고 하자. 그런데 2차 시장에

서 구매 가능Buy Now으로 등록된 숫자가 5천 개가 넘는다면 어떨까? 이미 이 NFT 공급 수량이 수요를 초과한다는 것을 쉽게 확인할 수 있다. 많은 이들이 사고 싶어 하고 희귀성이 높은 NFT라면 이미 다 팔려나가 구매 가능 리스트에 소량만 남아 있을 것이기 때문이다.

NFT는 가격 변동이 매우 큰 편이므로 판매가 대비 입찰 금액 추이, 일일 구매내역 등과 같은 객관적 데이터를 바탕으로 최근 평균 가격대를 추정해 볼 수 있다. 마지막으로 일간, 주간, 월간 기준 NFT 구매 및 판매에 참여한 고유Uunique 지갑 수의 변동폭도 주목해야 한다. 이는 종종 전체 NFT 수요를 확인할 수 있는 강력한 지표로 활용된다.

신뢰하고 투자할 만한 발행 주체, 팀과 출처

팀과 출처Team & Provenance는 투자할 NFT를 결정하는 데 매우 중요한 가치 판단 기준이다.

NFT 시장에서 먹튀, 일명 러그풀Rug-pull 사태가 잇달아 발생한 바 있다. NFT 프로젝트 운영자들이 NFT 수량을 전부 판매한 후에 관련 홈페이지와 채팅 채널, SNS 등을 전부 폐쇄하고 사라져 버리는 사건을 말한다. 러그풀을 방지하기 위한 ERC−721R 등 추가적인 기술 개발이 병행해서 이뤄지고 있다. 하지만 악의적인 사기에 휘말리지

> **러그풀**
> Rug-pull
> 양탄자를 잡아당겨 사람들을 넘어뜨린다는 뜻. 가상자산 시장에서 개발자가 돌연 프로젝트를 중단하고 투자금을 가로채는 사기 기법들을 말한다. 갑자기 사이트를 폐쇄하고 개발진이 도주하거나 예정에 없던 추가물량을 일시에 시장에 내놓아 팔아치우고 사라지는 등의 방법을 사용한다.

않기 위해서는 NFT의 가치가 인증된 팀이나 제작자가 만들어 운영하는지

확인이 필요하며 그에 따라 안정성과 인지도에 의해 얼마든지 변동될 수 있다는 점을 알고 있어야만 한다.

NFT 구매를 고려하기 전에 반드시 발행자가 누구인지에 대해 알아보아야 한다. 구체적으로는 제작자 정보, 팀 정보, NFT 제작 배경, 시장 인지도 등에 대한 상세한 조사가 필요하다. 확인해야 할 기본적인 정보들은 다음과 같다.

> **ERC-721R**
> 이더리움의 대체 불가토큰(NFT) 컨트랙트 표준으로 사용되고 있는 ERC-721이나 ERC-1155 표준에다 '에스크로'와 '환불' 기능을 추가함으로써 러그풀을 방지하고자 하는 새로운 컨트랙트 표준. 투자자 보호 측면에서는 강화된 기능이지만 민팅으로 모인 자금을 일정 기간 예치해두어야 하므로 발행자 입장에서는 개발비를 신속히 조달할 수 없어 달갑지 않을 수 있다.

첫째, 프로젝트를 이끄는 핵심 조직원들의 실명과 정보가 공개되어 있으며 이들은 인지도가 있는 인물인가?

둘째, 프로젝트 핵심 팀원의 SNS 계정 팔로어 수는 어느 정도 수준이며 이것이 인증되었는가?

셋째, 홈페이지나 SNS 등을 통해 개발·운영 팀의 변동이 있을 때 꾸준히 그 사실을 업데이트하고 있으며 질의사항 등에 대한 피드백이 신속한가?

제작자나 운영 팀을 조사하는 것은 비교적 어렵지 않다. NFT를 발행하는 제작자의 홈페이지를 방문하거나 SNS 채널을 확인함으로써 해당 프로젝트의 성장 잠재력을 평가할 수 있다. 인지도가 있고 안정성이 보장된 제작자일수록 그들의 NFT 작품이 시장에서 더욱 가치 있는 것으로 간주될 가능성이 높다.

NFT를 만들어 판매하는 것은 단순한 일회성 제작 업무가 아니다. 발행한 NFT의 커뮤니티를 관리하고 프로젝트팀의 비전을 로드맵에 따라 지속적으로 제시하고 관리해주어야 한다. 이런 일을 해나갈 구성원들의 면면을 점검하는 것은 구매하려는 NFT가 앞으로 얼마나 체계적이고 꾸준히 성장할 수 있는지 가늠할 수 있는 보증서와도 같은 중요한 지표가 된다.

기반 블록체인의 기술 수준, 블록체인 플랫폼

NFT는 블록체인 상에서 만들어지기 때문에 이를 기반으로 하는 블록체인 플랫폼Blockchain Platforms과는 떼려야 뗄 수 없는 관계를 갖는다.

안정성이 높고 수수료가 상대적으로 저렴하며 빠른 트랜잭션 속도를 보장하는 플랫폼은 이를 기반으로 하는 여러 디앱을 제공하며 사용자에게 해당 체인에 대한 충성도와 동기를 부여하게 된다. 동일한 원리로 NFT 역시 어떤 블록체인 생태계에서 생성되느냐에 따라 초기 커뮤니티 토대를 형성하는 데 큰 영향을 미친다.

NFT는 이미 자산으로 인식되고 있으며 이를 안정적으로 보장하려면 많은 사용자를 수용할 수 있는 기반 체인의 보안성과 안전성이 필수적이기 때문이다.

이더리움 체인의 경우 가장 오랫동안 개발되어온 스마트 컨트랙트 플랫폼이자 가상자산 시장 시가총액 2위로 수많은 사용자를 확보해 보안성과 인지도가 높으므로 여타의 체인에 비해 고평가되고 그런 만큼 수많은 NFT 프로젝트들이 실험되는 체인이기도 하다.

따라서 다양한 NFT 기반 체인 중에서도 이더리움 체인의 영향력은 매우 높다. 137쪽 그림은 코인마켓캡의 상위 NFT 컬렉션들과 그 기반 블록체인

➡ **이더리움 체인에 기반을 둔 NFT 프로젝트들**

출처: coin98.com

스테픈
STEPN
솔라나Solana, SOL 네트워크 기반 NFT 프로젝트로 NFT로 발행된 스니커즈를 구입하거나 빌려서 달리기를 함으로써 GST라는 토큰으로 보상 받는 'Move-to-Earn, M2E' 콘셉트의 러닝 앱 프로젝트다.

이다. 최근 주목을 받은 바이낸스 스마트체인 기반의 스테픈STEPN을 제외하면 거래대금 1위부터 30위까지의 상위 NFT가 모두 이더리움 체인 기반으로 발행된 것을 알 수 있다.

그렇다고 해서 반드시 이더리움 체인 기반의 NFT만 구매해야 한다는 의미는 아니다. 각각 블록체인 별로 다양한 장단점이 존재하며 고려해야 할 측면이 있다. NFT 발행이 가능한 블록체인 종류는 매우 다양하므로 무엇을 검토해야 할지 알아보도록 하겠다.

➡ 상위 NFT 컬렉션들과 기반 블록체인

#	이름	▼ 거래량 24h	Est. Market Cap	Floor Price	Avg. Price 24h	Sales 24h	자산	Owners	Owners%
1	Moonbirds ◆ Ethereum	10,608.74 ETH ▲ 0.01%	140,827.05 ETH	29.88 ETH	28.67 ETH ▲ 0.01%	370	10,000	6,511	65.11 %
2	Bored Ape Yacht Club ◆ Ethereum	3,502.7 ETH ▼ 0.01%	1,222,622 ETH	124 ETH	129.73 ETH ▼ 0.01%	27	9,999	6,410	64.11 %
3	Mutant Ape Yacht Club ◆ Ethereum	3,424.1 ETH ▼ 0.01%	570,364.65 ETH	33.33 ETH	33.9 ETH ▼ 0.01%	101	19,747	12,419	66.25 %
4	STEPN x ASICS NFT Sneakers ⊙ BSC	6,263,621.45 BUSD ▲ 230.03%	6,792,370.47 BUSD	3,467 BUSD	2,853.59 BUSD ▼ 61.06%	2,195 ▲ 760.70%	2,039	843	41.34 %
5	CryptoPunks ◆ Ethereum	920.44 ETH ▲ 0.01%	650,003.86 ETH	--	57.53 ETH ▲ 0.01%	16	9,999	3,445	34.45 %
6	Bored Ape Kennel Club ◆ Ethereum	619.75 ETH ▼ 0.01%	78,202.68 ETH	8.6888 ETH	9.2501 ETH ▼ 0.01%	67	9,602	5,542	57.72 %
7	Toxic Skulls Club ◆ Ethereum	612.46 ETH ▼ 0.84%	2,290.14 ETH	0.49 ETH	0.502 ETH ▼ 0.84%	1,220	9,999	4,761	47.61 %
8	Azuki ◆ Ethereum	565.22 ETH ▼ 0.01%	261,968.48 ETH	25.49 ETH	26.92 ETH ▼ 0.01%	21	10,000	5,443	54.43 %
9	CLONE X ◆ Ethereum	452.59 ETH ▼ 0.04%	387,273.81 ETH	16.8 ETH	20.57 ETH ▼ 0.04%	22	19,207	8,924	46.46 %
10	NFT Worlds ◆ Ethereum	348.3 ETH ▲ 0.1%	87,973.38 ETH	9.6 ETH	10.24 ETH ▲ 0.1%	34	10,000	750	7.5 %

출처: 코인마켓캡, coinmarketcap.com/ko/nft/collections

첫째, 트랜잭션 속도를 고려해야 한다.

블록체인의 트랜잭션 속도TPS는 NFT 발행과 거래에 깊이 연관되어 있으며 NFT 투자에 전반적으로 큰 영향을 미치는 요소다. 특히 다수의 플레이어를 소화해내야 하는 블록체인 게임 분야에

> **트랜잭션 속도**
> Transaction Per Second, TPS
> 1초당 처리할 수 있는 트랜잭션의 수량을 의미한다. 100만 TPS는 1초당 100만 건의 트랜잭션을 처리할 수 있는 속도를 뜻한다.

서는 트랜잭션이 많이 발생하기 때문에 초당 더 많은 수의 트랜잭션을 처리할 수 있는 블록체인이 인기가 많은 편이다. 또한 트랜잭션 속도는 거래 수수료에도 큰 영향을 미친다. 블록체인의 처리량이 낮아 정체가 발생할 경우 자신의 트랜잭션을 우선적으로 처리하기 위해 더 비싼 수수료를 지불해야 한다.

	Internet Computer	Ethereum	Polkadot	Cardano	Solana	Binance Smart Chain	Zilliqa	Algorand	Avalanche
Average Block Time	0.045 s (1 block)	14 s (1 block)	6 s (1 block)	20 s (1 block)	0.4 s (1 block)	5 s (1 block)	40 s (1 block)	4.5 s (1 block)	2 s (1 block)
Blocks per second	22.5	0.07	0.17	0.05	2.5	0.2	0.02	0.22	0.5
Finality	Web Speed (2 s)	5 min	60 s	2 min	13 s	75 s	2 min	5 s	3 s
TPS	No limit	15	1,000	250	50,000	130	3,000	1,000	4,500 per subnet
Number of Validators	233	6,833	297	2,376	1,027	21	12	100	1027

Dfinity Community

출처: Dfinity Community

둘째, 트랜잭션 수수료 비용 역시 중요한 고려 요소다.

NFT 시장에서 트랜잭션 처리량이 많아짐에 따라 이더리움 기반의 NFT 전송 수수료는 상당히 올라가는 추세를 보였다. 그에 따라 상대적으로 낮은 수수료와 빠른 트랜잭션 속도를 보이는 솔라나, 바이낸스스마트체인, 폴리곤, 클레이튼 등이 각광을 받았다.

그 중 NFT 영역에서 빠르게 확장하고 있는 체인은 솔라나와 바이낸스스마트체인이다. 이더리움 기반에서 2만 원 정도의 수수료가 발생한다면 바이낸스스마트체인은 130원, 솔라나는 4원 수준으로 확실한 강점이 있다. 저렴한 수수료로 인해 좀 더 자유롭게 전송할 수 있게 되면 NFT 기반 블록체인으로서 더 광범위한 선택을 받을 수 있다.

셋째, 스마트 컨트랙트 기능 여부는 NFT 개발의 필수적인 요건이다.

오픈씨 등 모든 NFT 거래 플랫폼은 구매자와 판매자 간의 거래 조건을

➡ 블록체인별 트랜잭션 수수료 비교

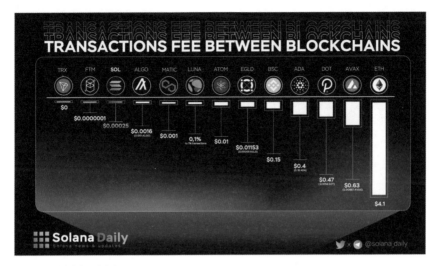

출처: 솔라나데일리 트위터 @daily_solana

설정하는 스마트 컨트랙트에 의존한다. 정교하게 잘 짜인 스마트 컨트랙트
는 플랫폼의 전체적인 보안을 보장하기 때문이다. 따라서 선택한 블록체인
이 안정적인 스마트 컨트랙트 기능을 보유하고 있는지 확인할 필요가 있다.

NFT 투자를 위한
시장 분석 기법
추세 파악과 하이프 사이클

변동폭이 큰 NFT 시장에서 추세 파악은 필수다

앞서 우리는 NFT 가치 평가의 5가지 핵심 요소들인 지속성과 유틸리티, 작품성과 희귀성, 커뮤니티, 팀과 출처, 기반 블록체인 플랫폼에 대해 살펴보았다.

그렇다면 이제 NFT를 구매할 수 있는 준비가 완료된 것일까? 그렇지 않다. 현재 흘러가고 있는 NFT의 시장 상황, 일명 '추세'를 반드시 확인해봐야 한다.

가상자산 시장은 365일 24시간 쉼 없이 움직이며 주식시장과 달리 상한가나 하한가가 없기 때문에 시세 변동폭도 매우 크다. 하루에도 수많

메이저 코인
Major Coin
가상자산 시가총액 상위권에 속하는 코인들을 의미하며 보통 상위 10위권에 속하는 코인을 가리킨다.

은 메이저Major · 알트Alt 코인의 가격이 시가총액 1위인 비트코인 도미넌스
나 추세에 따라 크게는 20~30퍼센트 급등락하는 것을 확인할 수 있다.

이렇듯 큰 틀에서 '추세'는 어떤 유형의 투자시
장에서든 매우 중요하다. 그러므로 거래할 때 꼭
참고해야 한다. CHAPTER 3에서 여러 시장 데이
터를 확인하는 법을 알아보았다. 이제는 추세 파
악을 위해 이들 데이터를 어떻게 활용하는 것이
좋은지 알아볼 시간이다.

월가의 추세 매매 대부로 불리는 제시 리버모
어Jesse Livermore의 투자법 명언 중에는 '물 대신
불을 타라!'라는 것이 있다. 즉 '달리는 말에 올라
타는 방식으로 투자하라'는 말이다. 제시 리버모
어는 투자시장에서 시황이 긍정적이고 가격이 반
등하는 모습이 확실해지기 전까지는 투자하지 않
는 것으로 유명하다. 투자시장에서 '추세 추종 전
략' 혹은 '역추세 매매의 위험성' 같은 말이 괜히
만들어진 것이 아니다. 그에 의하면 거래량이 줄
어들고 시세가 지속적으로 떨어지는 하락장에서
자신의 투자 자산이 무작정 언젠가 오르겠지 하
고 기대하는 것, 혹은 반대로 상승장에서 시세가
떨어지면 구매하리라 막연히 기다리는 것만큼 비
효율적인 투자법은 없을 것이다.

알트코인
Alt Coin
Alternative와 Coin의 합성어
로 대체코인이라는 뜻이며 비트
코인을 제외한 모든 코인을 가
리킨다.

비트코인 도미넌스
BTC Dominance
전세계의 가상자산 시가총액 중
에서 비트코인 시가총액이 차지
하는 비율을 뜻한다.

추세 매매
차트의 기술적 분석의 일종으로
가격의 추세를 도출해 그에 순응
하는 매매를 하는 것을 말한다.
즉 가격이 상승하는 추세일 때에
는 매수하고 하락하는 추세일 때
에는 매도한다. 추세 매매의 최
대 장점은 위험 회피에 있다.

제시 리버모어
Jesse Livermore
1877년 7월 26일 태어나 1940
년 11월 28일 사망한 미국의 투
자자. '월가의 큰 곰', '추세 매매
의 아버지'라고도 불린다. 월가
에서 가장 위대한 개인 투자자
중 하나로 추앙 받는다.

한정된 NFT 거래 정보 중 가장 보석 같은 것들

그렇다면 NFT 시장의 추세 분석은 어떻게 하는 게 좋을까?

추세 분석을 하기 전에 우선 NFT 시장이 기존의 주식시장이나 가상자산 시장의 거래 시스템과도 다르다는 것을 인지해야 한다. NFT와 가상자산은 모두 특정 거래 플랫폼에서 손쉽게 매수·매도할 수 있다. 그러나 NFT는 가상자산 거래의 경우와 같이 실시간으로 매수·매도 물량을 확인할 수 있는 별도의 호가창이 존재하지 않는다. 또한 수많은 지표를 적용해 참고할 수 있는 보편적인 사용 도구인 기술적 차트도 존재하지 않는다.

플랫폼에서 NFT 구매자가 단편적으로 참고할 수 있는 객관적인 수치라고는 바닥가격Floor Pice, FP, 거래량Volume, 보유자 수Owners 정도에 불과하다. NFT의 시장 유동성 파이 역시 전체 가상자산 시장에 비해 매우 작아서 프로젝트 발행자나 운영진의 마케팅 능력, 커뮤니티 관심도 같은 작은 요인에도 매우 큰 영향을 받는다. 그러므로 가격 변동폭과 추세를 예측하기가 쉽지 않다.

하지만 전체적인 맥락에서 NFT 시장이 상승 추세인지 하락 추세인지 확인할 수 있는 여러 참고할 만한 객관적 지표는 분명히 존재한다. 해당 지표를 살펴보기 전에 어떤 체인을 기준으로 잡고 살펴볼지 정해야 한다.

글로벌 1위 NFT 거래 플랫폼인 오픈씨만 보아도 이더리움, 폴리곤, 클레이튼, 솔라나 등 여러 블록체인을 기반으로 한 NFT들을 거래할 수 있다.

블록체인에서 NFT를 발행하려면 스마트 컨트랙트 기능이 필수적이다. 스마트 컨트랙트 기능은 '7일 후에 XX에게 A를 전송해줘'라고 프로그래밍하면 해당 날짜에 자동으로 그 내용을 실행해주는 시스템을 말한다. 가상자

➡ NFT 체인별 거래량 점유율

출처: 디파이라마, defillama.com/nfts/chains

산 시장에서 시가총액 1위이지만 비트코인의 경우 단순히 코인을 주고받을 수 있는 전송기능만 있을 뿐 스마트 컨트랙트 기능은 매우 제한적이다. 그런 이유로 스마트 컨트랙트 시스템을 기반으로 처음 개발된 것이 이더리움이며 비트코인 다음으로 큰 시가총액을 차지하는 이유이자 NFT 시장에서 가장 큰 거래점유율을 기록하는 이유이기도 하다.

> **스마트 컨트랙트와 블록체인**
> 블록체인에서 스마트 컨트랙트란 일종의 '약속'을 부여하는 것이다. 특정 조건을 만족할 때 특정 행동을 하도록 하는 코드를 거래에 추가하게 된다. 그러한 계약의 진위와 실행력은 블록체인이 보장한다. 그런 이유로 이 약속은 계약이 되고 일단 블록체인에 기록되면 누구도 그것을 취소하거나 위조할 수 없으므로 이행이 보장된다.

위 그림은 가상자산 시장지표 대시보드인 디파이라마DefiLlama에서 살펴본 NFT 체인별 거래량 점유율이다. 이더리움 기반 NFT가 약 96퍼센트 이상을 차지한다는 것을 확인할 수 있다. 따라서 다음에 설명할 NFT 추세 관련 지표는 이더리움 체인 기준으로 서술하고자 한다.

NFT 추세 파악 지표 ① NFT 거래량 지표

CHAPTER 2에서 우리는 더블록크립토(theblockcrypto.com)나 넌펀저블 (nonfungible.com) 등의 시장 추적 툴을 활용해 NFT 유형별 거래 비중, 체인별 NFT 거래량 점유율, NFT 1차·2차 시장 거래량 등의 시장 동향 파악 방법을 살펴보았다.

여기서는 또 다른 시장 추적 툴들을 활용해 NFT 시장의 추세를 파악하는 법을 살펴본다.

오른쪽 그래프가 보여주는 거래량 지표는 난센(pro.nansen.ai)에서 제공하는 시장 추적 툴로 이더리움 기반 NFT 거래량 변동률을 매우 상세하게 확인해볼 수 있다.

이 지표는 NFT 거래량을 반영한 것으로 1주일간 전체 이더리움 NFT 시장의 구매와 판매 활동을 반영해 거래가 완료된 이더리움 수량을 나타낸다. 그래프를 보면 고점에서는 약 55만ETH 거래량이 NFT 섹터에서 발생했지만 현재 시점에는 약 25만ETH로 줄어든 것을 알 수 있다. 거래량이 고점 대비 절반으로 줄어든 것이다. 당시 많은 NFT 거래자들이 하락장의 영향을 받아 떨어져나갔다고 유추해볼 수 있다. 거래량은 시세 다음으로 가장 면밀히 관찰해야 하는 지표 중 하나다. 해당 섹터의 유동성과 수급을 나타내기 때문이다. 또한 거래량은 시장의 전반적인 움직임이나 모멘텀Momentum을 반영하기 때문에 미래의 상승이나 하락 추세를 예측해볼 수 있다는 장점이 있다.

거래량은 전체적인 NFT 시장의 시세와 상호 불가분의 관계에 놓여 있다고 판단할 수 있다. 주간 단위 거래량이 점점 높아진다는 의미는 시장 참여자가 늘고 있으며 거래가 더욱 활발해지고 있다는 의미다. 주간 단위 거래

➡ 이더리움 NFT 시장 거래량 지표

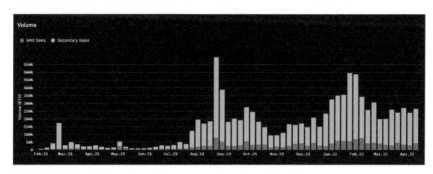

량이 늘어나면 NFT에 대한 관심 역시 늘어나고 있다고 판단할 수 있다. 곧 NFT 시세가 잠재적으로 상승할 수 있는 시장 상황이라고 해석할 수 있는 것 이다.

반대로 거래량이 특정 시점에 크게 상승한 후 점진적으로 하락하고 있는 상황이라면 NFT 시장에 대한 관심도가 정점을 찍은 후 점차 줄어들고 있다 는 신호다. 이는 시장 파급력이 빠른 NFT 시장에서 시세에 곧바로 부정적인 영향을 미칠 수 있다.

특정 NFT에 대한 가치 평가를 마쳤고 향후 가격이 오를 것이라는 판단이 들었더라도 NFT 시장이 상승 추세인 시점을 골라 구매하는 것이 좋다. 거래 량이 지속적으로 감소하는 하락 추세에 NFT를 구매할 경우 대중의 관심도 가 떨어져서 당분간 시장 상황이 나쁠 수 있다는 것을 감수해야 한다. 어떠 한 투자시장에서든 추세 추종 매매에 따라 장단기 수익률이 달라질 수 있다 는 것을 감안해야 할 것이다.

NFT 추세 파악 지표 ② NFT 트랜잭션·사용자 지표

또 다른 대표적인 NTF 시장 추세 확인 지표로는 아래 그림이 보여주는 트랜잭션 지표와 사용자 관련 지표들이 있다. 이 지표들은 서로 밀접한 연관성을 가지고 있다.

➡ **이더리움 NFT 트랜잭션·사용자 지표**

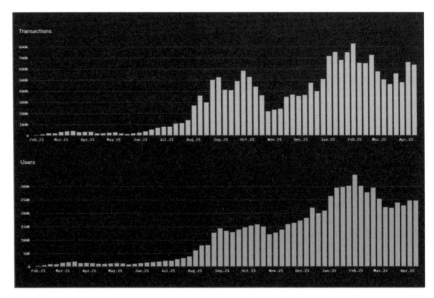

출처: 난센 pro.nansen.ai

'트랜잭션 지표'는 NFT 마켓플레이스에서 주간 이더리움 NFT 트랜잭션이 얼마나 많이 발생했는지 직관적으로 보여준다. 통상 트랜잭션은 NFT를 구매·판매해 지갑과 지갑 사이에 이동이 생기는 경우 발생한다. 따라서 트랜잭션이 증가했다는 것은 활발한 NFT 거래가 이루어지고 있음을 시사한다.

앞서 거래량 지표에서 전체 이더리움 거래량은 고점 대비 절반으로 감소

➡ 이더리움 NFT 지갑 활동·구매자 지표

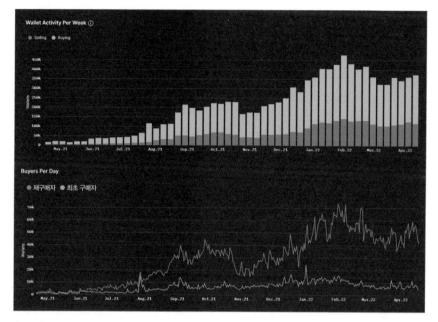

출처: 난센 pro.nansen.ai

했지만 거래 건수는 올 타임 하이All Time High, ATH 기준 80퍼센트 정도다. 최고 트랜잭션 수치는 주간 단위로 보았을 때 800,000tx/week였고 현재 수준은 약 600,000tx/week라는 것을 알 수 있다. 이는 거래량은 감소했지만 NFT 생태계에 대한 대중들의 인식과 재판매는 계속 증가하고 있음을 나타낸다.

마지막으로 알아볼 것은 '사용자 활동 지표'다. 위 그림처럼 현재 해당 사이트에서 2가지 종류로 나눠 살펴볼 수 있다.

첫째는 NFT 구매·판매 이력이 있는 활성화된 지갑 수를 나타내는 지표다. 해당 지표를 이용해 전체 구매·판매가 발생한 활성화 지갑의 증감률을 파악할 수 있다. 구매 지갑수와 판매 지갑수를 비교하면 시장의 구매 수요를 측정해볼 수 있다.

CHAPTER 2에서 설명한 고유 구매자 수와 판매자 수를 동시에 비교해보는 것도 좋은 방법이다. 이렇듯 활성화 지갑이 계속 일정한 수를 유지하고 있는지, NFT 구매 지갑이 판매 지갑보다 지속적으로 더 많은 수를 유지하고 있는지 알아봄으로써 시장의 추세를 가늠해볼 수 있다.

올 타임 하이
All Time High, ATH
ATH는 해당 자산을 판매할 수 있는 이론적인 수준의 최고가를 나타낸다. 동시에 해당 기간 동안 다른 구매자가 해당 자산에 기꺼이 지불하고자 하는 최고가를 나타내기도 한다.
'사용자 지표'는 해당 이더리움 NFT 거래 참여자 규모를 보여준다. 시장 참여자가 많으면 트랜잭션도 증가하고 거래량 지표와도 밀접한 상관관계를 보이는 것을 알 수 있다. 간혹 사용자는 줄었지만 특정 NFT에 대한 쏠림 현상으로 인해 트랜잭션 수가 늘어나는 예외적인 상황도 발생할 수 있다.

예를 들어보자. 147쪽 상단 그래프의 데이터를 보면 2022년 2월 초 NFT 트랜잭션에 연결된 지갑이 약 400,000개로 정점을 찍었다. 현재 시점에는 약 300,000개 활성화 지갑을 기록해 정점 대비 줄었지만 거래량이 최고치였던 2021년 9월의 약 200,000개보다는 더 많은 수치임을 확인할 수 있다. 이는 거래량은 줄었지만 시장 참여자는 늘었다는 것을 간접적으로 확인하는 방법인 셈이다.

147쪽 하단 그래프의 구매자 지표는 최초 NFT 구매자와 재구매자 수를 파악할 수 있는 지표다. '시작이 반'이라는 속담이 있다. NFT 시장은 블록체인 지갑을 쓸 줄 알아야 한다는 진입장벽이 존재하기 때문에 최초 구매자First-time buyers 지표가 매우 중요하다고 볼 수 있다. 최초 구매 지갑 수는 줄어들고 있고 재구매자 수가 늘고 있다면 신규 구매자가 유입되지 않고 있다고 해석할 수 있다. 이는 곧 해당 NFT 시장의 약세 전환을 의미할 수 있다. 반대로 재구매자가 늘고 있으니 아직은 초기 시장이라고 해석해볼 수도 있다. 이런 지표를 잘 활용함으로써 다방면으로 시장의 트렌드를 분석하고 NFT 투자에 참고할 수 있어야 한다.

NFT 추세 파악 지표 ③ NFT 하이프 사이클

가트너의 하이프 사이클Hype Cycle은 가트너 사가 고안한 개념으로 특정 신기술에 대한 시장의 기대가 어떠한 과정을 거쳐 변화하는지 정리한 것이다.

물론 이 사이클은 과학적으로 증명되었다고 보기는 어렵다. 그러나 새로운 기술의 수용 과정을 나타내기에 이전에 본 적이 없는 가상자산이나 NFT와 같은 신규 시장을 파악할 때 인문학적으로 도움이 되는 이론이다. 블록체인 조상인 비트코인 가격은 2009년 처음 발행된 이후 이 그래프와 비슷한 흐름을 보였다. 따라서 신기술이 출시된 이후 가치 측정과 투자 전략 수립에 참고할 만한 지표라 하겠다.

2021년 NFT라는 단어가 처음 대중에게 언급되기 시작한 이래 시장은 전세계적으로 급격히 성장했다. 가장 큰 NFT 거래량을 자랑하는 NFT 마켓플레이스 오픈씨는 매출액과 사용자 모두 급성장해 2022년 초 16조원에 달

➡ **가트너의 하이프 사이클**

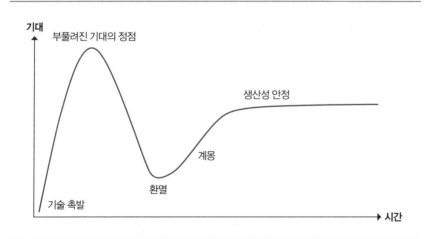

하는 기업 가치를 인정받기에 이르렀다. 거품이라는 지적도 나오고 부침도 겪고 있지만 NFT 옹호론자들은 'NFT 기술은 허상이 아니다'라고 강변한다. 블록체인은 나온 지 10년이 넘었지만 아직도 혁신이냐 거품이냐를 두고 갑론을박이 계속되고 있다. NFT는 이제 겨우 부상하는 단계이며 아직 안정화 단계는 아니라고 판단할 수 있다.

새로운 기술이 늘 그렇듯 NFT도 하이프 사이클이라는 기술 생명주기를 겪으며 향후 메타버스 시대와 실질적인 가치를 인정하는 사회적 합의와 맞물려가며 점차 자리를 잡지 않을까 생각된다. 가트너의 하이프 사이클을 통해 현재 NFT 시장이 어느 지점에 있는지 살펴볼 수 있을 것이다.

하이프 사이클은 5단계로 나뉜다.

첫째, 기술 촉발Technology Trigger 단계다.

상용화된 제품이 없는데도 관심을 받는 시기로 추측과 가설에 의해 촉발된다. 이 시점에 미디어들은 이 기술이 세상을 바꿀 것처럼 과장되게 이야기하며 그에 따라 사람들이 막 관심을 갖게 된다.

둘째, 기대 거품의 정점Peak of Inflated Expectations 단계다.

해당 기술을 선점한 업체의 성공이나 실패 관련 기사가 나오기 시작한다. 일부 기업이 앞서가기 위해 사업에 착수하지만 대다수 기업은 관망한다.

셋째, 환멸의 계곡Trough of Disillusionment 단계다.

도전했던 많은 기업이 실패하고 사업화를 포기하며 일부 기업만 지속적으로 투자한다.

넷째, 깨우침의 언덕Slope of Enlightenment 단계다.

안정적인 수익모델 사례가 생겨나며 시장이 해당 기술을 인정한다. 또한 투자 기업이 조금 더 늘어나지만 보수적인 기업은 여전히 관망한다.

다섯째, 생산성의 안정기 Plateau of Productivity 단계다.

사업적 생존 가능성에 대한 평가기준이 명확해지며 기술이 시장에서 완전히 자리 잡는다.

우리는 지금 현재 한국에서 넷마블이나 컴투스 등 일부 메이저 게임사들이 NFT를 활용한 P2E 게임을 공개하기 시작했다는 기사를 접하고 있다. 메타버스와 NFT 접목을 위한 개발도 지속적으로 이루어지고 있다. 하지만 동시에 부풀려진 기대감으로 모든 NFT가 크게 오를 거라고 막연히 낙관하던 수많은 묻지 마 투자자들 역시 쉽게 만날 수 있었다. 현 시점을 하이프 사이클에 접목해본다면 이제 막 2단계인 '기대 거품의 정점'을 지나온 것은 아닌지 추정해본다. 이제 NFT 시장의 열기가 영원히 꺼지지 않을 것처럼 여기는 근거 없는 낙관에서 벗어나기 시작했다. 끊임없는 분석을 통해 객관적인 시각으로 시장을 바라봐야 할 시점인 것이다.

토큰 이코노미
Token Economy
코인이 블록체인 서비스에 기여할 때 보상으로 코인을 지급하고 해당 코인을 재판매하거나 교환하는 등 순환하는 토큰 경제를 의미한다.

AMA
Ask Me Anything의 약칭. 프로젝트의 사업계획이나 방향 등을 투자자와 논의하는 자리를 의미한다.

DAO
Decentralized Autonomous Organization의 약칭. 탈중앙화 자율조직을 의미한다. 즉 중앙집권적 특정 주체가 개입하지 않고 개개인이 모여서 자율적으로 제안하고 표결하는 등의 의사결정을 함으로써 운영되는 조직을 의미한다.

레이어1
우리가 흔히 아는 독자적인 네트워크를 가진 블록체인을 말한다. 널리 알려진 비트코인, 이더리움, 에이다, 솔라나 등이 레이어1 기반의 블록체인이다.

➡ NFT 가치 평가 체크리스트

항목	세부 항목	평가 내용	체크
가치의 지속성과 유틸리티 Continuity & Utility	지속 가능한 이코노미 형성 여부	• 해당 NFT 토큰이 발행되었는가? • 토큰이 발행되었다면 토큰 이코노미가 형성되었는가?	☐ ☐
	NFT 프로젝트 로드맵 존재 여부	• NFT 프로젝트의 단기·장기 사업 및 개발 로드맵이 존재하는가?	☐
	NFT를 통한 확장성 존재 여부	• NFT 프로젝트가 연계된 사업이 존재하거나 가치를 향상시킬 수 있는 무언가와 연동되어 있는가?	☐
	NFT 부가가치 기능 존재 여부	• NFT를 보유함으로써 얻게 되는 부가적인 보상이 존재하는가?	☐
작품성 및 희귀성 Artistry & Rarity	제작자 인지도	• 유명 디자이너 혹은 아티스트가 디자인에 참여했는가?	☐
	디자인 콘셉트 및 완성도	• 객관적인 예술적 요소가 부각되는가?	☐
	NFT 프로젝트의 스토리 존재 여부	• NFT 프로젝트의 배경 스토리가 존재하는가?	☐
	NFT 총 발행량(전체 수량) 및 판매 등록 수량	• 전체 발행량 대비 판매 수량 비율이 적정한가?	☐
	NFT 발행사와의 관계	• 발행사의 NFT의 가치에 대한 의지가 확고한가?	☐
커뮤니티 Community	디스코드 채널 운영 여부 및 참여 인원	• 생성 시기, 운영 기간, 지속적인 신규 인원 유입	☐
	텔레그램 채널 운영 여부 및 참여인원	• 생성 시기, 운영 기간, 지속적인 신규 인원 유입	☐
	트위터 채널 운영 여부 및 구독자 인원	• 생성 시기, 운영 기간, 지속적인 신규 인원 유입	☐
	유튜브 채널 운영 여부 및 구독자 인원	• 생성 시기, 운영 기간, 지속적인 신규 인원 유입	☐
	카카오톡 오픈채팅 채널 운영 여부	• 생성 시기, 운영 기간, 지속적인 신규 인원 유입	☐

항목	세부 항목	평가 내용	체크
	개발 및 운영 팀과 원활한 소통 진행 여부	• 운영 팀이 상주하며 고객의 문의에 꾸준히 답변하며 주요 사항은 공지하는가?	☐
		• AMA나 커뮤니티 콜Community Call 같은 기회를 통해 팀과 소통이 이루어지는가?	☐
	커뮤니티 충성도 및 활성도	• 커뮤니티 채널에 고객의 대화량은 준수한 편인가?	☐
	프로젝트 의사결정 진행 방식	• 탈중앙화된 조직적 의사결정DAO이 이루어지고 있는가?	☐
팀과 출처 Team & Provenance	개발 및 운영 팀의 정보 확인 가능 여부	• 프로젝트 개발 및 운영 팀의 실명, 배경 정보, 이력 등이 확인 가능한가?	☐
	각 파트별(개발·운영·디자인) 전문가 존재 여부	• 개발·디자인·운영 파트로 나뉘어 체계적인 관리 및 전문성을 유지하는가?	☐
	NFT 관련 업무 경험 유무	• 이전 NFT 프로젝트를 진행한 경험이 있는 구성원이 존재하는가?	☐
	인지도 있는 파트너사 및 투자사 존재 여부	• 유명 파트너사와의 협업 혹은 투자사가 존재하는가?	☐
	컨트랙트 안정성 여부	• 컨트랙트 감사Audit를 통한 안정성이 확보되었는가?	☐
플랫폼Platform	NFT 발행 기반 플랫폼	• NFT가 발행된 주요 기반 플랫폼(레이어1)은 무엇인가?	☐
	기반 플랫폼 종류	• 다중 체인에서 발행된 경우 기반 플랫폼(레이어1)은 종류는 몇 가지인가?	☐
기타Others	주요 홀더 리스트	• 유명인 혹은 유명 기업이 해당 NFT를 보유하고 있는가?	☐
	홍보 및 미디어 활용도	• 언론, 방송, 각종 SNS 채널의 활용도가 높은가?	☐
	NFT 거래량 및 홀더 고유 지갑 수	• 특정 이상의 꾸준한 일일 거래량이 발생하는가?	☐
		• 일간, 주간, 월간 기준 NFT구매·판매에 참여한 고유 지갑 수가 증가하는가?	☐
	NFT 가격	• 일정한 FPFloor Price 바닥가격을 방어하고 있는가?	☐

NFT 투자를 시작하기에 앞서

이 장에서 설명한 여러 요소들은 NFT의 가치를 측정하는 절대적인 척도는 아니다. 단지 NFT를 구매할 때 어디서부터 시작해야 하는지 참고할 만한 팁 정도로 활용하길 권장한다.

아직까지는 NFT의 적정 가치를 정량적으로 예측할 수 있는 방법은 존재하지 않는다. 다만 NFT의 가치는 시장에 의해 결정되므로 NFT를 구매하려 할 때 우선적으로 이에 대한 심층적인 리서치와 분석이 진행되어야 한다.

NFT 시장도 기존 가상자산 시장과 동일하게 단기 시세 차익을 통한 수익 극대화를 추구하는 투기 집단이 분명 존재한다. 하지만 NFT를 구매할 때 5가지 핵심 가치 판단 요소와 내재적 요인들을 신중하게 분석하고 비교해야 낭패를 보지 않을 수 있다. 그저 바라만 보는 사람의 눈으로 본 NFT의 가치와 구체적인 기준을 가지고 분석한 사람의 눈으로 본 NFT의 가치는 분명 달라질 수밖에 없다. 2차 시장에서 대다수 사람들이 가치가 별로 없다고 여기며 외면하는 NFT라 하더라도 올바른 관점을 지닌 구매자에게는 블루칩으로 간주될 수 있다.

초기 NFT 시장은 누구나 쉽게 진입할 수 있었기에 수많은 사람들이 무작정 시장에 참여하도록 유도하는 데 초점이 맞춰져 있었다. 하지만 아직 NFT는 변화하고 발전하는 와중에 있다. 좋은 NFT와 그렇지 않은 것을 분류할 수 있는 기준과 활용도도 아직 명확하게 정립되지 않았다. 그런 만큼 참고할 만한 과거 거래 데이터의 양도 미약한 수준이다. 결국 시장을 선점한 NFT 프로젝트가 시장의 우위를 가져가게 되기 때문에 이는 사기성 프로젝트의 범람으로 이어지기도 했다.

물론 NFT를 발행하는 주체는 건전한 시장을 형성하는 데 매우 중요한 역할을 한다. 그러나 NFT에 대한 가치 평가와 분석을 통해서 리스크를 줄여나가는 것은 기본적으로 시장 참여자의 몫이다. 자신이 어떤 기준으로 가치를 얻고자 하는지 파악하고 NFT 프로젝트를 면밀히 분석해 그를 바탕으로 합리적이고 냉철한 NFT 투자자가 될 수 있기를 바란다.

CHAPTER
4

넥스트 NFT ②
세계관의 확장

앞서 NFT의 유틸리티성에 대해 살펴본 바가 있다. 이 장에서는 유틸리티성이 앞으로 어떻게 확장될 수 있는지 그 흐름에 대해 살펴보고자 한다. NFT의 유틸리티성이란 그것을 현재 보유함으로써 얻을 수 있는 용도뿐 아니라 향후 어떤 방향으로 쓰일 수 있는지에 따라 매우 큰 범주로 확대될 수 있다. 이는 NFT가 포괄하는 세계가 커지는 것을 의미하며 그 자체로 NFT와 관련된 상상력과 연결된다. 이미 다양한 형태의 NFT가 쏟아져 나오고 있다. 그중에는 허무맹랑한 것도 있고 충분한 근거를 갖고 지켜볼 만한 것도 있다. NFT에 투자하기 위해서는 성장이 가능한 유틸리티를 판별해낼 수 있는 눈이 필요하다. 일반적으로 NFT는 팀의 로드맵, 희귀성, 소유하고 있을 때 제공하는 혜택Benefit, 팀과 소유자들의 커뮤니티 등 바라보는 관점에 따라 다양한 항목에 주안점을 두고 평가하게 된다. 여러 세계관을 가진 NFT들을 살펴봄으로써 그것을 바라보는 관점을 다변화해보고 앞으로 각광 받을 NFT 유틸리티의 방향성에 대해 확인해보도록 하자.

가상자산과
NFT 활용도의 차이
NFT가 특별한 이유

코인의 유틸리티와 NFT 유틸리티의 차이

가상자산의 유틸리티성은 어디에 초점이 맞춰져 있을까? 바로 생태계를 확장하고 사용자를 끌어들이고 어떤 목표를 추구하는가에 맞춰져 있다. 그렇기에 이런 요소들이 코인의 가치 판단의 커다란 기준이 된다.

그런 의미에서 어찌 보면 코인은 기업의 '주식'과 가장 흡사하다고 할 수 있다. 투자자는 코인을 발행한 업체가 추구하는 서비스, 벤처캐피털Venture Capital, VC이 선별한 리스트, 향후 블록체인 업계에서 필요로 하는 서비스를 개발하고 있는 팀 등에 투자한다.

코인의 기술은 어떻게 발전해가고 있을까? 중앙화 서비스에서는 이미 흔한 기술이 되어 있는 모듈 개발이 이제 여러 체인 생태계의 디앱에서 시도되고 있다. 그에 맞춰 레이어1 블록체인으로 개발된 시스템은 서비스가 성장함에 따라 대량 트래픽을 경험하게 되고 그러한 과부하를 해결할 다양한 방식의 설계로 진화해나가고 있는 것이다.

각각의 레이어1 블록체인 생태계가 커져 나가면서 각 생태계 간의 크로스체인Crosschain을 원하는 사용자들도 늘어났다. 그에 따라 이 둘을 연결하는 브릿지Bridge역할을 해주는 디앱들도 늘어나고 있다. 개념이 어렵다면 기존의 전통적인 시장에서의 예를 들어 이해해보자. 은행들은 사용자들의 요구로 먼저 당행이체를 편리하게 이용할 수 있는 서비스를 구현하기 시작했다. 그런데 이러한 서비스 이용자가 많아지고 요구사항이 늘면서 타행이체, 공과금 납부, 나아가 다른 은행 관련 업무까지 대행해주는 포괄적인 서비스가 늘어났다. 경쟁에 뒤처지지 않기 위해서 은행들은 저마다 더 편리한 서비스를 앞 다퉈 선보이게 되었다.

가상자산 빙하기
가상자산 투자자가 시장을 떠나고 가격도 하락한 채로 오랜 시간이 경과되는 상태를 의미한다.

블록체인 기술을 활용한 다양하고 편리한 서비스가 무수한 디앱 형태로 만들어지고 있다. 그러므로 코인의 유틸리티성을 분석할 때 당연히 이러한 관점이 새로이 포함되게 되었다.

NFT 시장이 흥미로운 것은 코인이 걸어왔던 길을 그대로 따라가고 있다는 점이다. 초창기 가상자산 시장은 특별한 유틸리티성이 없어도 투자자가 모여들었다. 그런데 몇 번의 빙하기를 지나면서 제대로 된 유틸리티성이 없는 많은 코인들이 시장에서 사라졌다. 반면 살아남은 코인들은 더 다양한 유틸리티성을 만들어가며 훌륭하게 성장해가고 있으며 아직도 이 현상은 지속되고 있다.

투자자들은 과거의 실패를 거울삼아서 수십, 수백 개씩 쏟아져 나오는 코인들의 유틸리티성을 분석한 다음 비로소 투자에 뛰어들기 시작했다. 분석을 도와주는 다양한 도구Tool들도 많아졌고 주식시장의 애널리스트가 있듯이 크립토 애널리스트들도 생겨났다. 다양한 전문가들의 전망과 분석이 나오고 관련 펀드와 전문 투자자들 역시 시장 분석을 통해 고급정보들을 공유한다. 이 결과 100퍼센트 성공을 보장할 순 없지만 성장이 가능한 유틸리티성을 가진 코인을 분별해낼 수 있는 성숙한 시장으로 점점 변모해가고 있다.

NFT의 장점은 블록체인 기술을 이용해서 이전에는 금융화할 수 없었던 것을 금융화할 수 있게 해준다는 점이다. 좀 더 쉽게 표현하자면 NFT는 블록체인 기술로 다양한 것에 디지털 소유권을 부여할 수 있다. 1개의 상품을 여러 명이 쪼개서 소유할 수도 있다. 이들 각각의 소유자가 마켓플레이스를 통해 본인의 분할된 소유권을 자유롭게 사고팔 수 있다.

기존 전통적인 시장에서 수십억원의 가치를 지닌 그림을 여러 명이 나눠서 구매할 수 있었을까? 일단 그 자체가 쉽지 않았겠지만 설령 가능하다 하더라도 변호사의 공증을 받아 상세 계약서를 작성하는 등 번거로운 절차를 거쳐야 했을 것이다.

NFT만이 가지는 특징에 따른 효용성

NFT는 블록체인을 통해 거래에 투명성을 제공하고 구매자의 소유권을 매우 상세하고 명확하게 규정할 수 있다. 그런 이유로 각 투자자의 소유권을 낱개로 손쉽게 사고팔 수 있으며 여기에 아무런 별도의 절차가 필요 없다.

이것이 바로 NFT가 가지는 매우 큰 장점이다.

어떤 이들은 별 것 아닌 이미지가 값비싸게 거래되는 것을 기사 등으로 접하면서 애들 장난 같은 투기에 불과하다고 말한다. 물론 단순한 시세 차익만 노리고 무분별하게 투자하거나 위험천만한 사기에 휘말리는 일도 아직은 꽤 존재한다. 그런데 핵심은 바로 NFT가 가진 기술적 장점에 대해 분명히 파악해야 한다는 점이다. 빠르게 변화하는 세상 속에서 일어날 일들을 열린 마음을 갖고 충분히 공부해둘 필요가 있다.

코인 생태계에 비해 NFT 생태계는 그 가능성이 매우 큰 반면 아직까지는 많은 자정 과정이 수반되어야만 하는 미성숙한 상태다. 코인이 지난 10여 년에 걸쳐 지나온 시장을 NFT는 너무도 빠른 기간 동안 돌파해왔다. NFT 역시 투기를 목적으로 하는 세력이 득세하고 소비자들끼리 제로섬 게임을 하면서 서로에게 이득과 손해를 떠넘기는 시기를 분명 거치게 된다. 이런 부작용을 지나면서 소비자는 투기가 목적인 서비스를 구분해내는 능력을 갖추게 되고 자연스레 시장이 정화되어가는 형태로 나아갈 것이라 생각한다.

코인의 경우는 꽤 오랜 시간이 걸렸지만 NFT는 블록체인 관련 시장에 이미 익숙해 있고 다양한 경험을 해온 소비자들에 의해 더 빠르게 정화되어갈 것이다. 투자자들은 이미 사기성이 짙거나 짧은 기간 내에 수익을 얻기 위해 민팅과 판매에만 급급한 프로젝트를 걸러내고 있다. NFT 시장은 2021년 269억 달러 거래량을 기록하며 폭발적으로 성장했으나 2022년 2분기에 들면서는 가상자산 시장과 연동해 급격히 위축되기도 했다. 그러나 이 모든 일이 일어난 것은 채 1년여밖에 되지 않았다는 것을 감안할 필요가 있다.

지금까지 판매되어온 NFT는 일반적으로 3가지 카테고리로 분류된다. 유니크 NFT, 제너레이티브 아트 NFT, 에디션 NFT가 그것이다. 이들은 NFT

표준 프로토콜인 ERC-721나 ERC-1155 체인을 활용하며 카테고리에 따라 유틸리티성이 달라진다.

NFT가 쓰이는
특별한 방식
① 유니크 NFT

세상에 단 하나뿐인 작품을 소유한다

유니크Unique NFT란 세상에 단 1개만 존재하는 NFT다.

이 중 대표적인 카테고리가 바로 디지털 아트 작품이다. 비유하자면 전통 미술시장의 작품들과 같다. 이들 디지털 아트 유니크 NFT는 희소성, 작가의 명성, 예술성에 의해 유틸리티가 생겨난다. 구매 방식 역시 미술작품처럼 경매를 통하거나 고정 판매가에 거래하는 식으로 이뤄진다. 물론 고가의 상품인 경우 대부분 경매로 거래된다.

이들 디지털 아트 형태의 유니크 NFT를 구매하려고 할 때에는 다음 3가지 기준에 따라 평가할 필요가 있다.

① 유니크에 걸맞은 희소성을 가지고 있는가?

② 작가의 인지도 측면에서 구매 후 2차 시장에 내놓아도 가치가 있는가?

③ 작품으로서 가치가 있는가?

CHAPTER 1에서도 소개했던 화제의 NFT 작품이 있다. 2021년 NFT 시장의 포문을 열었던 비플의 '매일: 첫 5,000일'이다.

➡ **비플의 '매일: 첫 5,000일'**

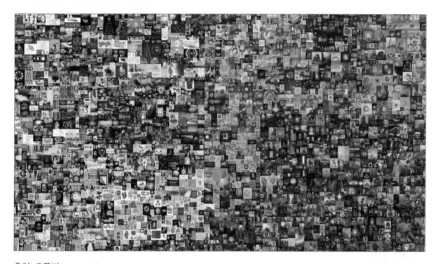

출처: 오픈씨 opensea.io

이 외에도 고가에 낙찰된 많은 디지털 아트 NFT가 있다. 그런데 '10년 후, 100년 후에도 이들 작품이 그 가치를 인정받을까?', '일시적 열기에 의해 과포장된 것은 아닐까?' 하는 비판으로부터 자유롭지 못하다.

아직까지 이 분야의 시장에서 특정 NFT의 유틸리티를 장기적으로 인정받을 수 있느냐 기준은 명확히 존재하지 않는다. 객관적인 지표도 부족하고 비교해서 평가할 만한 레퍼런스도 적다. 예술에 조예가 없는 일반인이라면 예술성, 즉 작품으로서의 가치를 평가하기도 쉽지 않다. 마치 앤디 워홀이나 제프 쿤즈 같은 팝아티스트들이 실력이 미숙한 이들 틈에서 이제 막 작품을 내놓기 시작할 때와 같다고 할까? 그러므로 단순히 시세차익을 얻기 위해 접근하는 것에는 주의가 필요하다.

특별한 역사적 순간을 소유한다

또 다른 유니크 NFT의 사례로 기억에 남을 만한 역사적 순간이나 멘트, 장면을 포착해 이를 상품으로 만드는 경우도 있다.

대표적인 예가 바로 트위터 공동 창업자인 잭 도시 Jack Dorsey가 쓴 트위

➡ 잭 도시의 첫 트윗

출처: 잭 도시 트위터 @jack

166

터 첫 글이다. 그는 트위터 서비스에 앞서 테스트의 의미로 짧은 문장을 게시했다. '내 트위터를 이제 막 세팅함'just setting up my twttr이라는 문장이다.

그는 이 역사적인 트윗을 경매에 올렸고 대대적인 세간의 관심이 모아졌다. 결국 경쟁 끝에 이 상품은 무려 290만 달러(환화 약 35억 원)에 낙찰되었다.

그러나 승자의 저주라는 표현이 정확히 맞아떨어졌다. 구매자가 이 트윗의 역사적 의미를 고려해서 투자했는지 아니면 단순히 시세 차익만을 노리고 구매했는지는 분명치 않다. 낙찰 받은 지 1년 후에 다시 이 상품을 매물로 내놓은 것을 보면 전자는 아니었던 듯하다. 소유자는 NFT 거래소 오픈씨 경매에 상품을 올렸지만 참여한 최대 금액은 2.2ETH로 당시 한화 약 800만 원밖에 되지 않았다.

앞서 소개한 비플의 작품이나 잭 도시의 첫 트윗 모두 1차 시장, 즉 첫 경매에서는 엄청난 고가에 낙찰되었다. 그런데 과연 2차 시장에서도 그 가치가 유지되거나 상승되었을까? 물론 아직 비플의 작품은 2차 시장에 나오지 않았다. 소유자는 이 작품을 계속 보유하고 싶어 하는지도 모르겠다.

비플의 작품은 디지털 아트이며 작가 스스로 예술성을 갖춘 꾸준한 작품 활동을 이어감에 따라 인지도가 뒷받침되고 있다. 하지만 잭 도시의 트윗은 '희소성'이라는 단 1가지 유틸리티밖에 가지지 못했다는 특징을 가진다. 유니크 NFT 시장에서 유틸리티를 분석할 때 참고할 만한 사례라 할 수 있다.

NFT가 쓰이는
특별한 방식
② 제너레이티브 아트 NFT

GA 컬렉션에 실패 없이 투자하는 법

제너레이티브 아트 즉 약자로 GA라 불리는 방식은 가장 많이 볼 수 있는
NFT 형태다. 오픈씨에 '컬렉션'Collection 카테고리에 나오는 상품들은 대다
수가 GA다. 디지털 이미지를 조합해 여러 장의 유니크 이미지를 생성해내
고 조합에 따라 희귀성을 조절하여 각 NFT의 가치를 만들어낸다. 크립토펑
크, 보어드에이프 요트클럽 등이 대표적이다.

GA는 1개의 컬렉션에 몇 개의 NFT를 생성할지가 개발팀에 따라 다르게
결정된다. 따라서 초창기부터 가장 활발하게 만들어지고 2차 시장에서도 거
래가 활발하며 가치의 변화폭 역시 가장 큰 NFT가 바로 GA일 것이다.

그러므로 NFT 투자를 고려하고 있는 사람이라면 GA 유틸리티성을 파악

하기 위해 큰 관심을 기울이고 있을 것이다. 투기로 여겨질 정도로 가격 변동 폭이 엄청나기 때문에 고도의 주의가 필요하다.

다음 그림은 가상자산 투자사 'a16z'의 시스템 디자이너인 포터 스미스Porter Smith가 주창한 '미래의 토큰 설계'를 도식화한 것이다. 이는 NFT에도 동일하게 적용될 수 있는 논리이기에 여기에 소개한다.

➡ 포터 스미스 '미래의 토큰 설계'

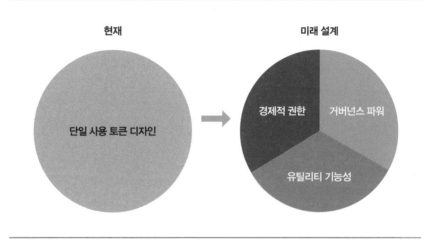

출처: 포터 스미스 트위터 @_PorterSm

포터 스미스가 말하는 '미래 토큰 디자인의 요건'을 세부적으로 설명하면 다음과 같다.

첫째, 경제적 권리는 '경제활동을 일으키면서 끊임없이 성장할 수 있는 발판을 마련하는 프로젝트인가?' 하는 요건이다.

둘째, 거버넌스 파워는 '사업의 방향이 NFT를 소유한 커뮤니티와 함께 커나가는가?' 하는 점이다.

셋째, 유틸리티 기능성은 '구체적인 활동을 통해 스스로의 가치와 효용성을 증명할 수 있는가?' 하는 요건이다.

이러한 기준으로 평가해보아도 GA의 가치를 판단하는 것은 쉽지 않다. 이 기준에 입각해 투자를 결정한다 해도 어느 것은 성공하기도 하지만 어느 것은 완전히 쓸모없는 수준으로 전락해버리기도 하기 때문이다. GA는 특히 이런 특성을 강하게 보여준다.

코인과 달리 NFT에서 GA는 1만 개, 7,777개 등 매우 한정된 수량이 생성된다. 이렇듯 수량이 적은 데서 오는 가격 결정권의 비대칭성이 존재한다.

코인 시장에서 일명 '고래'로 불리는 코인 대량 소유자가 의도적으로 물량을 조절해 가격을 상승시킬 때 일반 투자자들이 뛰어들었다가 피해를 보기도 한다. 그런데 GA의 경우는 나쁜 의도를 가지고 가격을 조절하기가 상대적으로 더 수월하다. 수량이 적고 초창기 민팅 가격이 저렴하기 때문에 각종 자동화 스크립트를 실행하는 봇bot이나 여러 계정을 활용해 고래가 태어나기 쉬운 구조다. 이들 고래가 NFT의 유틸리티성을 파악하고 공부하며 들인 노력을 단숨에 물거품으로 만들어버리기도 한다.

다행히도 이런 폐해를 막기 위해 다양한 예방 도구들이 개발되고 있다. 그러나 실패하는 투자가 되지 않기 위해서는 프로젝트의 유틸리티성과 관련 구매자들의 행동까지도 꾸준히 탐구해야 한다. 작은 프로젝트의 경우는 더욱 더 꼼꼼하게 체크하고 분석한 후에 투자하는 것이 적절하다.

외부 자산을 끌어들이는 GA : 프루프 컬렉션

NFT 시장이 성장함에 따라서 유틸리티의 수준도 상당히 높아지고 있는 추세다. 특히 소유자에게 돌려주는 혜택 등이 초창기와는 월등하게 달라지고 있다.

프루프 컬렉션은 다음과 같은 목표를 표방하고 있다. "프루프는 기술, 혁신, 유틸리티의 범주를 획기적으로 높이는 제품을 창조하는 집단으로 널리 유명해질 것이다!" 이러한 가치 아래 자사의 GA를 소유한 투자자들에게 다양한 유틸리티를 제공하고 있다. 여기서 그 대표적인 몇 가지를 알아보도록 하자. 이는 성공하는 GA의 유틸리티성을 평가하는 데 하나의 기준이 되어줄 수 있을 것이다.

① 딥다이브Deep Dives, 즉 매주 NFT에 관한 최고급 정보 매거진을 3~5회 PD로 제공한다.
② 프루프의 큐레이터가 선별한 NFT 산업 관련 뉴스 하이라이트인 위클리 하이라이트를 제공한다.
③ 지갑 보안 관련 교육이나 세금 전략 같은 고급지식과 관련된 동영상 아카데미인 프루프 아카데미를 제공한다.
④ 세계 최고 수준의 NFT 컨퍼런스인 프루프 컨퍼런스에 참가 자격을 부여한다.
⑤ NFT 사교 모임인 프루프 밋업Meetups에 참가할 수 있다.

또한 프루프 커뮤니티인 디스코드에 접근할 수 있는 권한, 프루프가 발행

⇒ **오픈씨의 프루프 컬렉션 구매 화면(위)과 문버드 구매 화면(아래)**

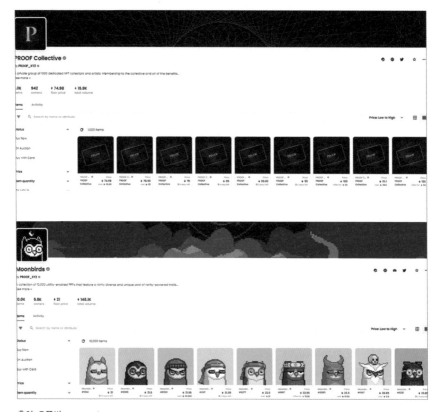

출처: 오픈씨 opensea.io

하는 GA에 대한 에어드랍 자격, IP 권한, 프루프 컬렉션에 대한 사전공개와 할인 등의 혜택도 제공한다.

프루프는 매우 한정된 수량이 생성되고 소유자에게 꾸준한 유틸리티를 제공함으로써 한때 122ETH에 달하는 고가에 거래되었다. 이들은 문버드라는 GA를 만들어 런칭 했는데 기존에 프루프 소유자들에게 에어드랍을 통해 제공함으로써 프루프 소유자들만 자신의 프로필 이미지로 사용할 수 있게 했다. 최초 민팅가는 2.5ETH이었고 최고 수준일 때 바닥가격이 19ETH에 달했다.

프루프의 유틸리티 사례는 GA 관련 투자자에게 핵심적인 인사이트를 제공한다. 즉 소유자들에게 주는 혜택 중 하나로 외부 자산을 끌어들여 새로운 가치를 창출할 수 있는 기회를 주는 것이 무엇보다 중요하다는 점이다.

프루프 소유자에게 문버드를 비롯해 새로운 GA를 지속적으로 에어드랍을 통해 제공해준다면 커뮤니티에 남고자 하는 욕구를 더욱 증대시킬 것이다. 이는 외부에서 커뮤니티로 들어오고자 하는 수요자들의 니즈도 높이게 되므로 결과적으로 프로젝트의 가치를 높인다.

민팅을 하는 팀이 지향하는 발전 방향과 소유자 커뮤니티가 얼마나 유기적으로 소통하며 움직이느냐는 프로젝트의 팬덤을 형성하고 가치를 높이는 데 매우 중요한 요소다.

초창기 NFT 시장에서는 막연히 GA NFT의 비주얼이나 희귀성Rarity만으로 높은 가격이 형성될 수 있었다. 여전히 동일한 GA 내에서는 이 기준으로 가격이 달라진다. 하지만 GA의 기본 기능이 변화하듯 가치 판단의 기준 역시 변화해가고 있다. GA 프로젝트 전체 가격대가 상향하기 위해서는 꾸준히 유틸리티를 제공함으로써 내부 소유자들만의 파티가 아니라 외부의 자산을 끌어들일 수 있어야 한다.

가치를 높이기 위한 로드맵과 운영력 : NFT 월드

NFT 월드NFT Worlds 프로젝트는 마인크래프트와 연동해서 랜드 NFT를 구매하면 다양한 건축과 게임을 즐길 수 있는 유틸리티를 제공한다.

➡ 오픈씨의 NFT 월드 구매 화면(위)과 NFT 월드 상위 보유자 랭킹(아래)

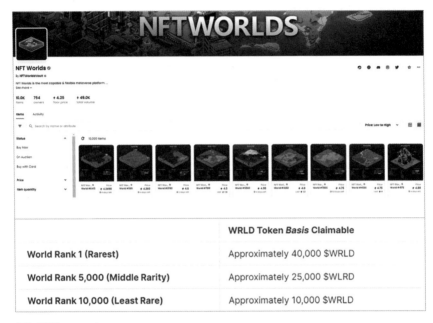

	WRLD Token *Basis* Claimable
World Rank 1 (Rarest)	Approximately 40,000 $WRLD
World Rank 5,000 (Middle Rarity)	Approximately 25,000 $WLRD
World Rank 10,000 (Least Rare)	Approximately 10,000 $WRLD

출처: 오픈씨 opensea.io

마인크래프트
Minecraft
샌드박스 비디오 게임으로 2020년 기준 월간 1억 2,600만 명의 이용자가 사용하는 역대 가장 많이 팔린 비디오 게임 중 하나다.

랜드의 형태에 따라 다양한 건축을 할 수 있고 랜드 NFT 구매자에게 게임에서 활용할 수 있는 코인을 에어드랍 하기도 했다. 코인을 스테이킹하면 그에 따른 이자도 제공된다.

또한 게임 내에서 활용할 수 있는 아바타의 우선구매권Whitelist도 제공한다. NFT 소유자들에게 직접적인 이득이 당장 생기는 것은 아니지만 NFT 월드는 여러 게임사들과 협업해 NFT 월드를 활용한 게임을 개발·런칭할 수 있도록 제공하고 있다.

정리를 해보면 NFT 월드가 소유자들에게 제공하는 유틸리티는 다음과 같다.

① 랜드 NFT의 가치 상승.

② 생태계 확장을 위해 랜드 NFT와 마인크래프트를 연동.

③ NFT 월드의 NFT을 활용한 다양한 게임을 개발.

④ 코인을 발행해 에어드랍 하고 스테이킹을 통해 이자를 제공.

⑤ 아바타 NFT를 에어드랍.

소유자들의 NFT 가치가 끊임없이 상승할 수 있도록 하는 팀의 로드맵과 운영 능력은 NFT 유틸리티로서 매우 중요한 요소다.

유능한 팀이 운영하는 커뮤니티와 사용자 간의 끈끈한 친밀감은 NFT의 가치 향상에도 큰 영향을 미치고 프로젝트가 성장해 나가는 밑거름이 된다. 사용자가 단순 투자자가 아니라 지지자가 되는 것은 팀과 프로젝트에게 있어서 그 어떤 유틸리티보다 중요할 수 있다.

또 하나 중요한 요소는 내부가치보다 외부가치를 끌어들이는 데 힘쓰는 모습이다. 내부가치란 NFT를 소유한 투자자들이 프로젝트와 팀에 재투자하는 것을 말하며 외부가치란 새로운 투자자를 끌어들이는 것을 말한다.

특정 NFT의 첫 투자자가 프로젝트의 성공을 위해 팀에서 진행하는 또 다른 프로젝트에도 투자하는 경우가 많다. 그러나 이미 투자한 이들로부터 2~3차례 재투자를 이끌어내는 데는 한계가 존재한다. 또한 한정된 투자자 범주를 넘어서지 못하는 것은 오히려 성장을 방해한다. 누구도 이를 좋은 그림이라고 보지 않을 것이다. 가장 좋은 NFT 프로젝트는 유틸리티를 통해 끊임없이 외부가치를 끌어오는 것을 게을리하지 않을 것이다.

NFT가 쓰이는
특별한 방식
③ 에디션 NFT

레스토랑, 호텔, 골프장… 멤버십도 NFT로 판다

유니크 NFT나 GA NFT는 개별 NFT가 독창적이라는 특징을 가진다. 같은 NFT가 존재하지 않는다는 전제하에 판매되기 때문이다.

그런데 에디션Edition NFT는 판매자의 의도에 따라 동일한 것을 여러 개 민팅할 수 있다. P2E 게임에서 발행되는 '아이템'이나 '멤버십' 같은 것이 그 것이다. 동일한 유틸리티를 가진 NFT를 여러 개 민팅할 때 이 방식을 사용 한다.

여기 에디션 NFT를 발행함으로써 독특한 유틸리티를 제공하는 몇 가지 사례를 소개한다. 대표적인 것이 플라이피시클럽Flyfish club이다. 미국 뉴욕 에 있는 프라이빗 다이닝 클럽인 이곳에서는 NFT 형태로 멤버십을 판매

➡ **플라이피시클럽 가입 페이지**

출처: www.flyfishclub.com

한다.

이들은 2가지 유형으로 프라이빗 멤버십을 제공한다. 전통적인 요식업계에서도 흔히 볼 수 있는 멤버십을 NFT로 탈바꿈함으로써 어떤 새로운 유틸리티를 만들어냈을까? 아마도 기존 이 분야 종사자들에게도 함의하는 바가 있으리라 생각한다.

플라이피시클럽은 꾸준한 로드맵을 제공함으로써 멤버십 NFT를 소유한 투자자에게 다양한 유틸리티를 제공한다.

로드맵을 보면 방송 출연 계획에서 NFT 소유자만 대상으로 하는 프라이빗 파티, 토큰 민팅 일정, SNS 채널 런칭, 팝업 레스토랑 오픈, 정규 레스토

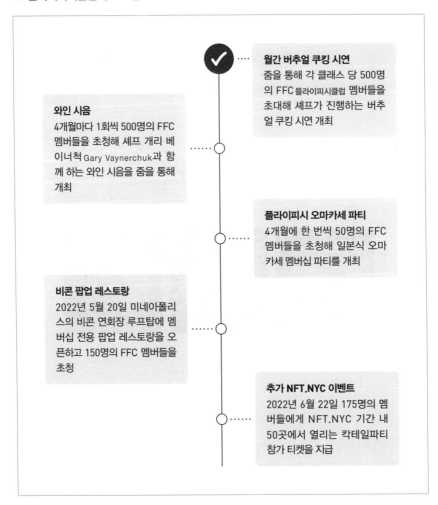

월간 버추얼 쿠킹 시연
줌을 통해 각 클래스 당 500명의 FFC 플라이피시클럽 멤버들을 초대해 셰프가 진행하는 버추얼 쿠킹 시연 개최

와인 시음
4개월마다 1회씩 500명의 FFC 멤버들을 초청해 셰프 개리 베이너척 Gary Vaynerchuk과 함께 하는 와인 시음을 줌을 통해 개최

플라이피시 오마카세 파티
4개월에 한 번씩 50명의 FFC 멤버들을 초청해 일본식 오마카세 멤버십 파티를 개최

비콘 팝업 레스토랑
2022년 5월 20일 미네아폴리스의 비콘 연회장 루프탑에 멤버십 전용 팝업 레스토랑을 오픈하고 150명의 FFC 멤버들을 초청

추가 NFT.NYC 이벤트
2022년 6월 22일 175명의 멤버들에게 NFT.NYC 기간 내 50곳에서 열리는 칵테일파티 참가 티켓을 지급

출처: www.flyfishclub.com

랑 오픈 등의 상세 일정이 나와 있다.

기존에 레스토랑이나 호텔 멤버십을 구매하려면 어떻게 해야 했을까? 직접 레스토랑을 찾아가거나 전화와 서류 작성 같은 복잡한 과정을 거쳐야 했다. 한시 멤버십의 경우 타인에게 양도할 수 없거나 도중에 판매하려면 브로

커를 통하는 등 절차를 통과해야만 했다.

그런데 이 모든 것을 NFT로 하면 오픈씨 등의 대중 마켓플레이스에서 쉽고 간단하게 거래할 수 있다. 뿐만 아니라 NFT 자체에 여러 회원 혜택 등에 관한 정보도 그 안에 담을 수 있으므로 편리하게 활용이 가능할 것이다. 또한 NFT 런칭 자체가 홍보 효과를 발휘하므로 향후 소비시장에서 어떤 기발한 NFT가 등장할지 귀추가 주목된다.

특별한 권한과 혜택을 주는 익스클루시브 에디션

Zk링크Zklink(zk.link)는 영지식증명 기술에 의해 보호되는 통합 멀티체인 레이어2 네트워크다.

이러한 기술적 바탕 위에 멀티체인 주문장 거래, 멀티체인 AMM 거래, NFT 마켓플레이스, 런치패드, 레이어2 지갑, 파생상품 거래 등의 서비스를 지원한다.

이들은 다양한 상품을 서비스하기 위해 준비하고 있는데, 테스트넷에 참여한 유저는 갤럭시에코Galaxy.eco 서비스를 통해 모은 포인트로 NFT를 민팅 받을 수 있었다.

소유한 NFT를 활용해서 일드파밍Yield Farming을 하면 추가 이율을 제공하는 형태의 서비스도 개시 예정이다. 특정 유동성 풀Liquidity Pool에 스

영지식증명 기술
Zero-Knowledge Proof
거래 상대방에게는 자신의 정보를 공개할 필요 없이 자신이 해당 정보를 갖고 있다는 사실을 증명할 수 있는 기술이다.

레이어2 네트워크
연산 속도와 수수료 개선을 목적으로 기존의 블록체인 밖에 별도로 만들어진 블록체인 층위를 말한다. L은 층위, 계층을 의미하는 레이어Layer의 약자다.

런치패드 Launchpad
가상자산 투자자가 비전 있는 블록체인 프로젝트를 초기 단계에 투자할 수 있는 기회가 주어지는 곳을 뜻한다.

➡ Zk링크의 홈페이지 화면

출처: zk.link

일드파밍
Yield Farming
스마트 컨트랙트를 이용하는 다양한 디파이 프로젝트에 특정 자산을 일정 기간 동안 스테이킹 함으로써 가변적인 이율로 다양한 보상 자산을 획득하는 일련의 과정을 가리킨다.

유동성 풀
Liquidity Pool
스마트 계약으로 묶여 있는 코인들의 풀이며 기본적으로 2개의 코인이 한 쌍을 이루어 각각의 풀을 구성한다.

MEV
Miner Extractable Value
채굴자가 생성하는 블록 내에서 트랜잭션을 재정렬하거나 삽입하거나 검열함으로써 이더리움 사용자로부터 가치를 추출해 얻을 수 있는 이익을 말한다.

테이킹 할 때 다른 사용자에게 적용되는 이율보다 더 높은 추가 이율을 NFT 소유자에게 제공한다고 한다.

또 하나 사례로 해시플로우 Hashflow (www.hashflow.com)가 있다.

이 프로젝트는 유동성 및 가격 전략을 디파이에 제공하는 차세대 DEX Decentralized Exchange 서비스다. 거래자에게 더 긴밀한 스프레드와 제로 슬립을 제공하며 MEV Miner Extractable Value 속임수를 절대 취하지 않는다고 스스로를 설명하고 있다.

프로젝트 초기 커뮤니티를 만들어가는 과정에서 다양한 활동을 해준 투자자들에게 여러 NFT를 제공하고 이것을 소유한 이들에게 향후 발행되는 토큰을 에어드랍 해준다. NFT 등급에 따라 높은 이율이 보장되는 특정 풀에 합류할 수 있는 독점적 권한을 제공하기도 한다. 해시플로우는 커뮤니티 생성에 도움을 준 투자자에게 충분한 유틸리티를 제공하기 위해 특정 풀에 우선 참여할 권리를 제공하고 일정 기간 동안 충분히 높은 이율을 받을 수 있도록 해준다.

이렇듯 에디션 형태의 NFT로 다양한 유틸리티를 제공하는 프로젝트들이 점차 늘어나고 있다. 프로젝트에 관심을 가지고 홀더로 진입하고 싶은 투자자는 마켓플레이스에서 NFT를 거래함으로써 좀 더 손쉽게 해당 프로젝트에 다가갈 수도 있다.

미래에는 어떤 NFT가
새롭게 등장할까?
NFT가 그리는 미래

디지털 소유권이 영향력을 미치는 범위

NFT는 다양한 형태의 유틸리티성을 가질 수 있고 그에 따라 새로운 세계관을 형성하며 여러 역할을 수행할 수 있다.

NFT가 앞으로의 미래에 무궁무진한 발전을 할 수 있는 근거로 '디지털 소유권'이라는 핵심을 빼놓을 수 없다. 여기서는 여러 난해한 기술적인 이야기들은 제외하겠다. 이 디지털 소유권을 얼마나 유저들이 손쉽게 사용할 수 있게 변화시키느냐가 앞으로 다가올 NFT의 미래에 커다란 영향을 끼칠 것이다.

NFT에 관심을 두고 있는 이들은 대개 투자 관점의 유틸리티성에 중점을 둔다. 즉 특정 프로젝트가 진행하는 NFT에 투자가치가 있느냐를 고민하는 것이다. 그런데 범주를 확장해 미래에는 누구나 NFT를 발행함으로써 디지털 세상에서 자신의 소유권을 생성하고 행사할 수 있게 된다는 데 시야를 돌려보기를 바란다. 즉 기술적인 지식 없이도 누구나 손쉽게 NFT를 생성하고 거래함으로써 가치를 창출할 수 있다. 이러한 미래야말로 진정으로 NFT가 그 유틸리티성을 제대로 발휘하게 되는 세상일 것이다. 그런 이유로 NFT는 블록체인 기술 중에서 가장 빠르게 대중화되는 영역이 되지 않을까 생각해본다. 이미 다양한 분야에서 NFT의 유틸리티를 활용한 여러 시도가 일어나고 있다.

- 성적증명서, 표창장, 졸업장 등이 위·변조가 불가능하도록 NFT로 제작된다.
- 예술품의 소유권 증명이 가능하고 하나의 소유권을 나누어 구매하거나 판매할 수 있다.
- 멤버십을 증명하는 가장 간편한 도구로 활용된다.
- P2E 게임 아이템으로 사용된다.
- 큰 가치를 가진 NFT를 이용해 대출을 받을 수 있다.
- 음악시장, 출판, 지적재산권 분야에서 로열티 산정에 매우 편리하게 사용할 수 있다.
- 2차 시장, 3차 시장에서 거래함으로써 꾸준히 수익을 창출할 수 있다.

여기 열거한 이 몇 가지 용례 외에도 수많은 적용 범위가 새로이 생겨날 수 있다. 실물 시장에서 중고나라나 당근마켓 등이 '아무 가치 없이 집에서 쓰고 있던 물건의 새로운 가치'를 창출해낸 것처럼 NFT 기술을 이용해 얼마든지 새로운 가치를 부가할 수 있다. 이전에는 생각하지 못했던 새롭고 편리한 사용자 인터페이스를 제공함으로써 단숨에 기존 오프라인 시장을 통합하고 혁신을 이뤄낸 사례는 그 외에도 많다. 또한 이들 기술은 시장의 파이를 더욱 키워 이전에 없던 분야를 만들어내기도 한다.

NFT의 미래는 효용가치를 잃고 있던 디지털 세상의 모든 것에 새로운 가치를 발생시킨다는 점에서 우리의 상상력을 자극한다.

남들이 가지 않은 길을 먼저 개척하라

인도네시아의 한 학생은 셀피Self Picture를 NFT로 만들어 판매했다.

➡ 술탄 구스타프 알 고잘리의 셀피

출처: 오픈씨 opensea.io

184

고잘리는 5년간 찍은 셀피 933장을 NFT로 만들어 오픈씨에 판매했는데 그 대금이 무려 400ETH를 넘어섰다. 아주 평범한 셀피 NFT를 사람들이 기꺼이 구매한 것이다. 1차 시장 판매 대금과 한화로 1억 원이 넘는 2차 시장 판매 수수료로 그는 일약 백만장자가 되었다.

그는 처음부터 돈을 벌 목적으로 사진을 찍지도 않았고 NFT로 민팅 하지도 않았다고 한다. 단지 자기가 매일 달라지는 모습을 콘텐츠로 담기 위해 5년간 사진을 찍었다. 그러던 와중에 블록체인 기술과 NFT에 대해 알게 되어 민팅을 하고 오픈씨에 판매했던 것이다.

5년 동안 이어진 그의 심드렁한 듯 무표정한 표정은 SNS에서 화제가 되었고 높은 인기로 이어졌다. 덩달아 NFT 가격도 올라가 평균가 0.193ETH와 최고가 0.9ETH를 기록했다.

자신에게는 흔한 셀피 933장이지만 디지털 세상에서는 새로운 가치를 갖게 된 예다. 무엇을 NFT로 만들면 가치 있을지는 아직 잘 모른다. 인터넷 밈이나 유튜브나 틱톡의 인기 동영상의 비결이 무엇인지 딱 잘라 말할 수 없는 것과 같다. 막연하나마 미래에는 지금은 효용성을 갖지 못한 많은 것이 NFT를 통해 새로이 가치를 부여 받게 되지 않을까 생각한다.

이런 흥미로운 사례 외에도 실제로 우리 일상의 많은 것이 NFT로 대체될 것으로 보인다. 다음은 NFT가 대체할 수 있는 대표적인 실물 세계의 서비스들이다.

- 신분이나 직업을 증명하는 ID 카드
- 금융권이나 관공서의 다양하고 복잡한 서류들
- 예술품, 명언, 명장면, 유행어 등의 소유자 증명과 투자

- 엔터테인먼트 분야의 팬덤과 커뮤니티
- 각종 서비스와 매장의 입장권과 이용권
- 그 외 수많은 조각 투자

조각 투자
여러 명의 투자자가 공동으로 투자해 소유권을 조각처럼 쪼개 갖는 투자 방식. 소액으로도 고가 상품의 소유권을 분할해 보유하고 거래를 통해 차익까지 얻을 수 있다.

이렇듯 모든 이들의 생활 속에 NFT가 스며드는 것은 그리 먼 일이 아니다. 고객의 니즈에 따라 기업은 다양한 형태의 NFT 서비스를 개발하게 될 것이고 결국 유저들의 선택을 받은 플랫폼만 살아남게 될 것이다.

물론 사회 전반적으로 NFT가 스며들기에는 아직 기술적·사회적으로 해결해야 할 문제가 많다. 그러나 종국에 필요는 수요를 촉발하게 되고 지금 별 것 아니라고 여겨 간과하던 기업들은 뒤늦게나마 앞 다퉈 이 기술을 채용하기 위해 노력하게 될 것으로 보인다.

NFT 혁신의 전파속도는 얼마나 빠를 것인가?

테드Ted 명강의로 꼽히는 사이먼 시넥Simon Sinek의 '혁신의 전파 법칙'이 있다.

사람들은 보통 다른 사람들이 하는 일이나 서비스 자체를 덥석 구입하기보다 '신념' 즉 왜 그 일을 하는가 하는 이유를 납득해야 구입하곤 한다. 자신의 확고한 신념을 바탕으로 다른 이들을 설득하고 그 신념을 강하게 믿고 지지하는 이들은 서로 연대하게 된다. 해당 신념을 지지하는 사람들의 존재가

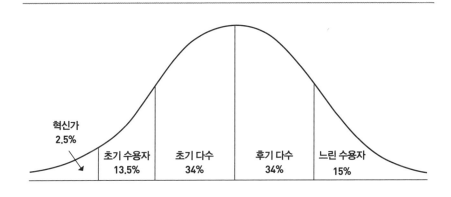

중요한 이유는 바로 혁신의 전파 법칙 때문이다.

그림처럼 단 2.5퍼센트만 혁신가다. 초기 수용자 즉 초기에 용감하게 혁신을 받아들이는 얼리 어댑터도 13.5퍼센트에 불과하다. 다수는 이들이 상당한 공감대를 형성하도록 만든 이후에야 합류한다(34퍼센트의 초기 다수와 34퍼센트의 후기 다수). 느린 수용자Laggards도 15퍼센트나 된다.

현재 NFT 시장에서 역시 얼리 어댑터 규모의 사용자들만 활동하고 있는 것으로 보인다. NFT의 가치를 알아보고 다양한 기업들이 이 시장에 뛰어들고 있긴 하지만 아직은 마케팅 차원에 그치는 경우가 대부분이다. 그러나 여러 기업의 다양한 서비스가 개시되고 나면 초기 다수의 사용자들이 NFT에 좀 더 친숙해지지 않을까 생각한다.

그들만의 리그에 머물기보다 초기 다수 혹은 후기 다수까지도 포괄할 수 있는 다양한 효용성과 세계관의 확장이 이루어져야 할 것이다. 그렇게 되면 NFT의 활용 범위 역시 매우 커질 것으로 기대된다. 이렇듯 다가오는 NFT 세계를 잘 파악하고 투자하는 현명한 행동이 필요한 때다.

정보의 홍수 속에서 살아가는 현대사회 속 우리는 정보를 취합하고 분별해낼 시간적 여유가 부족하다. 그래서 일방적으로 여러 매체에 쉽사리 휘둘리곤 한다.

우리의 소중한 자산을 투자할 상품의 확실한 유틸리티성을 분석하고 고민함으로써 투자 결정을 내리는 데 들이는 시간을 아까워하지 말아야 한다. 다가올 블록체인 관련 서비스와 NFT 시장에서 모두의 건승을 바란다.

CHAPTER
5

넥스트 NFT ③

메타버스와 NFT

2021년 NFT와 함께 미디어에서 가장 많이 거론된 '메타버스'에 대해 한 번쯤 들어보았을 것이다. 어찌 보면 NFT라는 키워드보다도 더 갑작스레 부각된 이 단어는 일약 전세계 기업과 자본의 관심이 몰려들게 했다. 메타버스를 우리는 어떻게 정의해야 할까?

일반적으로 메타버스 하면 가상의 3차원 공간에서 나를 대신하는 아바타로 나 자신을 표현하며 그 공간의 여러 다른 아바타들과 활동하는 모습을 연상한다. 영화나 소설 속에서 본 여러 이미지들이 뒤섞여 있다. 그러나 아직 기술적 완결성과 구현 가능성 같은 요소들은 충분히 무르익었다고 보기 힘들다. 실제 메타버스를 표방하는 사이트에 막상 들어가 보면 오히려 실망감을 느낄 수도 있다. 어찌 보면 메타버스는 초월을 의미하는 '메타'와 세계 혹은 우주를 뜻하는 '유니버스'의 합성어라는 것, 그리고 '우리의 상상을 현실로 만드는 공간'이라는 막연한 정의 외에 아직 실체가 없는지도 모른다. 이 장에서는 현재 부상하는 메타버스 관련 논의와 실행 속에서 NFT가 어떻게 결합될 수 있는지 상세히 살펴보도록 한다.

우리 곁으로
성큼 다가온 상상
메타버스라는 멋진 신세계

왜 지금 전세계는 메타버스에 열광하는가?

메타버스가 무엇이냐고 물으면 아직까지 사회적으로 명확히 정의된 바가 없다는 것이 결론이다. 그럼에도 불구하고 기업, 투자자, 미디어의 관심이 온통 이 새로운 세상으로 쏟아지고 있다.

　2021년 일간 활성이용자 숫자 19억 명을 달성하며 지난 15년간 SNS 플랫폼 왕좌로 군림해온 페이스북Facebook은 메타버스를 차세대 소셜 플랫폼의 혁신이라고 보고 지난 2021년 11월에 사명을 '메타'Meta로 변경했다. 메타버스 분야의 대장주, Z세대들의 놀이터라 불리는 로블록스Roblox는 IPO 이후 한때 시가총액이 한화 약 43조 원을 기록하며 40년 역사를 지닌 게임 사인 EA스포츠의 시총을 훌쩍 넘기기도 했다. 씨티그룹이 전망한 바에 따르

➡ 씨티그룹이 발표한 2030년 메타버스 경제규모 추산

메타버스 : 광범위한 규정
2030 유니크 인터넷 유저
50억 명

관련 시장 추정 규모
8조 달러~13조 달러

출처: 씨티그룹 citivelocity.com

Z세대
1990년대 중·후반부터 2010년
대 초반까지 태생의 세대를 가
리킨다. 일반적으로 이들은 모
바일 환경에 매우 능숙하다고
평가된다.

면 2030년까지 메타버스 사용자는 50억 명에 이르고 경제규모는 최대 13조 달러(한화 약 1경 5천조 원)에 달할 수 있다고 한다.

그렇다면 메타버스가 어떤 가치를 내포하고 있기에 사람들이 이토록 열광하는 것일까? 단순한 3차원 공간에서 나의 아바타를 움직일 수 있는 것이 고작이라면 세상은 왜 이것이 미래라고 말하며 흥분할까? 수많은 기업이 엄청난 비용을 투입해 메타버스를 구축하려 노력하는 이유는 무엇이며 Z세대가 열광하는 이유는 무엇일까?

메타버스와 아바타의 원형이 된 소설 속 상상력

메타버스는 본래 미국 SF 작가인 닐 스티븐슨Neal Stephenson의 1992년작 소설 《스노우 크래시》Snow Crash에서 처음 등장했다. 소설에서는 미국인 아버지와 한국인 어머니 사이에서 태어난 주인공 히로가 현실에서는 피자배달로 생계를 이어가지만 메타버스 속에선 그런 현실과 상반된 생활을 하는 것으로 그려진다.

소설에서는 오늘날 VR기기를 연상시키는 고글과 이어폰을 착용하면 3차원 영상이 고해상도로 나타나고 현실적 사운드트랙까지 합쳐져 완벽한 가상공간을 만들어내는 것으로 나온다.

이 소설은 1990년대에 발표되었음에도 불구하고 오늘날 메타버스의 기술적 근간이 될 만한 상상력이 풍부하게 제시되었다. 메타버스에 대해서는 시청각 출력장치를 이용해 접근할 수 있는 현실과는 다른 '가상세계'라고 명확히 규정했다. 현실과 가상세계의 같은 점과 다른 점도 상세히 기술했다. 메타버스 세상에서는 현실의 물리법칙이 작용하지 않기 때문에 주인공은 중력에 구애 받지 않고 각종 개발품을 발명하고 설치한다. 공중에 떠다니는 조명, 3차원 시공간 법칙이 무시되는 특수구역, 상대를 수색해 사살하는 자유전투구역 같은 것이 그런 예다.

메타버스는 컴퓨터 소프트웨어를 이용해 얼마든지 무한하게 만들어낼 수 있는 디지털 세계이기 때문에 현실세계와는 물리법칙뿐 아니라 경제, 정치, 사회, 문화 모두 완전히 다르게 설계할 수 있다.

소설에서는 메타버스 이용자들이 땅을 사고 개발 승인을 받거나 허가를 얻어내고 심지어 관료를 매수하기까지 한다. 땅에 건물을 짓기 위해 이용자들이 내는 돈은 소설 속 디지털 세계의 공동 운영자들인 '협의회'에 들어가고 협의회는 그 자금으로 가상공간을 유지하고 확장한다.

닐 스티븐슨이 구상한 메타버스는 현실과 비현실이 공존할 수 있는 일종의 생활형 가상세계이자 디지털 세계인 셈이다. 같은 소설에서 '아바타'라는 개념도 처음 나왔다. 소설에서 아바타는 가상세계 접속자들이 서로 의사소통할 수 있도록 도와주는 소프트웨어이자 '가짜 몸뚱이'로 표현된다. 단, 현실에서와 달리 얼마든지 아름답고 화려하고 잘 차려 입은 모습으로 꾸밀 수 있다.

지금으로부터 무려 30여 년 전, 인터넷도 일반화되지 않던 시절에 나온 이 소설의 상상력은 이후 메타버스가 실제 현실화되는 데 많은 영감을 제공해주었다.

최초의 가상세계이자 원조 메타버스, 세컨드라이프

2003년 개발사 린든 랩Linden lab은 메타버스의 원조 격이라 할 수 있는 게임 세컨드라이프Second Life를 출시했다. 추정컨대 이 게임은 소설의 영향을 다분히 받은 것으로 보인다. 거기에 묘사된 메타버스와 매우 유사한 형태를 하고 있으며 게임 이름이 의미하듯이 유저들이 가상세계에서 수익을 창출하면서 현실과는 다른 제2의 삶을 살 수 있게 하는 것이 목표다.

게임에서 사용자는 3D 제작 툴로 집을 짓거나 아이템을 제작해 판매할 수 있다. 그를 통해 게임 속 통화인 린든 달러를 획득한다. 게임사는 사이버상의 경제활동을 촉진시키기 위한 명목으로 린든 달러와 실물 달러를 일정

➡ 세컨드라이프 광장 풍경

출처: 세컨드라이프 secondlife.com

환율로 교환되게 했다.

세컨드라이프는 게임 개발사가 완결된 스토리를 만들고 유저는 수동적으로 참여하는 방식이 아니라 사용자가 직접 콘텐츠를 만들어가고 경험하게 하는 크리에이터 경제를 구축했다고 평가된다. 공식 가이드북은 이에 대해 다음과 같이 정의한다.

> **크리에이터 경제**
> Creator Economy
> 유투버, 인플루언서 등이 자신의 창작물을 플랫폼에 유통하여 수익 활동을 하는 것과 같이 온라인 플랫폼 상 크리에이터가 자신의 창작물을 기반으로 수익 활동을 만드는 경제 및 서비스 구조를 뜻한다.

"세컨드라이프에서 당신은 원하는 무엇이든 될 수 있다. 당신만의 가상인생에서 무엇을 할지는 전적으로 당신에게 달려 있다. 콘텐츠 대부분은 사용자들에 의해 창조된다. 세컨드라이프가 당신에게 어떤 의미를 가질지에 대한 답은 바로 당신이 거기서 무엇을 하고 싶은지에 달려 있다. 사람들을 만나 대화하고 협업하고 싶은가? 새로운 것을 창조하고 실행하고 싶은가? 사업 경영으로 이윤을 내고 싶은가? 세컨드라이프에 온 것을 환영한다. 당신의 상상력이 어디까지 미칠지 한 번 실험해보라.”

이러한 콘텐츠 기반의 비즈니스 철학은 참여자들에게 상상력을 바탕으로 무언가를 창조해 수익을 창출할 기회와 가상세계 속 사회적 지위Social Status 를 제공한다. 이를 통해 플랫폼 역시 다방면으로 성장할 수 있다.

실제 수많은 기업들이 세컨드라이프에 관심을 보였다. 이들이 제공하는 3D 제작 툴을 활용해 직접 크리에이터로 활동하면서 소비자와 소통하는 채널로 활용한 것이다. 일례로 게임에서는 제품을 실제 구매하기 전에 미리 경험해볼 수 있다. 기업들은 이런 특성을 이용해 세컨드라이프에 가상 매장을 오픈해 신제품을 홍보했다. 그 외에도 선호도나 디자인 취향 등을 조사하기

➡ 세컨드라이프에서 활동한 기업들

기업	활동
토요타 Toyota	젊은층 타깃의 사이언XB 모델을 전시·판매했다. 구매자가 자신의 취향에 따라 사양과 기능을 정할 수 있게 했다.
로이터 Reuter	세컨드라이프 내 뉴스를 블로그 형식으로 운영했다. 동영상 뉴스와 사용자들이 정보와 소식을 공유할 수 있는 공간도 제공했다.
BBC	매년 1주일 간 열리는 록 콘서트를 열어 유명 가수들의 아바타나 밴드들을 만날 수 있게 했다. 스코틀랜드라는 무대에서 실시간 스트리밍 서비스도 제공했다.
아마존 Amazon	라이프투라이프 Life2life 라는 원격 쇼핑카트 시스템을 통해 게임 내에서 책을 구입하면 현실세계로 배달해주는 서비스를 운영했다.
워너브러더스 Warner Brothers	리스닝 파티에서 가수들의 음반을 들려주고 실제 음반 발매 이전에 게임 내에서 소비자 취향을 분석했다.
아디다스 Adidas	판매되는 실제 상품을 게임 속에서 입어보고 구매할 수 있게 했다.
인텔 Intel	신제품 런칭에 맞춰 라이브 방송을 하고 신제품 노트북이나 윈도우즈 상품을 파는 숍을 운영했다.
IBM	게임 개발 툴과 관련한 워크숍을 열고 전직 혹은 현직 직원들을 위한 파티를 열었으며 신제품을 전시하고 기능을 홍보했다.

➡ 세컨드라이프에서 홍보한 토요타의 픽업트럭

출처: 세컨드라이프 secondlife.com

위해서도 적극적으로 활용했다.

이 가상세계에 열광한 것은 사기업만이 아니다. 공기업이나 정부, 대학도 적극 참여하며 사이버 대사관, 가상 캠퍼스 등이 설립되었다. 다양한 개인과 조직들까지 참여하면서 세컨드라이프는 바야흐로 현실과 비현실이 공존하는 '생활형 가상세계'로 진화했다.

소설 속에서 묘사된 것과 이를 모티프로 해서 만들어진 원조 게임 세컨드라이프에 등장하는 모습은 구조면에서 많은 유사성을 지닌다. 이 둘의 특징을 모아 '메타버스 원형의 5가지 특징'으로 정리할 수 있을 듯하다.

이들 메타버스의 원형들이 전달하고자 했던 바는 무엇이었을까? 아마도 개인, 기업, 기관 등 누구라도 실시간으로 활동할 수 있으며 그 결실이 현실세계의 이익으로 연결되는 '또 다른 세계'가 아닐까 생각한다. 이것이 메타버스에 대해 우리가 묵시적으로 합의할 수 있는 기초적인 바탕이 아닐까?

이제 1990년대나 2000년대 초반에 비해 여러 기술적 제반사항이 훨씬

➡ 메타버스 원형의 5가지 특징

특징	내용
아바타	사용자가 메타버스에서 조종 가능한 분신. 사용자는 아바타를 통해서만 다른 사용자와 소통할 수 있다.
크리에이터 경제	플랫폼 제공자가 일방적으로 콘텐츠를 만들지 않고 사용자들이 직접 콘텐츠를 만들고 제공하는 크리에이터로 활동한다.
가상세계	현실세계 법칙의 제한을 받지 않는 가상공간으로 무한확장이 가능하다.
기축통화	가상세계만의 자체 통화를 이용하며 현실세계 화폐와 교환이 가능하다. 환율은 플랫폼 제공자가 관리한다.
규정	플랫폼 제공자가 가상세계의 규정을 정하고 이를 관리한다.

나아졌다. 메타버스는 이러한 바탕 위에서 얼마나 더 진전을 보이고 있을지 살펴볼 차례다.

기술의 축적과
새로운 철학이 결합하다
메타버스는 어디까지 와 있나?

현재 펼쳐지고 있는 메타버스 기술의 최전선

팬데믹 와중에 NFT, 메타버스 같은 키워드는 더욱 각광을 받았다. 따라서 다양한 산업의 종사자들이 메타버스 현실화를 위해 노력을 기울이고 있다.

그렇다면 현재 세대 메타버스 산업 선구자들은 과거와 달리 어떻게 메타버스를 정의할까?

온라인 서비스는 3개의 레이어Layer로 구분된다. 유저 인터페이스User Interface 레이어, 비즈니스 서비스Business Service 레이어, 인프라Infrastructure 레이어가 그것이다.

유저 인터페이스 레이어란 2개 이상의 장치나 소프트웨어가 정보나 신호를 주고받는 경우 생겨나는 접점을 말한다. 비즈니스 서비스 레이어란 유저 인터페이스 레이어에서 사용자가 어떤 기능을 활용할 수 있는지를 정의하고 있는 영역이다. 인프라 레이어는 앞의 2가지 레이어가 온전히 작동하도록 기술적 지원을 한다.

이 중 특히 유저 인터페이스와 비즈니스 서비스 레이어에서 특정 플랫폼이나 서비스가 정의된다. 인프라 레이어는 이를 더욱 발전시키는 요소다. 즉 유저 인터페이스와 비즈니스 서비스 면에서 현재의 메타버스 플랫폼이 과거와 달리 어떤 새로운 가치를 전달하고자 하는지 확인하는 것으로 비즈니스 모델의 차이점을 검토할 수 있다. 또한 인프라 레이어의 발전 정도를 통해 메타버스의 고도화 여부를 판단할 수 있다.

➡ 서비스를 구성하는 3가지 레이어

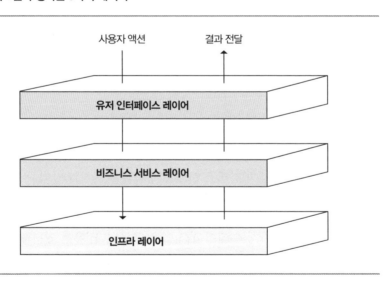

현 시점 메타버스 분야 선구자들이 추구하는 유저 인터페이스 레이어는 과거의 소셜이나 세컨드라이프와 매우 유사하다.

➡ 메타버스 플랫폼 간의 특성 비교

플랫폼	아바타	가상공간	크리에이터 툴	크리에이터 경제 통화
세컨드라이프 Second Life		무한 확장 ○ 건물·토지 소유 ×	크리에이션 포털을 통해 사용자가 다양한 콘텐츠를 제작하도록 안내	각종 아이템을 제작·판매하고 프리랜서로 경제활동 가능
제페토 ZEPETO		무한 확장 ○ 토지 소유 ×	제페토 스튜디오를 제공해 의상이나 가상공간 등을 창작하도록 함	제페토 스튜디오에서 제작한 아이템을 판매해서 경제활동 가능
로블록스 Roblox	아바타를 활용해 개성을 표현하고 가상세계에서 관계를 형성	무한 확장 ○ 토지 소유 ×	게임에 특화된 스튜디오 제공	사용자가 제작한 인 게임 In-Gam 아이템 판매를 통해 경제활동 가능
더샌드박스 TheSandbox		확장 × 건물·토지 소유 ○	아바타나 게임을 제작할 수 있는 툴 제공	토지를 임대하거나 아이템과 게임을 제작해 수익실현이 가능
디센트럴랜드 Decentraland		확장 × 건물·토지 소유 ○	자신의 토지에 건물을 짓는 신빌더 Scene Builder 제공	아이템이나 게임 제작을 통해 수익실현이 가능하며 프리랜서로 취업이 가능

메타버스 전문 게임 제작사인 슈퍼소셜Supersocial, Inc. CEO인 요나탄라즈 프리드먼YonatanRaz-Fridman은 메타버스를 "수백만이 함께 게임, 작업, 디자인, 학습, 콘서트 관람 등 다양한 활동을 하며 시간을 보낼 수 있는 영구적인 실시간 대규모 3D 가상세계"라고 정의했다. 오픈 메타버스 자산관리 기업 아웃라이어벤처스OutlierVentures CEO인 제이미 버크Jamie Burke는 "현실세계와 가상세계를 서로 구별할 수 없도록 만드는 하드웨어와 소프트웨어로 구성된 인터페이스 레이어"라고 정의했다.

비즈니스 서비스 레이어 측면을 비교해보면 유사성이 더욱 명확하게 드

➡ 더샌드박스가 제공하는 다양한 경제활동

출처: 더샌드박스 sandbox.game

러난다. 블록체인 기술이 없이 자체 솔루션으로 메타버스를 구축하고 있는 플랫폼으로는 제페토와 로블록스가 대표적이다. 반면 블록체인 기술을 활용하는 플랫폼으로는 디센트럴랜드와 더샌드박스 등이 있다. 이들은 모두 3D로 구현된 메타버스 세계에서 사용자가 아바타를 활용해 소통하고 커뮤니티를 만들고 경제활동을 벌이는 크리에이터 경제를 구축해 제공한다.

지금의 메타버스는 어떠한 차별성을 지향하는가?

과거와 현재 메타버스 플랫폼의 공통점을 살펴보면 플랫폼 운영자만이 아니라 사용자가 콘텐츠 크리에이터가 되어 가상세계 공간을 풍성하게 만든다는

➡ **제페토 스튜디오 시작 화면**

출처: 제페토 스튜디오 studio.zepeto.me

점이다. 사용자는 아바타를 활용해 생활하며 콘텐츠를 누리고 다른 사용자와 관계를 형성한다. 여기엔 다양한 이점이 있다.

첫째, 사용자가 콘텐츠를 제공함으로써 다양한 경제활동을 할 수 있다.

아바타를 예로 들어보자. 사용자의 분신 역할을 하는 아바타를 얼마든지 자신의 원하는 대로 꾸밀 수 있다. 아바타는 메타버스에서 사용자의 개성을 드러내는 가장 중요한 요소 중 하나다.

3억 5천만 명이 넘는 플레이어를 보유한 게임 포트나이트의 경우 사용자 상당수가 아바타 옷을 구입하며 월 평균 20달러를 지출한다. 제페토의 아바타 의상 크리에이터인 렌지는 의상 판매만으로 매월 1,500만 원 이상을 벌었다. 그런 성공에 힘입어 메타버스 전문 패션기업인 렌지드LENGED를 설립하기도 했다. 로블록스의 경우 플랫폼 내 게임을 제작하는 제작사가 2021년에만 3천억 원의 수익을 거둔 것으로 알려졌으며 개인 크리에이터 중상위 300명은 연소득이 1억이 넘는다고 발표되기도 했다.

둘째, 다양한 개인과 기업이 크리에이터로 참여함으로써 플랫폼이 풍성하고 다양해진다.

즉 사용자가 즐길 콘텐츠가 더욱 많아지고 더 다양하고 빠르게 제공된다. 기업들은 메타버스의 핵심 유저층인 Z세대와의 유대감을 형성하기 위해 앞 다퉈 가상세계로 진출하고 있다. 나이키는 로블록스, 아디다스는 더샌드박스, 구찌는 제페토에 입점함으로써 가상세계에서 사용자들에게 특별한 경험을 제공하고 있다. 애자일Agile 업무 방식을 지향하는 소기업이나 개인 크리에이터는 다양한 콘텐츠를 더욱 빠르게 생산하며 메타버스 사용자에게 특별한 경험을 신속하게 제공한다.

2021년 넷플릭스에서 드라마 '오징어 게임'이 인기를 끌자 한 달도 되지 않아 로블록스에는 관련 게임이 수백 가지나 출시되었다. 최고 인기 게임은 방문자수가 4천만 명에 달했다. 다양한 크리에이터의 창의력을 바탕으로 콘텐츠가 지속적으로 공급되면 사용자는 신선함을 느끼며 플랫폼 로열티 상승으로 이어진다. 실제 미국의 Z세대 55퍼센트 이상이 로블록스에 가입했는데 이들은 유튜브의 3배, 페이스북의 7배에 해당하는 하루 평균 2.6시간을 로블록스에서 보내는 것으로 나타났다.

셋째, 아바타를 통해서 디지털 라이프를 실시간 현재진행형으로 공유한다.

페이스북, 인스타그램, 틱톡 등 메타버스 이전의 SNS는 모두 '과거 시점'을 공유하는 형태다. 카카오톡이나 텔레그램 등과 같은 메신저 앱 역시 상대

➡ 로블록스 내의 '오징어 게임' 관련 게임

출처: 로블록스 홈페이지 roblox.com

방이 앱을 켜야 대화가 이어진다.

하지만 아바타로 메타버스에 접속하면 현실세계에서 멀리 떨어진 상대와도 실시간으로 대화하며 커뮤니티를 형성할 수 있다. 메타Meta의 아바타 담당자 에이저림 쇼먼Aigerim Shorman은 아바타 공개 시연에서 이렇게 강조했다. "메타는 사용자들이 사랑하는 사람과 물리적으로 장거리에 떨어져 있어도 같은 방에 앉아 시간을 보낼 수 있는 미래를 만들기 위해 일하고 있다."

아바타는 내 실체를 드러내지 않고 다른 이들과 소통하며 생활할 수 있게 해주는 또 다른 자아 역할을 한다. 제페토 크리에이터인 해나는 '현실의 삶을 공개하는 소셜 미디어에는 큰 압박감을 느끼지만 제페토에서는 얼굴이 공개될 필요가 없어 좋다'고 힘주어 말했다. 디지털패션연구소Institute of Digital Fashion에 따르면 Z세대들은 성별, 사회적, 환경, 인종, 체형, 장애 여부, 종교 등과 무관한 아바타를 통해 전혀 다른 모습으로 변신하고 색다른 인생 시나리오를 체험하고자 하는 욕구가 크다고 한다.

트위치Twitch 창업자 샨 퓨리Shaan Puri는 메타버스를 사람들이 가상세계 속 경험과 자산을 현실세계의 것보다 더 중요시하게 되는 '시점'Point in Time 이라고 정의했다. 무한히 확장가능한 메타버스 플랫폼이나 가상세계 속 사용자는 아바타를 통해 현실세계보다 더 나은 인생을 체험하고 크리에이터는 메타버스에 콘텐츠를 제공하는 수익활동을 통해 현실세계에서 생계를 유지한다. 지속적으로 가상세계가 발전함에 따라 사용자가 메타버스에 체류하는 시간 역시 길어지며 이에 기업들 역시 가상세계에 입점해 이들과 돈독한 유대감을 형성함으로써 현실세계의 고객으로 유도하기 위해 힘쓴다.

샨 퓨리가 규정한 것처럼 메타버스란 현실세계보다 가상세계에서의 삶이 더욱 중요해지는 '시점'이라고 정의될 수 있다. 메타버스가 현실세계의 제한적 환경을 넘어선 새로운 기회를 제공하고 가치를 만들어주며 개인과 기업을 더 발전시키는 장치를 갖고 있기 때문이다.

상상의 현실화를
더욱 가속화시키는 동력
메타버스와 블록체인의 결합

블록체인 기술을 통한 메타버스의 고도화

블록체인 기술은 메타버스를 얼마나 고도화시킬 수 있을까?

블록체인 생태계는 오랜 기간 태동기 상태이지만 최근 NFT와 메타버스의 부상으로 블록체인 생태계가 점차 확산되고 있다.

물론 세컨드라이프, 제페토, 로블록스 등은 모두 블록체인을 사용하지 않고도 매우 고도화된 서비스를 제공하고 있다. 그러나 메타버스의 인프라 레이어를 더욱 고도화하기 위해서는 필연적으로 블록체인 기술이 동원되어야 한다.

블록체인은 태생적 장점을 여럿 갖고 있다.

첫째는 확장성이다. 확장성에는 서비스 확장성과 사용자 확장성이 있다.

➡ 블록체인 기술의 태생적 장점

특징	설명
확장성	개인이나 기업이 필요로 하는 서비스를 언제든지 구축해 제공할 수 있으며 누구나 지갑 디앱을 소유할 수 있다.
보안성	본인만 확인하고 소유하는 개인 키로 서명하므로 보안성이 뛰어나고 자산에 대한 온전한 주권을 확보할 수 있다.
유동성	지갑을 소유한 사용자 누구에게나 편리하게 자산을 전송할 수 있다.
위·변조 불가	신규 거래에서 거래 내역이 담긴 블록이 이전 블록들과 연결되므로 위·변조가 불가능하다.
투명성	거래한 모든 거래 내역은 블록체인에 기록되고 이를 모든 참여자가 블록 익스플로러를 통해 확인할 수 있다.
희소성	NFT를 통해 자산의 희소성을 나타낼 수 있으며 디지털 자산의 소유권을 증명할 수 있다.

블록 익스플로러
Block Explorer
블록체인 거래 ID, 지갑주소, 블록 정보 등을 검색하는 일종의 검색엔진이다. 코인에 대한 기본적인 정보뿐 아니라 트랜잭션 등 거래 세부내역도 확인이 가능하다.

개인 키
Private key
무작위로 추출된 숫자와 문자의 조합으로 공개키 암호 알고리즘에서 사용되는 비대칭 키 쌍 중에서 공개되지 않고 비밀리에 사용하는 키를 말한다.

블록체인은 플랫폼으로 개인 혹은 기업이 언제든지 필요 서비스를 구축하여 사용자에게 제공할 수 있다. 블록체인 서비스를 디앱Decentralized Application이라 부르는데 익히 소개된 오픈씨, 룩스레어, 메타마스크 등은 모두 디앱이다. 또한 사용자는 메타마스크와 같은 지갑 디앱을 활용해 지갑을 보유할 수 있으므로 사용자 확장 측면에서 매우 용이하다.

둘째는 보안성이다. 토큰이나 코인을 보유한 지갑은 공개Public 키와 개인Private 키로 관리된다. 거래 시에는 개인 키 서명이 반드시 필요하기 때문에 보안이 유지되고 자신의 자산에 대한 온전한 주권Sovereignty도 가질 수 있다.

셋째는 유동성이다.

블록체인 네트워크를 사용하면 사용자는 국경에 구애 받지 않고 거래할 수 있다. 동일한 블록체인 네트워크를 사용하면 기존 금융 거래보다 편하고 신속하게 자산을 이체할 수 있다.

➡ 개인 키를 활용한 블록체인 거래 방식

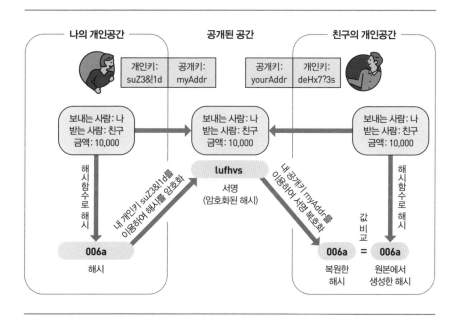

출처: Organic Media Lab, 2014

넷째는 투명성이다.

거래 내역의 위·변조가 불가능하다. 신규 거래 내역이 담긴 블록이 이전 블록들과 연결되므로 위·변조가 원천적으로 불가하다. 모든 거래 내역은 블록체인에 기록되며 이를 블록 익스플로러에서 누구나 확인할 수 있다.

이렇게 여러 태생적 장점을 지닌 블록체인 기술 위에 대체 불가능하며 저마다 고유한 특징을 가진 NFT가 발행되고 유통된다면 이를 바탕으로 하는 메타버스 세계는 더욱 다양한 장점을 지니게 될 것이다.

블록체인 기반 메타버스와 NFT의 장점

메타버스에서 NFT를 도입하면 디지털 상품을 투명하게 관리할 수 있다. 여기에는 사용자가 게임 혹은 메타버스에서 사용되는 NFT 아이템의 제작부터 사용, 거래 및 폐기까지의 라이프 사이클을 모두 투명하게 확인 가능하다는 장점이 있다. 블록체인 및 NFT를 사용하지 않는 게임에서는 신규 아이템 출시나 업데이트 때 기존에 출시한 아이템의 능력치가 변하는 일명 너프Nerf 현상이 종종 발생한다. 하지만 블록체인을 활용하면 스마트컨트랙트를 통해 어떤 NFT가 얼마나 발행되었으며 어떤 특성을 가지고 있는지 확인 가능하며 블록체인이 가진 위변조가 불가능한 특성으로 한번 발행된 이후에는 NFT가 가지고 있는 속성의 변경이 불가능하다.

너프
Nerf
게임 용어 중 하나로 성능이 갑자기 감퇴되는 현상을 가리키는 은어다. 아이템이 가지는 공격력이 갑자기 줄어들어 장난감 칼인 너프를 쓰는 것처럼 힘이 없다는 이유에서 이 명사가 동사형처럼 쓰인다.

이더리움의 창시자 비탈릭 부테린이 블록체인을 개발하게 된 계기 역시 게임 아이템과 관련이 있었다. 비탈릭은 월드오브워크래프트World of Warcraft 게임을 즐겨 했는데 개발사인 블리자드Blizzard가 게임을 업데이트하면서 비탈릭이 애지중지하던 캐릭터 기능을 갑작스레 없애버렸다고 한다. 그는 이를 계기로 중앙화 서비스의 문제점을 실감하고 블록체인 프로젝트에 몰두했다고 한다.

NFT를 활용하면 소유권을 쉽게 확인할 수 있다. 이러한 편리한 소유권 확인은 2가지 이점을 제공한다.

첫째, 사용자가 '실제로' 소유할 수 있게 된다. 대다수 게임은 중앙화 서비스다. 그러므로 아이템을 구매했다 해도 결국 소유권은 게임사에 있다. 실제 아이템은 게임 제작사가 운영하는 서버에 저장되기 때문이다. 게임 서비스가 종료되거나 운영사가 아이템을 삭제하면 사용자는 속절없이 피해를 감수해야 한다. 게임 아이템을 구매한다고 하지만 실제로는 대여하는 것과 다름없다. 하지만 NFT 아이템을 구매하면 이는 즉시 사용자의 지갑으로 이동한다. 사용자가 실제로 NFT 자산을 소유하게 되는 것이다.

둘째, 사용자가 NFT를 소유하게 되면 유동성 역시 증가한다. 현재 방식은 게임 아이템을 제작사가 사용자에게 판매하는 일방향One-Directional 방식이다. 사용자끼리 아이템을 거래할 순 있지만 완벽하진 않다. NFT로 아이템을 발행하면 판매, 거래, 사용이 개별적으로 자유롭게 이뤄질 수 있다.

블록체인의 도입은 NFT 소유권과 투명성을 제공함과 동시에 메타버스 경제 시스템을 투명하게 관리할 수 있게 해준다. 크리에이터 경제를 제공하는 중앙화 서비스는 사용자의 수익 현금화 단계에 제약을 두는 편이다. 일례로 로블록스에서 게임 개발자가 수익을 정산하려면 일정 조건을 갖춰야 한다. 프리미엄 서비스에 가입해 월 사용료를 지불하고 게임머니인 로벅스도 10만 개 이상 보유해야 한다. 원화로 무려 130여만 원이다. 크리에이터의 수익이 이것을 넘지 못하면 현금화가 불가하다는 의미다. 설령 현금화 조건을 갖춰도 그 횟수는 월 1회로 제한되어 있고 게임 내 통화와 현실세계의 달러 간 환율도 로블록스가 통제한다.

블록체인을 활용한다면 가상세계의 재화 역시 중앙화된 기업이 아니라

➡ 블록체인 도입 여부에 따른 메타버스 특성 비교

	블록체인	기축 통화	현금화 요건	디지털 자산·아이템 저장	디지털 상품	판매 공간
제페토	×	젬, 코인(발행과 유통 제한 없음)	11만 원 상당의 재화 보유 시 심사를 통해 현금화	플랫폼 서버	크리에이터 → 사용자	공간소유 개념없음
로블록스	×	로벅스(발행과 유통제한없음)	13만 원 상당의 재화 보유 및 프리미엄 구독 필요	플랫폼 서버	크리에이터 → 사용자	공간소유 개념없음
더샌드박스	○	ERC-20 기반 샌드 토큰(30억 개 발행, 8.9억개 유통)	사용자재량	개인 디지털 지갑	크리에이터 → 사용자/사용자간2차거래 가능	166,464개 랜드 발행/빌딩 건축, 게임 생성과 플레이, 토큰 획득 등으로 구매 가능
디센트럴랜드	○	ERC-20 기반 마나 토큰(21억 개 발행, 18억개 유통)	사용자재량	개인디지털 지갑	크리에이터 → 사용자/사용자간2차거래 가능	90,601개 랜드 발행/빌딩 건축, 게임 생성과 플레이 로 구매가능

수요와 공급에 의해 결정된다. 코인이나 토큰을 발행할 때에는 발행량과 추가 발행 여부, 소각 여부 등을 백서에 기재하고 로드맵도 만들어야 한다. 블록 생성을 비롯한 행동에 따른 보상도 코드화 되어 변경이 불가능하며 누구나 확인할 수 있다. 즉 블록체인의 토큰 이코노미를 통해 공개적이고 투명하게 관리될 수 있다. 또한 스마트 컨트랙트를 통해 다양한 행동에 대한 보상이 이뤄지기 때문에 메타버스 속 가상경제가 현실세계로 확장되도록 하는 촉진제 역할을 할 수 있다.

그런 특성을 바탕으로 블록체인 활용 여부에 따라 메타버스 플랫폼이 각

➡ 디센트럴랜드 내 랜드에 있는 소더비 건물

출처: 로블록스 홈페이지

기 어떤 차이점을 나타내는지 확인해볼 수 있다.

　제페토나 로블록스는 중앙화 서비스 방식으로 가상세계 재화를 다방면으로 관리한다. 아이템 구매는 실제로는 사용자가 소유하는 게 아니라 대여의 형태다. 공간에 대한 소유 권한도 없다. 가상세계에서 공간에 소유 개념이 없다면 이론적으로는 무한확장이 가능하겠지만 실제로는 사용자가 지나치게 분산된다는 단점이 있다.

　실제 세컨드라이프의 실패요인 중 하나로 꼽히는 것이 지나치게 방대한 맵이다. 방대한 맵으로 사용자가 분산되면 핵심 포인트 중 하나인 사용자 간 커뮤니케이션에 제약이 생긴다. 또한 공간을 기반으로 판매되는 다양한 게임 아이템의 노출 빈도도 줄어들어 크리에이터 경제가 제대로 작동하기 곤란해진다. 반면 공간을 정의하고 발행하며 분배한 블록체인 기반의 메타버스에서는 공간마다 가치가 생겨 사용자가 이를 임대하거나 다방면으로 활용함으로써 추가수익을 창출할 수 있다.

➡ 가상경제의 조건과 블록체인 기술

구분	설명	블록체인 도입의 이점
지속성	가상세계의 환경 및 이용자에 대한 정보가 시간과 무관하게 지속된다	블록체인은 분산형 데이터 저장 기술로 모든 참가자의 거래 기록을 분산 보관하므로 거래 기록이 영구적으로 보관된다
희귀성	상품 및 자산은 유한하며 구입에는 현실 자원이 필요하다	가상세계 상품과 자산은 유한하며 구입하려면 현실 자원이 필요하다. NFT 토큰은 희귀성과 고유성을 제공하며 투명하게 관리될 수 있다
전문화	현실경제의 분업화와 마찬가지로 가상경제 역시 전문화에 의한 분업이 발생한다	현실경제에서의 분업화처럼 가상경제에서도 전문화를 통한 분업이 가능하며 가상세계 속 경제 활동에 대한 수익의 유동성도 증가한다
거래	이용자들은 가상경제 상품을 타인과 자유롭게 거래할 수 있다	이용자들은 가상경제 상품을 타인과 자유롭게 거래할 수 있으며 가상세계 속 자산에 대한 온전한 주권을 갖게 된다
소유권	가상자산의 소유권자를 식별할 수 있고 소유권이 원천적으로 보장된다	가상자산의 소유권자를 식별할 수 있으며 소유권이 원천적으로 보장되며 코인이나 토큰, NFT는 사용자 개인 지갑에 저장되고 블록 익스플로러에서 확인할 수 있다

도표에 정리한 것처럼 CHAPTER 1에서 한 차례 정리했던 가상경제의 조건에도 NFT를 이용한 메타버스 플랫폼은 부합한다.

이 중 전문화는 메타버스 플랫폼의 발전을 위해 매우 중요한 요소다. 제페토, 로블록스, 디센트럴랜드, 더샌드박스 모두 크리에이터 경제를 창조함으로써 가상세계 속 콘텐츠 생산을 분업화했다. 그런데 블록체인 기반의 플랫폼의 경우 중앙에서 가상세계 재화를 통제하지 않기 때문에 투명성과 유동성이 높다는 장점이 있다. 거래 권한과 소유권 역시 사용자에게 주어진다. 이는 더욱 자유도 높은 거래를 가능하게 한다.

더 각광받는 메타버스를 만드는 조건

블록체인 기술과 NFT는 메타버스를 어떻게 고도화시킬까? 우리는 현실세계에서 핸드폰부터 부동산까지 어떠한 자산이든 그것을 구매하면 실제로 소유하게 된다. 소유한 다음 거래와 사용 여부는 소유자의 권리다.

블록체인과 NFT는 가상세계 속 디지털 자산이 현실세계와 동일하게 작동되도록 근본적 변화를 가했다. 플랫폼 기업이 모든 것을 컨트롤하는 중앙화된 가상세계보다 투명한 경제 시스템과 자산에 대한 주권이 보장되고 높은 유동성과 지속성이 제공되는 편이 진정한 가상세계와 경제가 구축되는 메타버스가 아닐까 생각해본다.

시대의 변화보다 너무 앞서나가면 몽상가라고 비난 받는다. 그러나 시장이 받아들일 만한 새로운 혁신을 고안하면 개척자가 될 수 있다.

이미 많은 이들의 메타버스라는 산업 변화를 받아들이고 있는 추세다. 우리 모두는 직·간접적으로 싸이월드 같은 메타버스의 단편을 경험해보았다. 아직까지 블록체인 기반의 메타버스 시장이 메인으로 자리 잡았다고 보기는 어려울지 모른다. 그러나 이미 많은 기업과 사람들이 이 변화를 수용하면서 다양한 시도를 하고 있다.

당신은 개척자가 될 것인가 느림보가 될 것인가? 이 글을 읽는 독자 역시 변화에 발맞추어 혁신적으로 생각을 확장할 수 있기를 기대한다.

CHAPTER
6

사례로 보는
조심해야 할 NFT 투자

이제껏 NFT가 무엇이며 투자를 위해 무엇을 공부해야 하는지 등을 알아보았다. 성공적 투자에 대해 배웠다면 이 장에서는 피해야 할 부정적 사례를 알아볼 것이다. NFT 사기 하면 치기 어린 장난이거나 드물게 발생하는 일로 여기기 쉽다. 그러나 조사에 의하면 2021년 한해 NFT와 연관된 사기 피해금액은 무려 4조 원 이상으로 집계되었다고 한다. 시중에는 수많은 사기 사건과 수법이 있다. 그 결과 사기범들이 검거되고 간혹 피해 구제를 받는 일도 보게 된다. 그런데 블록체인 세계의 사기 사건은 양상이 매우 다르다. 누가 저질렀는지 특정하기도 어렵고 법에 입각해 처벌하기도 어렵기에 아무리 조심해도 모자라지 않다. 이 장에서는 NFT 관련 사기 수법은 어떤 것이 존재하며 피해자가 되지 않기 위해 무엇을 조심해야 하는지 다룬다.

소중한 돈을 잃지 않기 위해 알아야 할 것 전형적인 NFT 사기 수법

유행에 편승한 NFT 스캠: 캣슬

주변에 귀여운 고양이의 집사가 되어 행복한 나날들을 보내고 있는 사람이 많이 있다. 현실에서 고양이를 키울 수 없는 이들에게 블록체인 세계에서 집사가 되라고 유혹한 프로젝트가 있다. 캣슬Catsle이 그것이다.

스캠
Scam
사기를 뜻하는 영어 표현으로 가상자산 시장에서 대개 투자자들을 기망하여 투자자들의 자금을 탈취하는 행위를 망라해 사용된다.

222쪽 그림처럼 픽셀아트로 그려진 귀여운 고양이 캐릭터는 금세 이목을 끌었다. 소유함과 동시에 돈도 된다는 유혹은 더 달콤했다.

고양이를 뜻하는 Cat과 성을 뜻하는 Castle의 합성어인 캣슬은 NFT의 운용 방식과 관계가 있다. 222쪽 그림처럼 성채 내에는 층별로 각기 다른 고양

➡ 캣슬의 운용 방식과 보상 시스템(왼쪽)과 캣슬 캐릭터(오른쪽)

출처: 캣슬 공식 홈페이지 catsle.net(왼쪽, 현재는 삭제됨) 오픈씨 opensea.io(오른쪽)

이가 있다. 위층으로 올라갈수록 고양이 디자인은 화려해지고 우측에 열거된 혜택도 커진다. 성 안에서 고양이를 키움으로써 보상을 받는 구조라서 캣슬이라고 명명한 것이다.

일례로 캣슬 NFT 10개를 1일 보유하면 1층에, 20마리를 2일 보유하면 2층에 입주할 수 있다. 프로젝트 개발사는 보상으로 킷Kit이라는 가상자산을 지급하겠다고 했으며 그림 우측 상단에 표기된 것처럼 킷은 클레이튼KLAY과 동일한 가치를 지닌다고 설명했다.

캣슬을 더 많이 더 오래 보유할수록 이자로 킷을 더 많이 지급 받는다. 캣슬은 NFT와 스테이킹 개념을 결합했다. 로드맵에 따르면 향후에는 캣슬

NFT 스캠 피해규모
블록체인 데이터 플랫폼 회사로 데이터 분석과 리서치 서비스를 제공하는 체이널리시스Chain-alysis에 따르면 2021년 한해에 걸친 NFT 사기로 인한 피해 금액은 약 32억 4,100만 달러(한화 약 4조 300억 원)에 육박한다.

어드벤처 게임을 런칭해 P2E 분야로까지 진출하겠다는 목표였다. 귀여운 고양이를 보유하기만 해도 돈을 벌 수 있고 미래도 창창하다는 말에 많은 투

➡ 오픈씨에 올라온 캣슬 NFT

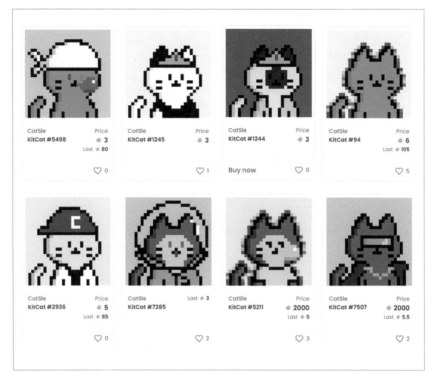

출처: 오픈씨 opensea.io

자자가 몰려들었다.

　그 결과 프리세일에서는 단 21시간 만에 1천 개의 캣슬 NFT가 완판되었다. 당시 1개의 가격은 대략 25KLAY~35KLAY 수준으로 당시 한화 약 4만 5천 원~6만 4천 원 수준이었다. 그러나 매수세가 이어지면서 프리세일 이후 가격은 수 배 상승했다. 심지어 오픈씨에서 클레이튼 기반 프로젝트 중 거래량 2위를 기록하며 위용을 떨쳤다. 그러나 이토록 화려한 프로젝트의 생명은 그리 길지 못했다.

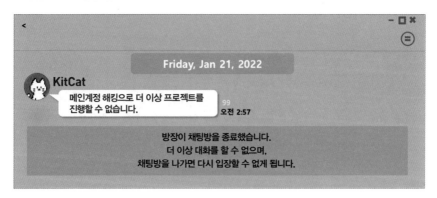

2022년 1월 21일 새벽 킷캣KitCat이라는 사용자명을 가진 관리자는 메인 계정이 해킹되어 프로젝트 진행이 불가하다는 게시물을 남기고 캣슬 오픈채팅방을 종료해버렸다. 이자 지급과 게임 런칭은 2022년부터 시행될 계획이었지만 근처에도 못 가보고 프로젝트가 멈춰버린 것이다.

투자자 대부분은 이자 때문에 NFT를 구매했기에 사실상 캣슬 NFT는 휴짓조각으로 전락했다. 킷캣 홀더들은 오픈씨에 바닥가격으로 매도를 시작했고 기존 거래가보다 한참 아래인 3KLAY로 바닥가격이 형성되었다. 수많은 투자자들을 현혹해 런칭한 프로젝트가 하루아침에 공중분해됐다. 투자자들은 개발자가 누군지조차 몰랐기에 이렇다 할 조치도 취할 수 없었다.

불미스러운 사태를 인지한 타 프로젝트가 캣슬 홀더들에게 소정의 보상을 하고 자신들의 커뮤니티로 유입시키고자 했다. 자산을 완전히 날리는 것보다는 어느 정도 위로가 되었겠지만 투자금의 상당액은 보전 받을 수 없었다. 결국 사기 피해는 오롯이 투자자들이 감당해야만 했다.

검증된 채널을 통한 NFT 스캠: 두들드래곤즈, 발룬스빌

두들드 드래곤즈Doodled Dragons와 발룬스빌Balloonsville 스캠 사건은 수많은 사람을 충격에 빠뜨리고 NFT 마켓플레이스에 대한 신뢰를 뒤흔든 엄청난 일이었다.

두들드 드래곤즈의 스캠 전말은 다음과 같다.

끄적이거나 낙서한다는 뜻의 두들드Doodled와 용을 의미하는 드래곤즈가 결합된 NFT 상품은 어린애 낙서처럼 보이는 형태다. 사실 다양한 NFT 이미지가 '두들' 기법으로 그려지고 재생산되고 있다. 실제 두들스라는 유명한 NFT가 있으며 두들 기법은 귀엽고 익살스러운 스타일로 많은 이들의 사랑을 받는 그림체임에는 분명하다.

물론 두들드드래곤즈가 단순히 귀여운 두들 기법만으로 화제가 된 것은 아니다. 이들은 NFT 판매로 얻은 수익 전액을 '멸종위기 동물보호 자선단체에 기부하겠다'는 목표를 밝히며 주목을 끌었다. 그저 기부의사만 밝혔다면 많은 이들이 신뢰하지 않았을지 모른다. 그러나 이 NFT 프로젝트는 쏠씨Solsea라는 NFT 마켓플레이스에서 거래되어 믿음이 갔다.

두들드드래곤즈의 쏠씨 아이디 우측상단의 V 체크 표시는 NFT 마켓플레이스의 공식 인증을 의미한다. 하단에는 파랑바탕에 흰 글씨로 인증 컬렉션Verified collection이라고 표기돼 있다. NFT 마켓플레이스가 검증하고 인증한 프로젝트이기에 투자자들은 별 의심 없이 NFT를 구매했다.

얼마지 않아 사달이 났다. 두들드드래곤즈는 공식 트위터에서 수익금 3만 달러를 세계자연기금WWF, World Wide Fund for Nature에 기부하겠다고 밝힌 상태였다. 그런데 곧 말도 안 되는 트윗을 하나 남겼다. 내용인즉슨 "이거 다

출처: 쏠씨 solsea.io

거짓말이야. 돈은 모두 내 계좌로 들어갈 거야." 하는 것이었다.

그 후로 프로젝트 개발자들은 완전히 잠적해버렸다. 숱한 투자자가 어이없는 사기 행각에 당하고 만 것이다. 그런데 이 사건의 여파가 가시기도 전에 또 다른 사건이 터졌다. 바로 발룬스빌 프로젝트 사건이다.

발룬스빌은 매직에덴Magic Eden이라는 NFT 마켓플레이스에 NFT 런치패드를 통해 대중에게 공개되었다. NFT 런치패드는 마켓플레이스에서 신규 NFT 최초 민팅을 대신해주고 마케팅을 지원하며 수수료를 받는 구조로 이뤄진다. 당연히 거래 플랫폼은 어느 정도 검증된 프로젝트만을 런치패드에 등록하고 투자자는 검증된 NFT 민팅에 참여함으로써 안전한 투자를 할 수 있다.

런치패드에 등록된 이후 발룬스빌 커뮤니티인 트위터와 디스코드로 수많은 이들이 모여들었다. NFT 프로젝트 성공의 요인 중 하나가 커뮤니티임을

➡ 두들드드래곤즈 컬렉션

출처: 쏠씨 solsea.io

고려하면 신호탄을 잘 쏘아올린 셈이다. 그런데 런치패드를 통한 민팅이 종료된 후 얼마지 않아 사건이 터지고 만다.

발룬스빌 공식 트위터에 228쪽 그림과 같은 게시물이 올라온 것이다. 내용은 "몇몇 배우만 고용했고 우린 또 해냈다." 하는 것이었다. 자신들이 두들드드래곤즈 스캠의 장본인임을 밝힌 것이다.

사기 사건이 연달아 발생했는데 범인은 같은 이들이었다. 이후 이들은 트위터를 통해 매직에덴에서 검증 절차를 제대로 이행하지 않았고 프로젝트 로드맵이나 신분증 등 어느 하나 제출하지 않았지만 런치패드에 등록되었다고 폭로했다. 매직에덴이라는 거대 NFT 마켓플레이스를 믿고 투자했던 이들이 한순간에 사기 피해자가 되어버린 것이다.

➡ 발룬스빌 공식 트위터에 올라온 트윗 내용

출처: 발룬스빌 공식 트위터 @Balloonsville

    결국 매직에덴 측에선 피해자 구제 계획을 밝히고 러그풀 사태가 일어난 프로젝트를 되살리기 위해 5천SOL(당시 한화 약 6억 4천만 원)을 투입하겠다고 발표했다. 재발 방지를 위해 프로젝트 검증절차를 더욱 강화하고 민팅으로 인한 수익을 실명인증 완료 거래소로만 전송하는 등 투자자 보호 장치도 마련했다.

    투자자들은 판매자를 의심하는 경우는 있어도 거래 플랫폼 자체를 의심하는 일은 거의 없다. 거래 플랫폼 활성화의 전제가 바로 신뢰이기 때문이다. 그런데 플랫폼 자체에 대한 의심이 생긴다면 해당 플랫폼은 이전과 같은 지위를 유지할 수 없을 것이다. NFT 마켓플레이스 역시 마찬가지다. 과거부터 다진 신뢰를 기반으로 새로운 구매자와 판매자가 유입되고 거래가 활성화됨으로써 더 많은 NFT가 거래된다. 두들드래곤즈와 발룬스빌 사건은 많은 이들이 NFT 마켓 자체에 대한 의심을 품게 만들었다. 매직에덴은 재발

➡ 매직에덴 공식 트위터에 올라온 발룬스빌 피해자 구제 관련 결정사항

> **Magic Eden ✗ Solana's Leading NFT Marketplace** ✅
> @MagicEden
>
> 🧵 We've decided to:
> 1. Derug Balloons @balloonsville_2
> 2. Refund minters who sold below floor.
> 3. Offer an option for refund to holders
>
> We consulted with members in the community and think this approach will serve the community most effectively. Learn more 👇
>
> 2:02 PM · Feb 7, 2022 · Twitter Web App

출처: 매직에덴 공식 트위터 @MagicEden

방지 장치를 마련했지만 무너진 신뢰를 다시 쌓기에는 더 많은 시간과 노력이 필요할 것으로 보인다.

저작권 침해로 인한 NFT 스캠 : 새드프록스 디스트릭트

웹 서핑이나 채팅을 할 때 아주 익숙하게 등장하는 그림이 하나 있다. 슬픈 개구리라는 애칭으로 불리는 개구리 페페Pepe the Frog가 그 주인공이다. 매트 퓨리Matt Furie의 만화 《보이즈 클럽》Boys Club에 등장하는 캐릭터다.

보기만 해도 웃음을 자아내며 소위 웃픈 상황을 강조해주는 장치로 자주 사용된다. 페페는 국내외 커뮤니티에서 인기리에 사용되었다. 그 결과 2016년에는 〈타임〉이 선정한 '세계에서 가장 영향력 있는 가상 캐릭터' 1위로 뽑히기도 했다. 당시 쟁쟁한 경쟁자였던 리우 월드컵 마스코트나 할리퀸

➡️ **타임 선정 영향력 있는 캐릭터 1위로 뽑힌 페페**

출처: time.com/4598518/influential-characters-2016

밈
Meme
원래 영국의 생물학자 리차드 도킨스Richard Dawkins가 1976년 출간한 《이기적 유전자》The Selfish Gene에서 발표된 개념으로 최근에는 인터넷에서 유행하는 사진이나 영상을 일컫는 명칭으로 변용되어 사용되고 있다.

디지털 밀레니엄 저작권법
DMCA, Digital Millennium Copyright Act
자신의 지적 재산을 타인이 불법적으로 침해했다 판단한 경우 해당 저작권자가 온라인 사업자에게 저작권 침해를 소명하면 게시를 중단해야 한다는 내용의 강력한 규제법이다.

과 데드풀 같은 영화 주인공을 제친 결과였다.

다양한 패러디와 2차 창작물로 많은 이들의 뇌리에 각인된 페페는 2021년 9월 NFT 시장에 등장했다. 2016년에 유행했던 인터넷 밈Meme에서 그치지 않고 이후에도 꾸준히 관심을 받았기 때문에 페페가 NFT로 등장했을 때에도 세계 최대의 NFT 마켓플레이스인 오픈씨에만 새드프록스 디스트릭트Sad Frogs District라는 이름으로 페페를 연상시키는 패러디 NFT가 총 7천여 개나 발행되었다.

캐릭터 특유의 눈빛이나 웃음 등에서 페페를 연상시키는 NFT가 커뮤니티를 뜨겁게 달궜고 수많은 이들이 구매하기에 이르렀다. 인터넷 밈으로 유명한 NFT에 대한 입소문은 빠르게 퍼져 캐릭터 원작자인 매트 퓨리의 귀에까지 들어갔다. 이 소식을 접한 매트 퓨리는 이 NFT가 자신의 지적 재산권을 침해했다고 간주했다. 미국의 디지털 밀레니엄 저작권법DMCA, Digital Millennium Copyright Act에 입각해 해당 NFT 게시를 철회하라고 요구했다. 오픈씨는 이 요구를 받아들여서 자사 마켓플레이스 내 새드프록스 디스트릭트 NFT 게시물을 모두 삭제했다.

➡ 룩스레어에 등록된 새드프록스 디스트릭트 NFT

출처: 룩스레어 looksrare.org

삭제되기 전 무려 1,900여 명이 하나에 최저 수십만 원부터 최고 수천만 원을 주고 이 NFT를 구매했다. 하지만 오픈씨에서 이 프로젝트를 더 이상 거래할 수 없게 되었다. 원작자가 공식적으로 지적재산권 침해를 주장함에 따라 이 NFT의 인기도 급감했다.

➡ 오픈씨 내 새드프록스 디스트릭트 프로필

출처: 오픈씨 opensea.io

새드프록스 디스트릭트는 자신들의 NFT가 지적재산권을 침해하지 않았다며 철회를 요청했고 우여곡절 끝에 결국 이 주장이 받아들여져 오픈씨에 다시 게재되었다. 하지만 사람들의 관심은 이미 사라진 지 오래였고 커뮤니티 역시 와해된 후였다. 더 이상 과거와 같은 거래량, 판매가, 위상은 찾아볼 수 없게 되었다.

이후 바닥가격이 0.005ETH로 하락해 당시 원화 약 2만 원에 거래되는 것이 고작이었다. 총 거래량이 무려 2,322.24ETH였음을 감안하면 0.005ETH 수준의 바닥가격은 초라해 보인다. 이 프로젝트를 이끌던 트위터 계정은 이후 삭제되어 확인할 수 없다. 밈에 의지해 큰 인기를 구가하던 프로젝트가 저작권 침해 논란에 휘말리면서 무너지게 되었고 결과적으로 수많은 피해자를 낳은 것이다.

사기를 당하지 않기 위해 꼭 확인해야 할 것들 NFT 스캠 피하기

민팅하는 제작사 구성원의 면면을 체크하라

NFT 관련 사기 사건에는 공통점이 있다. 바로 그러한 NFT를 누가 만들었는지 알 수 없었다는 점이다. 개인 혹은 집단의 실체를 알 수 없으며 피해에 대한 책임을 물을 대상 역시 찾을 수 없다.

물론 여전히 누가 만들었는지 파악이 안 되는 NFT는 상당수 존재한다. 그렇다고 이 프로젝트가 모두 스캠은 아니다.

가령 오픈씨 거래량 최상위를 차지하는 프로젝트 중 하나인 크립토즈CrypToadz의 제작 주체는 그렘플린Gremplin과 팀원들이라고 되어 있다. 그런데 그들의 이름, 얼굴, 출신지 등을 알 수 있는 방법은 없다. 234쪽 그림처럼 크립토즈 개발은 모두 익명의 팀원들에 의해 이뤄졌다. 제작자 역시 비엔

출처: www.cryptoadz.io/

➡ 오픈씨의 크립토즈 프로필

출처: 오픈씨 opensea.io

89BN89 , 캣CAT, 챈제로CHANZERO, 그렘플린 등 모두 가명을 내세운다.

제작자들이 모두 익명인 것과 무관하게 이들 커뮤니티는 성공적으로 형성

되었다. 한때 바닥가격 3.6ETH, 오픈씨 기준 총거래량 67,379ETH(당시 한

화 약 2,530억 원)에 달할 정도로 큰 인기를 보았다. 개발진에 관해 알 수 있는 단 하나의 정보는 그렘플린이 트위터에서 활발히 활동하며 수많은 팔로워를 보유한 유명인이라는 점과 인터넷에 공개된 그의 수많은 창작품들뿐이다. 그러나 대개 화제를 모으는 NFT는 확실한 개발진이 존재한다. 보어드에이프 요트클럽은 유가랩스Yuga Labs, 크립토펑크는 라바 랩스Larva Labs가 개발했다. 국내 NFT인 메타콩즈의 경우 파트너사로 천재 해커로 유명한 이두희 씨가 참여한 '멋쟁이사자처럼'이 선정되었다. 이러한 배경은 프로젝트가 위

➡ 디스코드 해킹에 대한 메타콩즈의 트위터 대응

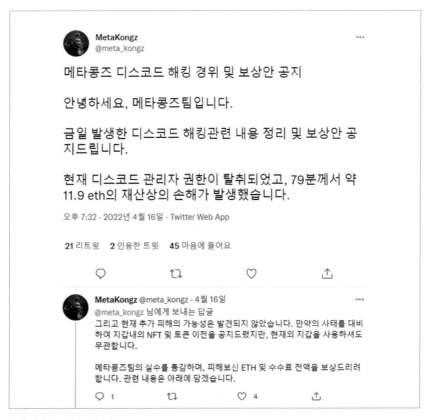

출처: 메타콩즈 공식 트위터 @meta_kongz

기에 직면했을 때 빛을 발한다. 개발진의 책임감이 드러나는 순간이기 때문이다.

메타콩즈는 다양한 프로젝트와 파트너십으로 이름을 알리던 중 외부 해커가 디스코드 관리자 권한을 탈취해 스캠 사이트를 게재하는 불미스러운 일이 생겼다. 마치 메타콩즈 운영자가 신규 민팅을 알리는 것처럼 보였기에 여러 투자자가 의심 없이 신청했다. 하지만 그곳은 민팅을 가장한 스캠 사이트였고 사람들이 지갑을 털렸다.

그런데 이 상황에서 개발진은 책임을 회피하며 무마하려 하지 않고 실수를 인정하고 커뮤니티에 사과하며 빠르게 사태를 수습했다.

해킹으로 인해 피해는 발생했지만 개발진들의 신속한 대처로 인해 커뮤니티 내에서 반발이 크지 않았고 오히려 대외적으로도 좋은 평가를 받게 되었다. 만약 대처가 미숙했다면 프로젝트 전반에 악영향을 끼치고 팀원들 개

➡ **더샌드박스 제작팀**

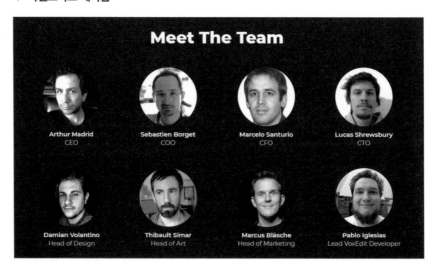

출처: 샌드박스 sandbox.game

개인의 평판과 신뢰에도 문제가 발생했을 것이다. 이처럼 프로젝트 개발진의 신원이 확실한 경우 신뢰와 책임감을 기대할 수 있는 근거가 된다.

보통 프로젝트 제작진 면면은 공식 홈페이지에서 확인할 수 있다. 236쪽 그림은 P2E 프로젝트 중 가장 유명한 더샌드박스의 팀원 프로필이다.

공식 홈페이지에 게시된 개발팀 이력에서 종종 링크드인Linkedin과 연동되어 구체적인 경력을 확인할 수 있는 경우도 있다. 과거 경력을 통해 제작진의 전문성과 신뢰도를 확인할 수 있다.

단, 주의해야 할 것은 단순히 팀원 신원을 공개한 것으로 끝은 아니라는 점이다. 간혹 아래 그림처럼 팀원을 공개하면서 마치 투명한 프로젝트인 양 포장하는 경우도 있다. 그림을 보고 이상한 점을 한 번 찾아보기 바란다.

➡ NFT 프로젝트 제작진 예시

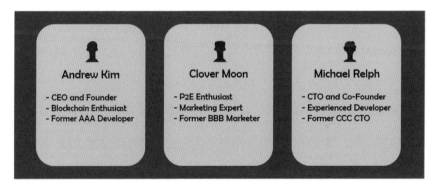

마치 간단한 약력을 기재해 전문성을 드러내는 것 같지만 정보의 진위를 증명할 방법이 없다. 팀원 사진도 없고 실제 경력인지도 알 수가 없다. 이름도 가명일 가능성이 높다. 그러므로 프로젝트 팀원의 신상과 경력을 공개했다고 무작정 신뢰할 만하고 전문성이 있다고 믿어선 곤란하다. 이 경우는 사실상 주어진 정보가 없다고 보는 것이 옳다. 커뮤니티 디스코드, 트위터, 링크드인 등으로 자신의 신원을 나타낼 수도 있다. 그런 장치조차 없다면 신뢰하기 어렵다.

프로젝트에 투자한 벤처캐피털이나 후원자를 체크하라

프로젝트를 검증할 만한 또 한 가지 체크 사항은 투자사, 즉 백커Backer의 존재 여부다.

일반적으로 NFT 프로젝트에 투자할 때 개인의 경우 화이트리스트를 받거나 민팅 등에서 NFT를 직접 구매한다. 하지만 투자사는 다르다. 투자사는 프로젝트 팀원과 조직에 대한 평가, 프로젝트에 대한 평가, 유틸리티성 등을 종합적으로 분석해 투자 여부를 결정한다. 통상의 투자사라면 최소한 프로젝트 책임자와의 미팅 과정을 거친다. 유명하고 거대한 투자사일수록 이 프로세스가 더 체계적이게 마련이다.

그러므로 프로젝트가 사기일지 아닐지 고민이 될 때에는 해당 프로젝트에 투자를 하는 회사가 어디인지 살펴봄으로써 최소한의 검증 여부를 판단할 수 있다.

오른쪽 그림은 세계적으로 화제가 된 M2E Move To Earn의 대표 프로젝트 격인 스테픈의 투자사 리스트다. 이는 프로젝트 공식 홈페이지에 게시되어 있다. 대형 거래소로 유명한 바이낸스, 유명 벤처캐피털 회사인 알라메다 리서치Alameda Research 같은 유수의 기업이 포함되어 있다.

국내외 여러 매체가 이 프로젝트가 초기투자 500만 달러를 유치했다는

➡️ 스테픈STEPN의 투자사 리스트

것이 보도되었으므로 교차검증도 가능하다. 스테픈 프로젝트 공식 홈페이지에는 팀원 관련 정보도 게재되어 있다. 그러나 더 명확히 판단하기 위해 투자사 면면을 확인할 수 있다. 물론 중요한 것은 언제나 교차검증이 가능해야 한다는 점이다.

팀원 정보가 단순한 텍스트로만 올라와 있고 투자사들도 마찬가지이며 관련 미디어 소식도 확인할 수 없다면 이 역시 스캠의 징조일 수 있다. 또한 투자사가 많은 투자금을 지출했다고 해도 그것이 프로젝트에 대한 전적인 보증수표가 될 수는 없다. 스캠 여부를 판단하는 하나의 기준일 뿐이지 프로젝트에 대한 무제한적 신뢰로 이어져서는 안 된다.

투자사 역시 하나의 보조적인 지표에 불과하며 앞에서 살펴보았듯이 커뮤니티, 로드맵 등을 종합적으로 판단해 프로젝트에 대한 객관적인 평가가 이뤄져야 한다.

마켓플레이스에도 가품이 존재한다는 것을 잊지 말자

어떤 물건을 구매하든 진품 여부는 매우 중요하다. 특히 값비싼 명품의 경우 진품과 가품을 구분하는 것은 매우 중요하다. 그런 이유로 진품만을 인증해 판매하는 플랫폼이나 관련 콘텐츠가 날이 갈수록 인기를 끄는 것이다. 외양과 품질이 비슷해보여도 보증서나 영수증 없이 명품을 선뜻 중고로 거래하기는 힘들다.

팀원이나 프로젝트의 가능성을 종합적으로 판단해서 NFT를 구매했는데 만약 가품이라면 어떨까? 이제껏 해온 검증이 허무하게 무너지고 만다. 블록체인 상의 거래는 다시 되돌리기가 사실상 불가능에 가까우므로 판매자에게 환불을 요구하기도 어렵다. 반대로 말하면 이러한 블록체인의 특성 탓에 한 명만 걸려들면 된다는 식으로 곳곳에 덫을 놓는 사기꾼이 얼마든지 존재한다.

특히 가품 NFT는 누구나 자유롭게 판매 등록을 해 거래할 수 있는 NFT 오픈마켓에서 횡행한다. 이런 문제의 심각성을 인지한 오픈씨 역시 공식 트위터에 관련 공지를 한 바 있다.

내용은 '무료 민팅 툴 사용 횟수를 50회로 제한한다'는 것이며 그 근거로

240

> OpenSea ✔
> @opensea
>
> However, we've recently seen misuse of this feature increase exponentially.
> Over 80% of the items created with this tool were plagiarized works, fake collections, and spam.
>
> 오전 8:26 · 2022년 1월 28일 · Twitter Web App
>
> **130** 리트윗   **225** 인용한 트윗   **695** 마음에 들어요

출처: 오픈씨 공식 트위터 @opensea

자유로운 민팅 기능을 악용하는 사례를 들면서 '무료 민팅 기능을 활용한 NFT 중 80퍼센트 이상이 표절, 가짜, 스팸 작품'이라고 밝히고 있다.

이렇듯 NFT 오픈마켓의 가품 관련 이슈는 어제오늘의 일이 아니다.

➡ **오리지널 BAYC #3943**(왼쪽)과 **보어드에이프×구찌**(오른쪽)

출처: 오픈씨 opensea.io

가품 NFT를 구매하면 프로젝트의 일원이 될 수 없고 원본이 가지는 유틸리티를 누릴 수 없다. 그러나 명품의 카피 제품처럼 NFT 가품 역시 곳곳에 만연해 있다.

241쪽 아래 그림의 왼쪽은 보어드에이프 요트클럽의 3943번째 캐릭터다. 오른쪽은 오픈씨에 올라온 보어드에이프×구찌 NFT다. 오른쪽 캐릭터는 오리지널과 외양상 다를 것이 없다. 오른쪽 NFT는 구찌 로고의 의상을 입고 있어 마치 구찌와의 콜라보처럼 보인다. 그래서 더 값어치가 나갈 것처럼 느껴지기도 한다. 오른쪽 NFT를 사도 BAYC 커뮤니티의 일원이 될 수 있을 것 같은 착각이 들 수도 있다.

하지만 오른쪽은 오리지널을 차용한 것일 뿐 보어드에이프 요트클럽 커뮤니티와는 아무런 관계가 없다. 이렇듯 유명한 NFT를 모방하거나 유사한 이름을 가진 유사한 이미지를 업로드해서 사람들을 기망하는 사례는 수없이 많다.

아래 그림은 오픈씨에서 보어드에이프를 검색했을 때 최신 순으로 등록

➡ **오픈씨에서 보어드에이프를 검색하면 나오는 NFT들**

출처: 오픈씨 opensea.io

된 NFT들이다. 그런데 겉모양과는 달리 실제로는 이 커뮤니티와 아무런 관계가 없다. 누구나 쉽게 NFT를 민팅하고 판매할 수 있다는 점을 악용한 것으로 한 사람이라도 낚으려고 여전히 가품이 판을 치고 있다.

수많은 NFT 중에서 투자하고자 하는 것을 구매하려면 진품과 가품을 구별할 수 있는 능력을 갖춰야 한다. 오픈씨 자체적으로도 가품 문제에 발 빠르게 대응하기 위해 고군분투중이다.

마켓플레이스에서 진품을 감별하는 몇 가지 방법

아래 그림은 오픈씨에서 보어드에이프×루이비통을 검색했을 때 나오는 결과들이다. 그림이 모두 검정색으로 덮여 있고 프로젝트명 하단에는 디리스티드Delisted라는 글자가 보인다. 이는 거래가 중지되었다는 뜻으로 오픈씨 관계자가 해당 NFT 거래를 중지시켰음을 의미한다.

➡ **오픈씨의 디리스티드 처리**

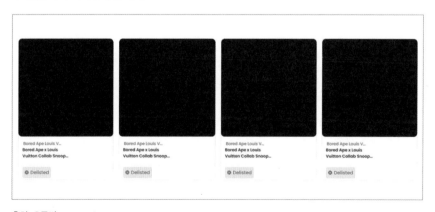

출처: 오픈씨 opensea.io

오픈씨가 가품에 엄정하게 대응하고 있음을 알 수 있다. 그러나 오픈씨의 대응보다 가품이 올라오는 속도가 훨씬 빠른 게 현실이다.

구매하려는 NFT가 진품인지 가품인지 구별하기 위해서 몇 가지 확인할 핵심사항이 있다. NFT 설명, 민팅된 블록체인 네트워크, 가격 등이 그것이다. 원활한 이해를 위해 BAYC 진품과 가품을 비교하며 설명해보겠다.

NFT의 디스크립션Description, 즉 설명이 어떻게 되어 있는지 꼭 살펴야 한다.

통상 설명은 NFT 창작자가 기입하기 때문에 내용 자체는 똑같이 따라 할 수 있다. 그러나 다음 그림에서 보듯 위와 아래는 분명한 차이가 있다. 바로 글자 우측에 V체크 표시 여부다. 이 표시는 오픈씨가 발급하는 인증Verified 기호로 검증된 프로젝트에만 부여된다. 오픈씨를 비롯해 NFT 마켓 대부분이 이 기능을 제공한다. 이를 통해 제대로 된 NFT 원작자인지 확인할 수 있다. 그림은 따라 할 수 있어도 NFT 마켓플레이스가 제공하는 인증까지는 따

➡ **오픈씨의 보어드에이프×루이비통 설명**(위)**과 BAYC 설명**(아래)

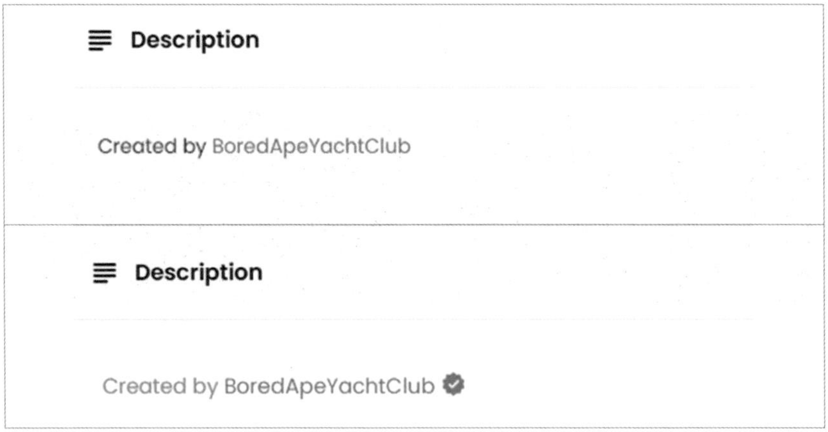

출처: 오픈씨 opensea.io

244

라 할 수 없기 때문이다.

다음으로 살펴봐야 할 것은 바로 발행된 '블록체인 네트워크' 표준 등과

관련된 정보다. 그림을 보자.

➡ **BAYC #3943의 세부사항(위), 보어드에이프 × 루이비통의 세부사항(가운데), 수프림 × 보어드에이프클럽의 세부사항(아래)**

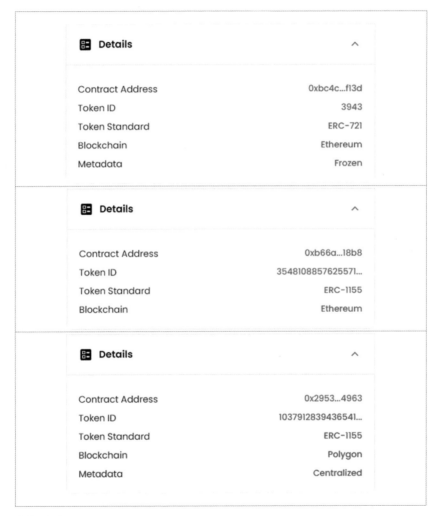

출처: 오픈씨 opensea.io

맨 위만 진짜이고 아래 2개는 가짜 NFT의 세부사항Details이다.

세부사항 중에서 블록체인Blockchain 항목에 무엇이라고 표기되어 있는가? 위부터 순서대로 1, 2, 3이라고 할 때 1과 2에는 이더리움이라고 표기되어 있다. 그런데 3에는 폴리곤이라고 씌어 있다.

어떤 블록체인 네트워크로 민팅했는지는 제품의 원산지와도 같다. 이더리움과 폴리곤 네트워크에서 나온 NFT는 완전히 다른 NFT다. 물론 동일한 이미지인데 블록체인 네트워크만 다르게 민팅함으로써 속이는 경우도 있다. 애써 희귀한 이미지를 찾았는데 알고 보니 원산지가 다른 곳인 셈이다. 그러므로 어떤 블록체인 네트워크에서 만들어졌는지는 반드시 확인해야 한다.

그 다음 확인할 곳은 토큰 스탠더드Token Standard 항목이다. 1은 ERC-721, 2와 3은 ERC-1155라고 되어 있다. CHAPTER 1에서 보았듯이 ERC는 이더리움 블록체인 네트워크에서 발행되는 토큰의 표준안이다. 즉 NFT를 하나의 데이터 조각이라고 할 때 서로 다른 표준을 가지고 만들어진 데이터인 것이다. 즉 원산지가 같고 모양이 유사해도 성인용과 아동용 옷이 완전히 다른 것과 마찬가지다. ERC-721과 ERC-1155로 표준이 다르다는 것은 서로 다른 NFT라는 의미다.

마켓플레이스에서 거래되는 NFT를 구매하고자 할 때에는 해당 프로젝트의 오리지널 NFT가 어떤 블록체인 채널과 기술을 사용해 발행되었는지를 확인해야 마땅하다. 그런 다음 세부사항에 나와 있는 내용과 비교해보면 스캠 여부를 알 수 있다.

마지막으로 또 한 가지 살펴볼 것은 가격이다. 물론 좋은 제품을 저렴하게 살 수 있다면 좋은 일이고 합리적인 소비다. 그런데 제 가치가 있는 제품이 터무니없이 싼 가격이라면 의심해볼 일이다. 반대로 터무니없이 비싼 가격이라고 해도 마찬가지다. 가격이 다른 평균 거래 가격과 확연히 다르거나 실제 거래된 이력이 하나도 없다면 일단 의심해봐야 한다. 아래 예를 살펴보자.

➡ **BAYC#9628의 리스팅(위)과 / 보어드에이프×루이비통의 리스팅(아래)**

Listings				
Price	USD Price	Expiration	From	
♦ **185** ETH	$547,731.35	30 days	nftpres-vault	Buy

Listings					
Unit Price	USD Unit Price	Quantity	Expiration	From	
♦ **0.0015** ETH	$4.43	20	about 24 hours	4E7195	Buy
♦ **0.0015** ETH	$4.43	15	about 24 hours	4E7195	Buy
♦ **0.003** ETH	$8.87	1	3 days	4E7195	Buy
♦ **0.005** ETH	$14.78	1	3 days	4E7195	Buy

출처: 오픈씨 opensea.io

이 당시 리스팅Listings에서 BAYC#9628 소유자가 등록한 즉시 판매가격은 185ETH(한화 약 6억 8천만 원)이었다. 그런데 아래 보어드에이프×루이비통 소유자가 등록한 판매가격은 0.0015ETH(약 5천 원)이다. 무려 12만 배나 차이가 난다.

그러므로 유명한 NFT가 이렇게 저렴하게 등록되었다고 해서 서둘러 구매할 일이 아니라 왜 이렇게 싼지 의심해야 마땅하다. 반대로 즉시 판매가격이 높다고 반드시 진품이라는 의미는 아니다. 즉시 판매가격은 판매자가 설정하기 나름이다. 가품도 버젓이 고가로 등록해 마치 유명한 진품처럼 포장할 수 있다. 그럴 경우 거래 요청이나 오퍼가 있었는지도 살펴봐야 한다. 아래의 예시를 확인해 보자.

➡ BAYC#9628의 오퍼(위)와 / 보어드에이프×루이비통의 오퍼(아래)

	Offers				^
Price	USD Price	Floor Difference	Expiration	From	
♦ **116.81** WETH	$345,758.77	10% below	2 minutes	st37ap	
♦ **110** WETH	$325,601.10	15% below	37 minutes	Herkshire_Batha...	
♦ **6.64** WETH	$19,654.47	95% below	4 months	EDE96D	
⬤ **190** DAI	$189.95	100% below	3 days	nftpig-eth	
⬤ **152.1** DAI	$152.06	100% below	4 days	0E3114	

Offers ^

No offers yet

출처: 오픈씨 opensea.io

그림 위에는 BAYC#9628을 구매하고 싶어 한 이들이 등록한 입찰 금액이 나와 있다. 최저 152.1DAI(당시 원화 약 18만 원)부터 최고 116.81WETH

248

(당시 원화 약 4억 3천만 원)까지 확인할 수 있다. 이 NFT의 소유자는 자신이 등록한 즉시 판매가격인 185ETH에 도달하지 않았을 때 접수된 오퍼 가격에 판매할지 여부를 결정할 수 있다.

반면 그림 아래의 경우 아무도 오퍼를 하지 않았다.

설령 비슷해 보이는 NFT라 해도 가격 차이가 너무 심하거나 저렴한 가격에 등록이 되었는데도 아무런 오퍼하지 않은 경우 제대로 된 NFT가 맞는지 확인을 해야 한다.

NFT 스캠 피해로부터 자유로워지기 위하여

이제껏 스캠 NFT의 사례들을 살펴보고 그런 사기 수법을 비롯해 NFT를 매매할 때 사기를 당하지 않기 위해 알아야 할 사항들을 다뤘다. 이는 NFT에 처음 투자하는 사람들이 꼭 알아야 할 기초적인 방법에 불과하다. 아마도 더 많은 사기 수법이 꾸준히 투자자들을 위협할 것이다.

앞서 메타콩즈 사례에서 보았듯이 가짜 민팅 사이트로 투자자들의 자금을 탈취하기도 한다. 프로젝트 개발자인 척 위장해서 투자자의 지갑 시드문구를 탈취함으로써 지갑에 있는 모든 가상자산과 NFT를 빼앗기도 한다. 심지어 NFT 컨트랙트 내에 악성 코드를 입력해서 무작위로 사람들의 지갑주소에 보내고 이를 잘못해서 확인하면 연결된 PC를 해킹하는 사례도 있다.

결국 블록체인과 NFT가 발전하면 할수록 그에 발맞춰서 사기 수법과 투자자를 기망하는 수법 역시 꾸준히 발전할 것이다. 그러므로 여기서 다룬 내용만 실천했다고 안심해선 곤란하다. 좋은 NFT에 대해 공부하는 만큼 사기 수법에 대해서도 공부하는 자세가 필요한 법이다. 또한 사기에 대한 기초적인 정보를 배웠으면 더 심화된 내용들도 알아가야 한다.

블록체인과 가상자산 업계에서 언제나 꼬리표처럼 사람들을 따라다니는 말이 있다. 스스로 찾으라DYOR, Do Your Own Research는 명언이다. 새로운 좋은 프로젝트가 나올 때나 새로운 사기 수법이 등장할 때에도 언제나 그것을 확인하고 검증하는 일은 본인 스스로에게 맡겨져 있다. 스스로 공부하지 않는 것에 따른 피해 역시 고스란히 자신이 받아 안아야만 한다.

일상생활에서는 가전제품이 망가지면 손쉽게 수리할 수 있고 주문한 음식에 문제가 있으면 교환과 환불도 받을 수 있다. 그러나 NFT 거래에서는 그렇듯 간단한 절차를 통해 구제 받기가 쉽지 않다. 애초에 NFT는 우리가 일상생활에서 쉽게 접하고 구매하는 물건과는 아예 다른 종류라는 점을 명심해야 한다.

블록체인 상에 저장되고 거래되는 특수한 재화이며 탈중앙화를 기본가치로 하기 때문에 어떤 기관, 단체, 개인, 회사든 무한한 신뢰를 보내는 것은 금물이다. 물론 신뢰받는 몇몇 기관에서 문제가 발생했을시는 어느 정도 구제를 하고 무너진 신뢰를 회복하기 위해 노력할 것을 기대할 수 있다. 그러나 그런 사례는 아직 극히 일부에 불과하다.

그러므로 NFT를 구매하는 과정에서 아무리 조심하고 의심해도 모자라지 않다. 언제나 끊임없는 의심을 바탕으로 안전한 NFT 투자를 하기를 간절히 바란다.

CHAPTER
7

NFT 실전 투자
방법론

구슬이 서 말이어도 꿰어야 보배라고 했다. 이제껏 NFT가 무엇이며 어떻게 발전되어왔고 메타버스 세계와는 어떻게 결합되며 구체적으로 어떤 종류의 NFT가 있고 어떤 위험을 피해야 하는지 등을 전반적으로 짚어보았다. 이제 직접 실전에 뛰어들 차례다.

이 장에서는 나만의 지갑을 만들어서 실제로 NFT를 사보고 팔아보고 민팅까지 할 수 있는 전반적인 하나의 사이클을 실전 방법론에 입각해 알아보려고 한다. NFT 투자에 필요한 기초 정보와 그에 따르는 유용한 툴도 만나본다. 무작정 투자에 뛰어들라고 말하는 것은 아니다. 적어도 어떻게 하면 되는지를 알고 실제로 해보면서 NFT 투자가 막연히 말로 들었던 것에 비해서 그다지 어렵지 않다는 것을 체험해볼 필요가 있다. 아예 모르면서 무작정 벽을 치는 것보다는 할 줄 알면서 조심스레 접근하는 편이 향후 닥칠 NFT 세상을 준비하는 현명한 자세가 아닐까 생각한다.

NFT 실전 투자 단계
① 지갑을 만들고 활용하기

지갑을 세팅하는 법과 주의할 사항들

현실의 세상에는 여러 은행과 그들이 서비스 하는 신용카드가 존재한다. 이처럼 가상자산을 조회하고 전송할 수 있는 지갑 역시 그 종류가 매우 다양하다.

NFT 마켓플레이스들이 지원하는 네트워크도 여럿인 경우가 있다. 오픈씨의 경우 이더리움, 폴리곤, 클레이튼, 솔라나 네트워크를 지원한다. 룩스레어는 이더리움을 지원하며 매직에덴은 솔라나를 지원하는 등 마켓플레이스별로 상이하다.

네트워크에는 별도의 이름을 가진 지갑이 존재한다. 이더리움은 메타마스크MetaMask와 코인베이스 월렛Coinbase Wallet이 있다. 솔라나 지갑의 이름은 팬텀Phantom이며 클레이튼 지갑의 이름은 카이카스Kaikas다.

여기에서는 데스크톱에서 사용하기 편하고 다양한 디앱에서 지원하는 메타마스크 지갑을 실제로 만들어보는 연습을 해보겠다. 아울러 지갑을 사용할 때 주의해야 할 점과 부가적인 기능도 알아보도록 하자.

우선 메타마스크 지갑을 세팅하는 법을 알아보자.

첫째, 메타마스크를 다운로드 받는다.

메타마스크가 지원되는 브라우저는 크롬Chrome, 파이어폭스Firefox, 브레이브Brave, 엣지Edge가 있다. 이 중 하나에서 메타마스크 페이지(metamask.io)에 접속해 다운로드 받는다.

둘째, 메타마스크를 시작해보자.

메타마스크의 작동은 '지갑 생성 → 비밀번호 만들기 → 지갑 보호하기 → 비밀 복구 구문' 순으로 진행된다. 전혀 어렵지 않다. '지갑 보호하기'나

➡ 메타마스크 확장자 실행하기

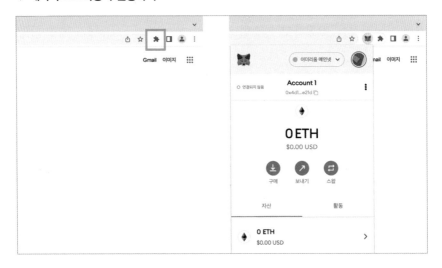

'비밀 복구 구문'과 관련해서는 뒤에서 유의사항을 설명할 때 다시 한 번 설명하겠지만 보안 상 매우 중요한 영역이므로 신경 써서 하길 권한다. 탈중앙화 지갑은 본인이 개인 키, 즉 프라이빗 키를 관리해야 하며 그런 이유로 모든 책임소재는 본인에게 있다는 것을 잊어선 안 된다.

셋째, 메타마스크 확장자를 실행한다.

메타마스크 설치 후에는 브라우저 우측 상단의 퍼즐 모양의 아이콘이 생성된다. 이것을 클릭하면 메타마스크 확장자를 실행할 수 있다.

가상자산을 나의 지갑에 입금하는 법

투자를 하려면 자금이 필요하다. NFT 구매에 사용되는 가상자산을 새로 만든 메타마스크로 송금해보자.

가장 인기 있는 네트워크인 ERC 계열 NFT를 거래하려면 이더리움이 필요하다. 빗썸을 비롯한 중앙화 거래소Centralized exchange, CEX에서 이더리움을 구매한 다음 메타마스크 지갑으로 옮겨보도록 한다. 트래블 룰Travel rule이 시행됨에 따라 본인 소유의 지갑주소를 반드시 사전등록하고 신원정보가 확인되어야 가상자산 이전이 가능하다. 여기서는 빗

➡ **빗썸에서 주소 등록 메뉴 선택 방법**

썸에서 자신의 지갑주소를 등록해 이전하는 법을 알아본다. 메타마스크는 온라인에서 신원 확인이 어렵기 때문에 빗썸 고객센터를 방문해서 대면심사를 진행해야만 주소를 등록할 수 있다. 대면심사가 번거롭다면 해외 거래소에 지갑주소를 등록하고 이더리움을 송금한 뒤 그곳에서 메타마스크로 재송금하는 방식도 있다.

첫째, 주소 등록 메뉴를 선택한다.

PC 메인에서는 '지갑 관리 → 출금주소 관리 → 출금주소 등록' 순이며 모바일 웹이나 앱에서는 '입출금 → 출금주소 관리 → 주소 등록' 순으로 선택하면 된다.

둘째, 출금하려는 가상자산을 선택한 다음 입금 받는 거래소의 지갑주소를 입력한다.

셋째, 가상자산을 이전할 거래소 항목을 선택한다.

➡ 빗썸에서 출금을 지원하는 거래소 선택 화면

리스트에 있는 거래소로만 이전이 가능하며 해외 거래소, 개인 지갑은 필히 본인의 지갑주소로만 이전할 수 있다. 메타마스크의 경우 신원 확인이 되지 않

기 때문에 빗썸 고객센터를 방문해서 대면심사를 진행해야만 주소를 등록할 수 있다.

넷째, 해외 거래소나 개인 지갑으로 출금할 때 필요한 증빙 이미지를 업로드 한다.

증빙 이미지는 총 2종류로 가상자산을 이전할 거래소의 지갑주소와 신분증을 한 화면에 촬영한 이미지와 가상자산을 이전할 거래소의 본인식별 정보와 신분증을 한 화면에 촬영한 이미지가 필요하다.

빗썸에서 본인식별 정보는 빗썸 계정과 동일한 성명, 이메일 주소, 휴대폰 번호 중 하나를 택하면 된다. 신분증은 주민등록증, 운전면허증, 외국인등록증 중 선택이 가능하며 신분증을 업로드 할 때에는 주민등록번호 뒷자리와 발급일자는 가리거나 알아볼 수 없도록 지운다.

다섯째, 입력한 정보가 사실이 다름이 없음에 서명하고 등록을 완료한다.

➡ **빗썸에서 입력정보 확인과 서명 화면**

주소 등록이 완료되면 빗썸 입출금 메뉴에서 '이더리움 선택 → 출금하기 → 일반출금 선택 후 출금수량 입력 → 출금할 주소 붙여넣기 혹은 QR 코드 스캔 → 출금 신청 완료' 순으로 출금을 진행할 수 있다.

아래 그림처럼 메타마스크 화면 우측 상단의 ' : ' 버튼을 누른 다음 '계정 세부 정보'를 선택하면 자신의 메타마스크 주소 전체를 확인할 수 있다. 거래소에서 해당 주소를 붙여넣기하거나 QR코드를 스캔함으로써 출금 신청을 할 수 있다.

➡ **자신의 메타마스크 입금주소 확인하기**

지갑을 사용하고 관리할 때 유의사항

최근 들어 메타마스크 등 지갑 해킹 사고가 빈번하게 발생하고 있다. '나는

260

예외'라고 방심하는 것은 금물이다. 내 잔고는 소액이니 괜찮다는 생각도 곤란하다.

유의사항을 따르지 않아 해킹을 당하면 어느 날 지갑 잔고가 0이 되고 소액이나마 탈탈 털리는 상황을 맞닥뜨리게 된다. 해킹은 여러 방식으로 가능하다. 개인정보가 노출되어서 직접적인 해킹이 일어나기도 한다. 그러나 그럴듯한 사이트나 문구에 속아서 직접 자기 손으로 출금을 허용하는 일도 빈번히 일어난다.

내 지갑을 내 손으로 직접 도둑들에게 내어주는 일이 일어나지 않도록 다음의 지갑 관리 유의사항을 꼭 지키길 바란다.

첫째, 비밀 복구 구문 키는 반드시 수기로 보관할 것.

비밀 복구 구문 즉 니모닉 Mnemonic은 12개 단어로 이루어진 개인 키의 다른 형식이다. 개인 키가 너무 복잡한 단어들로 되어 있어서 쉽게 입력할 수 있도록 추가 구성해놓은 것이다. 은행의 보안카드와 비슷하다고 볼 수 있는데 니모닉이 노출되면 비밀번호인 개인 키 없이도 지갑을 탈취할 수 있기 때문에 위험하다.

그러므로 니모닉은 반드시 컴퓨터, 휴대전화, USB 등 네트워크와 연결된 곳이 아닌 오프라인으로 보관해야 한다. 즉 공책이나 노트에 수기로 적어서 비밀장소에 보관하고 다른 누구와도 공유하지 않아야 한다. 온라인이 될 수 있는 곳에 보관하는 것은 절대 삼가도록 한다. 인터넷 통신이 되는 기기에 캡처 사진으로 저장하거나 카톡 '나에게 보내기' 이메일 '나에게 보내기' 메모장, 클라우드 등 무엇이든 온라인 연결이 가능한 곳은 모조리 피해야 한다.

둘째, 2차 인증을 통해 보안을 강화할 것.

주요 계정으로 사용하는 구글이나 네이버 같은 곳의 2차 인증을 반드시 진행하고 자주 접속하는 사이트 중 2차 인증을 지원하는 곳은 모두 2차 인증을 함으로써 보안을 강화할 것을 추천한다. 지갑이 연결된 PC, 스마트폰 같은 장비의 보안에도 신경을 써야 하고 OTP 사용을 생활화하는 것이 좋다.

셋째, 스팸이나 피싱 사기에 넘어가지 말 것.

모두 잘 알지만 은연중에 잘 당하는 방법이 바로 이것이다. 스팸이나 피싱으로 인한 해킹 사례는 정말 많다. 이메일, 텔레그램, 디스코드, 트위터로 전달되는 링크는 항상 경각심을 가지고 조심해야 한다.

피싱 방식은 정말 기상천외하고 다양하다. 개인 DM으로 사이트 주소를 보내며 접속해보라고 권한다. 내가 모르는 NFT가 지갑에 들어와 있기에 확인해보니 특정 사이트에 접속해서 지갑을 연결하라고 한다. 유명한 NFT의 공식 계정과 사이트까지 똑같이 꾸며놓고 사이트로 접속과 지갑 연결을 유도한다. 심지어 공식 디스코드 자체를 해킹해서 관리자 이름으로 거짓 게시물을 올려 접속을 유도하기도 한다. 여러 가지 다양한 수법의 피싱 사기가 횡행하니 꼭 주의하자.

처음 시장에 발을 들인 초보자라면 구분이 어려울 수 있다. 애초에 스캠 사

➡ 지갑과 연결된 사이트 관리하기

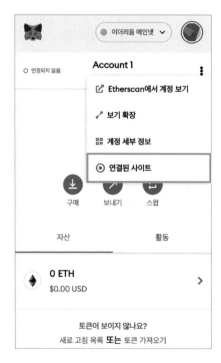

이트에 접속을 안 하는 것이 최선이지만 언제나 내가 지금 접속한 곳이 공식 사이트인지를 확인하는 습관을 기르도록 하자. 특히 지갑을 연결하고 서명할 때는 몇 배의 주의를 기울여 점검 또 점검하기 바란다.

넷째, 지갑과 연결된 사이트를 엄정하게 관리할 것.

지갑과 연결된 사이트 목록을 조회할 있으므로 이를 수시로 확인하고 내가 모르는 사이트가 있다면 연결을 해지하도록 한다.

다섯째, 비밀번호를 복잡하고 다양하게 사용할 것.

누구나 주의할 것을 권하지만 많은 이들이 여전히 이에 대해 간과한다. 단순한 비밀번호, 연속적인 비밀번호는 사용하지 않는다. 또한 사이트 별로 다른 비밀번호를 사용하는 것이 좋다. 특히 돈과 관련된 비밀번호는 개인정보와 무관하며 복잡하게 설정하는 것이 좋다. 비밀번호 관리가 어렵다면 니모닉 키처럼 노트에 적어 비밀장소에 보관해둔다.

지갑에 네트워크를 추가하거나 변경하는 법

이제 좀 더 심화된 내용으로 들어가 보자. NFT는 이더리움 네트워크만이 아니라 여러 네트워크에서 발행된다. 그러므로 상황에 맞게 자신의 지갑에서 네트워크를 추가하거나 변경할 수 있어야 한다.

예를 들어 오픈씨는 이더리움, 폴리곤, 클레이튼, 솔라나 네트워크를 지원하고 있다. 참고로 네트워크 간 NFT를 전송하거나 브릿지를 만드는 크로스 체인Cross-Chain 기술에 관한 연구개발이 활발히 이루어지고 있기는 하지만 현재로서는 어렵다. 그러므로 서로 다른 네트워크 간의 토큰 전송은 삼가기를 바란다. 여기서는 국내에서 널리 쓰이는 클레이튼 네트워크를 추가하는 법을 알아보도록 하자.

첫째, 메타마스크 지갑 상단에 있는 '이더리움 메인넷' 상태의 네트워크 탭을 클릭한 다음 '네트워크 추가'를 선택한다.

➡ 메타마스크 지갑 내 네트워크 추가 메뉴

둘째, 네트워크 추가 페이지에서 추가하고 싶은 네트워크 정보를 입력한다. 클레이튼 네트워크 정보는 다음과 같다.

- 네트워크 이름: Klaytn Cypress
- 새 RPC URL: https://public-node-api.klaytnapi.com/v1/cypress
- 체인 ID: 8217
- 통화 기호: KLAY
- 블록 탐색기 URL: https://scope.klaytn.com/

추가하고 싶은 다른 네트워크가 있으면 구글 검색으로 관련 정보를 찾을 수 있다. 참고로 폴리곤과 바이낸스 스마트체인의 네트워크 정보를 소개한다.

폴리곤의 네트워크 정보는 다음과 같다.

- 네트워크 이름: Polygon Mainnet

➡ 메타마스크의 네트워크 추가정보 입력 화면

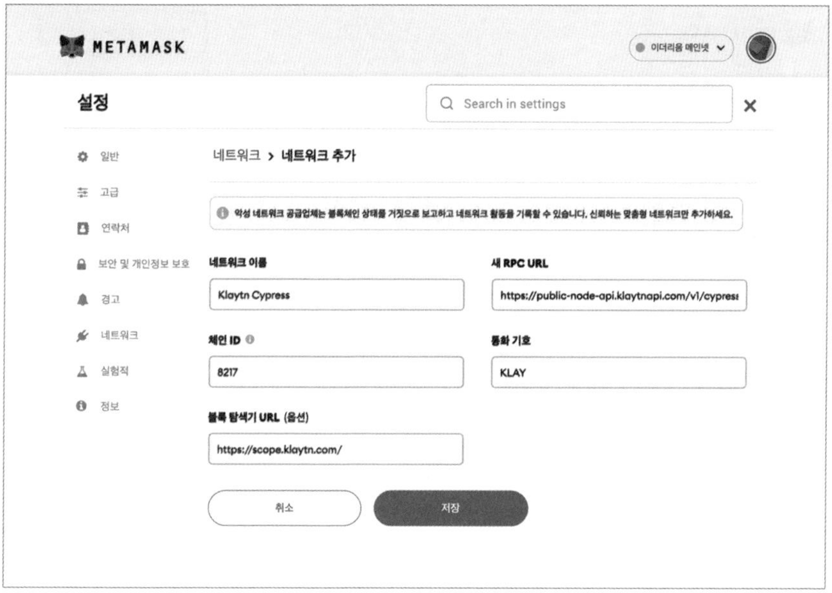

- 새 RPC URL: https://polygon-rpc.com/

- 체인 ID: 137

- 통화 기호: MATIC

- 블록 탐색기 URL: https://polygonscan.com/

바이낸스 스마트체인의 네트워크 정보는 다음과 같다.

- 네트워크 이름: Smart Chain

- 새 RPC URL: https://bsc-dataseed.binance.org/

- 체인 ID: 56

- 통화 기호: BNB

➡ **메타마스크에서 클레이튼 네트워크 추가 완료**

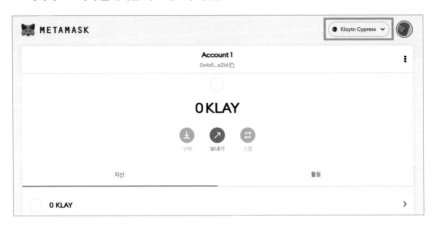

- 블록 탐색기 URL: https://bscscan.com

참고로 메타마스크에서 모든 메인넷의 네트워크를 사용할 수는 없다. 솔라나 네트워크의 경우 팬텀, 솔플레어Solflare, 솔렛Sollet 지갑을 사용해야 한다.

셋째, 이제 메타마스크 지갑 상단 네트워크 탭에서 변경된 클레이튼 네트워크 이름을 확인할 수 있다. 이 탭을 다시 클릭하면 원하는 네트워크로 변경할 수 있으므로 상황에 따라 당황하지 말고 네트워크를 변경하면 된다. 다양한 디앱을 탐색하다보면 어느 순간 지갑이 작동을 안 하는 경우가 있다. 이때는 디앱에 맞는 네트워크로 변경되어 있는지 제일 먼저 확인해보자.

NFT 실전 투자 단계
② NFT 구매와 판매

내가 소유한 NFT를 조회하는 법

메타마스크 PC 버전에서는 보유하고 있는 NFT를 조회하는 기능이 없다. 모바일 버전에서만 확인할 수 있다. 모바일 버전에서 PC 버전에 있는 메타마스크의 비밀 복구 구문(즉 니모닉 키)를 통해 지갑을 가져온 다음 NFT를 조회해본다.

　NFT 마켓플레이스에서 지갑을 연결하면 내가 보유한 NFT를 모두 볼 수 있으니 PC에서 마켓플레이스 사이트로 접속해 확인해보는 방법도 있다.

➡ **메타마스크 PC 버전의 비밀 복구 구문 확인 화면(왼쪽)과 모바일 버전의 NFT 조회 화면 (오른쪽)**

NFT 구매와 판매의 단계 ① 마켓플레이스 탐색

다양한 NFT 마켓플레이스를 방문해서 수많은 NFT들을 보고 있자면 무엇을 골라야 할지 막막해지곤 한다. 마치 방대한 규모의 온라인 쇼핑몰을 방문했을 때의 상태와 같다. 쇼핑몰에는 사용자가 손쉽게 상품을 찾을 수 있도록 인기상품이나 주간베스트 같은 순위를 매긴다. NFT 마켓플레이스에도 이런 기능이 있다.

오픈씨 상단 메뉴 중 'Stats'에 들어가면 현재 가장 인기 있고 값어치 나가는 NFT 컬렉션을 순위별로 확인할 수 있다. 룩스레어의 경우 상단 메뉴 'Collections'에서 순위표를 찾아볼 수 있다.

마켓플레이스에서 거래되는 NFT 컬렉션의 거래량, 바닥가격, 소유자수 등 지표에 따라 표기하는 것을 볼 수 있다. 이들 지표가 무엇을 의미하는지 알아보자.

첫째, 거래량은 해당 컬렉션에 속해 있는 NFT 거래금액의 총합이다. 거래량은 컬렉션이 현재 얼마나 활발히 거래되는지 가늠할 수 있는 기준이다.

➡ 다양한 NFT 마켓플레이스들

이름	지원 체인	거래자 수(7일)	거래량(7일, 달러 기준)
오픈씨 Opensea	이더리움, 폴리곤	218,947	8억 1,713만
룩스레어 LooksRare	이더리움	8,667	5억 454만
매직에덴 Magic Eden	솔라나	16,192	746만
NFT트레이드 NFTrade	아발란체 AVAX, 바이낸스 스마트체인, 이더리움, 폴리곤	1,730	409만
래리블 Rarible	이더리움, 테조스 Tezos, XTZ	786	70만
파운데이션 Foundation	이더리움	594	67만
솔라나아트 Solanart	솔라나	1,303	33만

출처: Dappradar, 2022년 4월 29일 기준

24시간 기준 거래량 변동률인 '24h%'를 보면 전일 대비 거래량 변동률을 확인할 수 있다. NFT는 코인만큼 거래가 빈번하지 않으므로 전주 대비 변동률이 더 유용할 수도 있다.

둘째, 바닥가격은 NFT 커뮤니티에 속한 이들이 가장 자주 사용하는 용어 중 하나로 컬렉션 내 수많은 NFT 중 현재 판매 등록되어 거래 가능한 것의 가격 중 최저가를 의미한다. 한 컬렉션 내 NFT 가격은 그 희귀도에 따라 천차만별이다. 따라서 NFT 시장에서 가장 일리 있는 가격지표는 최고가나 평균가가 아닌 바닥가격인 것이다.

셋째, 소유자수는 해당 컬렉션을 소유하고 있는 소유자들의 숫자다. 일반

적으로 NFT를 민팅할 때 여러 수량을 발행하며 수집가들 덕택에 컬렉션 총 수량 대비 소유자수는 항상 적다. 그런데도 소유자수가 의미 있는 지표인 이유는 해당 커뮤니티가 얼마나 독점적인지를 판단할 수 있기 때문이다.

NFT 총 수량 대비 소유자수가 현저히 적으면 그 커뮤니티는 매우 독점적이라고 할 수 있으며 소수에 의해 가격이 좌지우지될 수 있다는 의미다. 소유자수가 많은 게 무조건 좋고 적은 게 무조건 나쁜 것은 아니다. 그러나 좋은 컬렉션을 선별할 때 참고가 될 지표 중 하나로 사용하면 좋을 것이다.

랭킹 지표가 너무 정적이라서 재미없다면 하단 메뉴에 있는 활동내역Activity을 확인해보는 것을 추천한다. 실시간 거래활동을 확인할 수 있기 때문에 사람들이 어떤 NFT를 어떤 가격에 거래하고 있는지 살펴볼 수 있다.

거래 빈도가 비교적 적은 NFT 시장에서 가장 활발하게 업데이트되는 곳이므로 실제로 사용자들이 여기서 비교적 많은 시간을 머물기도 한다. 실시간으로 체결되는 거래를 보고 있으면 문득 궁금증이 생긴다. '이걸 왜 살까?', '이걸 이 가격에 사는 사람은 누굴까?'… 그렇게 의문을 따라 클릭하다 보면 마음에 드는 프로젝트를 만날 수도 있다.

NFT 구매와 판매의 단계 ② 구매하기

NFT 거래소가 제공하는 거래 종류는 일반적으로 '지정가', '옥션', '제안가' 거래의 3가지 방식이 있다.

지정가 거래란 판매자가 원하는 지정가를 정해 판매등록을 해두면 구매자가 그 가격에 구매하는 방식이다.

옥션 거래는 입찰을 통해 판매자가 시작가와 옥션 기간을 지정해 판매등록 하고 구매자는 입찰가를 제시한 다음 옥션 종료 시점에 최고가로 입찰한 사람에게 낙찰되는 방식이다.

제안가 구매는 NFT를 구매하고자 하는 사람이 제안가를 제시하고 판매자가 이에 수긍하면 제안을 수락하면서 가스비까지 지불하는 방식이다. 즉 구매자 입장에서 제안하는 것은 무료다. 그런 이유로 터무니없는 저가에 수많은 제안이 쏟아져 판매자가 고통 받기도 한다.

여기서는 '지정가 구매'의 방법을 간단히 알아보자.

첫째, 마음에 드는 NFT를 선택해 'Buy now' 버튼을 클릭한다.

만약 지갑이 연결되어 있지 않으면 만들어놓은 메타마스크 지갑을 연결한다. 최초 거래에서는 마켓플레이스에서 내 메타마스크로 서명요청을 보낼 것이다. 서명 버튼을 클릭함으로써 간단히 서명하면 된다. 서명은 24시간 후 초기화되므로 그 후에는 다시 서명해야 한다.

둘째, 결제 확인을 의미하는 'Complete checkout' 팝업이 나온다. 그러면 총 결제금액과 크리에이터 로열티Creator Fees 비율을 확인한다. 크리에이터 로열티는 총 결제금액에 포함되어 있어서 구매자가 지금 단계에 고려할 부분은 아니다. 그러나 추후에 해당 NFT를 판매할 때에는 총 판매금액 중 해당 퍼센트만큼 크리에이터에게 지급하고 차액만 받게 된다. 따라서 판매할 때 손해를 보지 않으려면 구매했을 때 지급했던 크리에이터 로열티를 고려해서 적절한 판매가를 책정해야 한다. 계산이 끝났다면 약관에 동의한 다음 'Confirm checkout' 버튼을 누른다.

셋째, 우측에 지갑 결제창이 실행된다. 만약 지갑이 실행되지 않으면 수

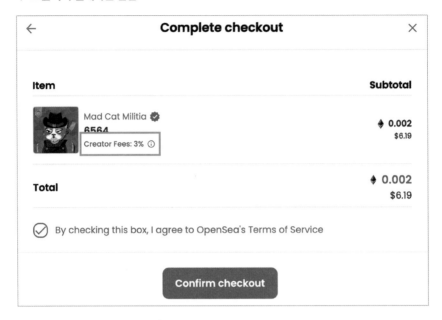

➡ 오픈씨의 결제확인 팝업

동으로 지갑을 실행한다. 여기에서 바로 '확인'을 누르면 결제가 진행되므로
신중을 기해야 한다.

상단에 보내는 사람(본인)과 받는 사람(판매자)이 표기되어 있다. 다음으
로 NFT 금액이 표기되어 있고 예상 가스비와 합계금액이 나와 있다.

가스비는 네트워크상태에 따라 실시간으로 변동하기 때문에 특정 시점에
는 가스비를 정확히 계산할 수 없고 결제가 실행되어야 정확히 책정되어 함
께 결제된다. 다음 그림에서 볼 수 있듯이 이더리움 가스비가 엄청나다는 걸
알 수 있다. 이 당시 0.002ETH, 즉 6,500원짜리 NFT를 구매하기 위해 가스
비가 10만 원이 들었다. 구매금액과 상관없이 트랜잭션 1개 당 동일한 가스
비가 책정된다. 즉 같은 시간 1억 원짜리 NFT를 사도 가스비는 10만 원이라
는 말이다. 네트워크상태에 따라 가스비도 크게 변동하므로 사람들이 몰리

지 않는 시간대를 선택해 거래하는 것도
하나의 방법이다.

NFT 구매와 판매의 단계
③ 판매하기

NFT 판매 역시 앞의 구매에서 살펴보
았듯이 3가지 방법으로 하면 된다. 이
중 구매 희망자의 제안가를 기다리는 제
안가 방식은 별도로 판매등록을 하지 않
아도 된다. 무분별한 제안을 받는 게 번
거롭다면 설정에서 최소 제안가를 지정

➡ NFT 구매 시 결제 화면

해놓으면 된다. 그 이하의 제안은 별도 알림이 오지 않기 때문이다.

여기서는 '옥션 방식'으로 판매등록을 하는 법을 알아보도록 하자.

첫째, 내가 소유한 NFT 상세페이지에 가보면 판매를 의미하는 상단
'Sell' 버튼이 활성화되어 있는 것을 볼 수 있다. 이것을 클릭한다.

둘째, 지정가Fixed Price와 시간제 옥션Timed Auction 중 원하는 판매 방식을
선택할 수 있으며 시간제 옥션을 선택한다.

셋째, 방법Method은 경매 방식을 의미하며 2가지가 있다. 복수의 입찰자
중 최고가 입찰자가 낙찰 받는 영국식 경매와 최고가에서 시작해 점점 가격
이 낮아지며 최초 입찰자에게 낙찰되는 네덜란드식 경매가 그것이다. 여기서

➡ NFT 옥션 판매 등록하기

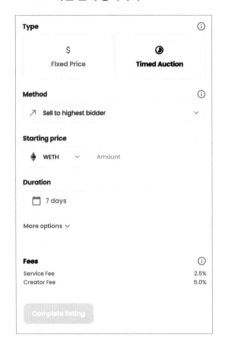

는 영국식 경매 방식인 최고가 입찰자에게 팔기Sell to highest bidder를 선택한다.

넷째, 시작가Starting price를 정한다. ERC-20 표준을 준수하는 거래 스마트 컨트랙트를 이용하기 위해서는 WETH를 사용해야 한다. ERC-20 표준이 생기기 전에 만들어진 ETH는 ERC-20 표준을 준수하지 않기 때문에 ERC-20 표준을 준수하도록 포장된 랩드ETHWrappedETH를 사용하는 것이다. 시작가를 컬렉션의 바닥가격보다 적게 입력하면 바닥가격을 고지해주므로 이를 참고하도록 하자.

만약 유보가Reserve price를 정하고 싶다면 'More options' 영역에서 설정할 수 있다. 유보가를 정하면 유보가 이상의 입찰이 들어오지 않을 때 해당 경매를 판매 없이 종료할 수 있다. 유보가는 당연히 시작가보다 높아야 한다. 오픈씨의 경우 유보가를 1WETH보다 적게 설정할 수 없도록 하고 있다. 판매자는 경매 기간 이후나 도중에 언제든 유보가 이하의 입찰을 수락할 수 있지만 이 경우에는 가스비를 판매자가 부담해야 한다.

다섯째, 기간Duration을 정한다. 경매기간은 1일, 3일, 7일, 1개월, 3개월, 6개월 중에서 선택이 가능하다. 기간이 너무 짧으면 입찰자들의 관심을 끌기에 시간이 부족할 수 있고 너무 길면 입찰 경쟁이 미지근할 수 있으므로 적절한 기간을 선택한다.

여섯째, 수수료Fee를 확인한다. 플랫폼 수수료Service Fee와 크리에이터 로열티 2가지가 있다. 플랫폼 수수료는 마켓플레이스에서 서비스 이용료 명목으로 가져가며 크리에이터 로열티는 NFT 크리에이터에게 자동으로 지급된다. 수수료는 최종 판매 시점에 부과되며 판매가에서 공제된다. 판매 등록 후라도 판매가 되지 않으면 수수료가 발생하지 않는다.

NFT 실전 투자 단계
③ NFT 민팅하기와 에어드랍 받기

NFT 민팅하기에 참여하는 다양한 방법

NFT 커뮤니티에서는 '민팅'이라는 용어를 자주 만나게 된다. 창작자가 NFT를 발행하는 민팅은 오픈씨, 래리블, 민터블Mintable 등 개인의 민팅 기능을 지원하는 곳에서 시도해보면 된다. 여기서는 창작자가 아니라 투자자나 수집가의 입장에서 NFT 프로젝트 민팅에 참여하는 법에 대해 알아본다.

민팅에 참여하려면 먼저 아직 민팅이 진행되지 않은 프로젝트를 찾는 게 먼저다. 일반적으로 쉽게 접하는 마켓플레이스의 NFT는 이미 민팅을 마친 다음 2차 거래가 이뤄지는 곳이다. 민팅에서 NFT를 구매하는 민터Minter가 되려면 비교적 험난한 정글을 지나야 한다. 하지만 성과는 그만큼 달콤했다. 민팅가 대비 월등한 수익률을 올릴 수 있었기 때문이다.

예를 들어 메타콩즈 민팅가는 170KLAY로 당시 한화로 약 18만 원이었는데 오픈씨 기준 바닥가격이 15,500KLAY(한화 약 1,650만 원)까지 상승해 91배까지 된 바 있다. 2021년 10월 민팅된 NFT월드는 민팅가 0.2ETH(한화 약 74만 원)에서 바닥가격 7.95ETH(한화 약 2,960만 원)까지 올라가 39배 상승하기도 했다(2022년 4월 29일 기준).

최초 민팅가는 모든 프로젝트에서 일정 범위 내로 책정된다. 그러므로 프로젝트를 잘 골라 민팅에 참여하면 큰 이득을 기대할 수도 있다. 하지만 NFT 프로젝트들은 수없이 쏟아지고 그중 잘 되는 것은 소수에 불과하다. 그러므로 옥석을 가리는 눈이 필요하다.

프로젝트에 대한 양질의 정보를 얻으려면 해당 프로젝트의 커뮤니티에 참여해 다양한 정보를 수취하고 선별해야 한다. CHAPTER 3에서 NFT 투자의 핵심요소로 꼽은 가치의 지속성과 유틸리티성을 알아보아야 할 것이다. 또한 커뮤니티나 팀과 출처, 기반 플랫폼 등에 대해서도 냉철히 평가해야 한다.

마음에 드는 프로젝트를 찾았다고 해서 항상 민팅에 성공하는 것도 아니다. 인기 있는 프로젝트는 경쟁이 치열하고 사람뿐 아니라 봇과도 싸워서 이겨야 한다. 인기 있는 콘서트 티켓 판매에 매크로 봇이 등장해 1분 만에 티켓을 싹쓸이해가듯이 NFT 시장에서도 봇과의 싸움이 치열한 게 현실이다.

누구나 참여할 수 있는 퍼블릭 민팅은 시작시간에 잘 맞춰 방문해도 민팅이 쉽지 않다. 그때 필요한 것이 바로 화이트리스트Whitelist다. 화이트리스트란 블랙리스트의 반대의미로 무조건 받아주는 리스트를 의미한다. 프로젝트 재단의 화이트리스트에 이름이 오르면 퍼블릭 민팅 이전에 여유롭게 민팅에 참여할 수 있거나 에어드랍에 확정되기도 한다.

화이트리스트에는 재단에서 제시하는 미션을 수행한 이들 중 추첨을 통해 극소수만 배정된다. 미션 종류는 다양하다. 통상 해당 프로젝트 트위터, 텔레그램, 디스코드 등 커뮤니티 채널 참여 같은 기초적인 것부터 리트윗, 친구 태그, 디스코드에서 특정 레벨 도달, 퀴즈, 커뮤니티에 적극적으로 참여, 친구 10명 초대 등 마케팅 관련 활동이 많다. 이렇게 해서 프로젝트는 커뮤니티를 키우고 그로 인해 더 많은 사용자가 모이게 된다. 선순환 구조이기도 하지만 마케팅의 일환인 셈이다.

빗썸 자회사 빗썸메타는 이러한 시장의 문제점을 파악해 트위터, 텔레그램, 디스코드 등 산발적으로 흩어져 있는 정보를 한데 모아 유망한 프로젝트들을 직접 선별해 투자자들이 한층 편리하고 보다 안전하게 투자에 참여할 수 있는 플랫폼을 선보이려고 한다. 플랫폼은 네모(naemo.io)라고 명명했다.

네모는 신규 NFT 프로젝트를 런칭하고 2차 거래를 지원하는 NFT 거래소다. 유망한 프로젝트들을 한곳에서 모아볼 수 있고 화이트리스트 기능도 자동화해 제공한다. 일일이 SNS를 뒤져서 정보를 찾아내고 선별하는 수고를 덜 수 있다.

런치패드 민팅, 화이트리스트 참여, 에어드랍을 한 번에

빗썸이 새로이 선보이는 네모에서 민팅하는 방법과 화이트리스트에 참여해서 에어드랍까지 받는 일련의 방법을 알아보도록 한다.

첫째, 네모 런치패드에서 민팅 예정인 프로젝트를 확인해보자.

런치패드는 신규 NFT 프로젝트를 런칭해 투자자들이 쉽게 신규 프로젝트 민팅에 참여할 수 있도록 하는 곳이다. 네모 메인페이지에서는 근시일 내에 진행 예정인 프로젝트를 안내한다. 화이트리스트, 민팅, 에어드랍 등의 일정을 프로젝트 별로 확인할 수 있다.

둘째, 네모에서는 프로젝트 관련 정보를 한데 모아 확인할 수 있다. 카드를 클릭해보면 프로젝트 상세정보가 나온다. 프로젝트 접근권한, 판매방식, NFT 수량, 가격 등을 간략히 확인하고 프로젝트 일정도 체크한다.

➡ **네모에서 민팅 예정 프로젝트 확인하기**

➡ **네모에서 프로젝트 일정 확인하기**

페이지 하단에서 프로젝트 설명과 함께 프로젝트의 웹사이트, 소셜 계정 등을 모두 확인할 수 있고 크리에이터, 프로젝트 로드맵, 파트너사, 팀 정보도 확인할 수 있다.

셋째, 네모에서 'Live' 영역을 확인해보자.

민팅 시작시간이 되면 네모 페이지 상단 'Live' 영역에 프로젝트 카드가
올라온다.

➡ 네모의 민팅 Live 프로젝트 확인하기

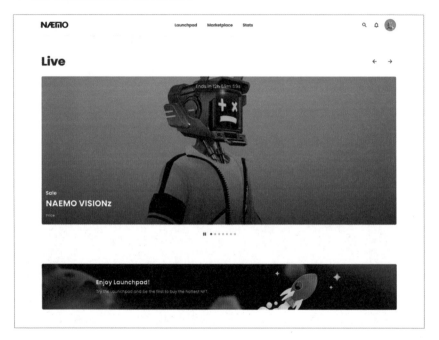

프로젝트 카드를 클릭해서 들어가보면 민팅 페이지를 볼 수 있다. 이 페이
지는 컬렉션 총 수량, 2차 거래부터 크리에이터가 가져가는 크리에이터 로
열티 비율, 1인당 민팅 가능 수량, 전체 민팅 진행률 등을 확인할 수 있다. '민
트' 버튼을 누르고 연결된 지갑으로 지정가를 지불하면 민팅이 완료된다. 민
팅이 완료된 NFT는 마이페이지 메뉴에서 확인할 수 있다.

➡ **네모의 민팅 페이지**

넷째, 네모에서는 화이트리스트에 참여하고 에어드랍도 받을 수 있다. 프로젝트 별로 런치패드 진행방법은 상이하다. 물량 전체를 공개 민팅으로 하는 경우도 있고 선착순으로 민팅하거나 일정 미션을 수행한 화이트리스트 선정자들에게만 구매 기회를 부여하기도 한다. 여기서는 화이트리스트 미션을 수행하고 무료로 에어드랍을 받는 법을 소개한다.

런치패드 영역에서 화이트리스트 오픈 예정 프로젝트를 찾은 다음 상세 페이지에서 프로젝트 일정을 확인한다. 화이트리스트가 언제 열리며 에어드랍 시기는 언제인지 확인한다.

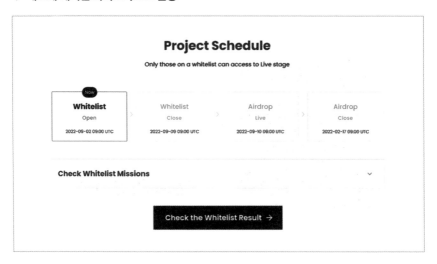

화이트리스트가 열린 기간에는 미션에 참여할 수 있다. 다음 그림처럼 객관식 퀴즈 하나에 1점, 프로젝트 트위터 팔로우로 1점, 인스타그램 팔로우로 1점, 총 3점을 얻으면 화이트리스트에 등재된다. 미션은 다양할 수 있지만 대부분 커뮤니티 관련 활동이며 별도의 비용이 들지 않으므로 화이트리스트가 열렸다면 꼭 참여해보길 바란다.

➡ 네모에서 화이트리스트 미션 참여하기

화이트리스트 기간이 끝나면 해당 페이지에서 당첨 여부를 확인할 수 있다. 화이트리스트에 등재되면 개별적으로 알림이 발송된다.

네모에서 에어드랍은 프로젝트 재단의 재량에 따라 2가지 방식으로 진행된다. 지급 대상자 지갑에 자동으로 전송되는 방법과 사용자가 가스비를 지불하고 받아가는 방법이 그것이다. 여기서는 후자를 알아보도록 한다. 그림처럼 'Claim' 버튼을 클릭해서 무료로 NFT를 받아갈 수 있는데 지갑 서명과 함께 가스비만 지불하면 된다. 화이트리스트에 등재되지 않으면 'Claim' 버튼은 활성화되지 않으며 에어드랍도 받을 수 없다.

➡ **네모에서 에어드랍 받기**

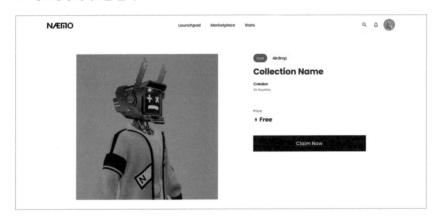

NFT 실전 투자 단계
④ NFT 투자의 보조 툴들

NFT 투자를 영리하게 하도록 돕는 NFT 캘린더

NFT 시장에 대한 관심이 커지면서 NFT 세상을 다양한 관점으로 들여다보고 분석해주는 툴들 역시 속속 등장하고 있다.

정보는 투자에서 가장 중요한 힘이다. 정보를 수집하고 분석하고 인사이트를 도출해내는 일련의 과정을 대신 해주는 편리한 도구가 등장하면서 한결 편리하게 투자를 할 수 있다.

하지만 정보는 나에게만 오픈된 것이 아니다. 모두에게 열려 있는 접근 가능한 정보들은 알면 좋은 수준이 아니라 놓치면 남들보다 뒤처지는 유형의 정보들이다.

NFT 시장이 베일에 가려져 있거나 정보를 찾기 어려운 시장이었던 시기는 지나갔다. NFT 산업은 블록체인 상에서 돌아가기 때문에 이 산업에서 벌어지는 모든 데이터와 거래내역은 변경이 불가능하고 누구나 샅샅이 뒤져볼 수 있다.

이제 하루가 다르게 쏟아져 나오는 어마어마한 양의 정보들을 얼마나 빠르게 습득하고 내 것으로 만드는지가 중요한 시점이다. 그런 관점에서 'NFT 캘린더'는 매우 유용한 툴이다.

NFT 캘린더에서는 민팅 중이거나 곧 민팅이 시작되는 NFT 프로젝트를 찾아볼 수 있다. 프로젝트 재단이 직접 공지하는 트위터 등이 정보량도 많고 신속하지만 온갖 프로모션 광고와 잡동사니 정보 탓에 피곤하다.

가공된 질 좋은 정보를 원하는 투자자를 위해 그런 내용을 정리해 이해하

➡ NFT 캘린더 씨플로어의 'Upcoming Collections' 화면

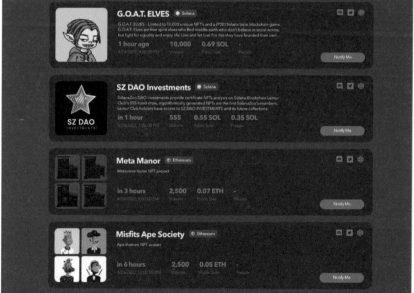

출처: 씨플로어 seafloor.io

➡ NFT 캘린더 NFT드랍스캘린더의 'Upcoming NFTs' 화면

출처: NFT드랍스캘린더 nftdropscalendar.com

기 쉽게 알려주는 NFT 캘린더 몇 곳을 소개한다. 물론 이들이 소개하는 프로젝트가 모두 좋다는 의미는 아니다. 그러므로 일단 어떤 프로젝트가 완판되는지, 그 후에 가격 추이가 어떻게 변화하는지 잘 탐구함으로써 보는 눈을 키운 다음 신중히 투자에 임할 것을 권한다.

첫째, 씨플로어(Seafloor.io)가 있다.

씨플로어는 이더리움, 솔라나, 폴리곤 네트워크 프로젝트 일정을 소개하는데 출시되는 시간과 날짜별로 정리되어 있다. 해당 컬렉션에 대한 간략한 소개와 NFT 수량과 민팅가를 표기하며 SNS 링크로 들어가서 팔로워 숫자를 확인함으로써 커뮤니티 크기를 간단히 가늠해볼 수 있다. 아웃룩, 오피스

286

➡ NFT 코인별 특징

코인	설명
아발란체 Avalanche, AVAX	레이어1 블록체인으로 탈중앙화 디앱 및 맞춤형 블록체인 네트워크를 지원하는 오픈소스 스마트 컨트랙트 플랫폼이다.
카르다노 Cardano, ADA	에이다라고도 불리며 스마트 컨트렉트를 지원하는 플랫폼으로 확장성과 트랜잭션 속도 문제를 개선하고자 시작된 프로젝트다. 2015년 발행된 비교적 오래된 프로젝트 중 하나다.
엘론드 Elrond, EGLD	빠른 트랜잭션 속도를 제공하여 확장성 문제를 해결하고자 하는 퍼블릭 블록체인 플랫폼으로 디파이와 사물 인터넷이 포함된 새로운 인터넷을 위한 기술 생태계를 지향한다.
테조스 Tezos, XTZ	스마트 컨트랙트와 디앱의 오픈소스 플랫폼을 제공하는 가상자산이다. 온체인 거버넌스 기술을 기반으로 하여 하드포크 없이 지속적인 블록체인의 업그레이드가 가능하여 완전한 탈중앙화를 가능하게 한다.
트론 Tron, TRX	블록체인 기반의 분산형 콘텐츠 엔터테인먼트 플랫폼으로 자유롭게 콘텐츠, 웹사이트 및 응용프로그램 등을 제작하고 배포하는 블록체인 디앱 플랫폼을 지향한다.
왁스 WAX, WAXP	보안과 인프라, 결제 시스템에 대한 투자 없이 누구나 가상의 마켓을 운영할 수 있도록 지원하는 분산 가상자산 플랫폼이다. 게임 아이템을 포함한 다양한 디지털 자산을 수용할 수 있다.

출처: Dappradar, 2022년 4월 29일 기준

365, 구글 등 자신이 사용하는 캘린더에 관련 일정을 추가하는 기능도 있어 간편하게 이용할 수 있다. 코인마켓캡은 이곳의 정보를 가져다가 그대로 출력해 서비스한다.

둘째, NFT드랍스캘린더(nftdropscalendar.com) 역시 유용하다.

이더리움, 솔라나, 폴리곤은 물론이고 알고랜드Algorand, ALGO, 아발란체Avalanche, AVAX, 바이낸스스마트체인BBC, 카르다노Cardano, ADA, 엘론드Elrond, EGLD, 테조스, 트론Tron, TRX, 왁스WAX, WAXP 등 다양한 네트워크를 지원한다.

➡ NFT 캘린더 NFT솔라나 화면

출처: NFT솔라나 nftsolana.io

커뮤니티 크기를 가늠해볼 수 있는 팔로워 숫자를 바로 출력해주는 것이 장점이고 재단에서 진행하는 무료 NFT 기브어웨이Givesaway 이벤트 일정과 조건도 잘 정리해놓았으니 확인해보길 바란다.

셋째, 솔라나 네트워크 프로젝트만 전문적으로 소개하는 NFT솔라나(nftsolana.io)도 있다. 커뮤니티 팔로워 수와 함께 24시간 증감률도 표기하고 있다.

> **알고랜드**
> Algorand, ALGO
> 블록체인의 3대 과제인 탈중앙화, 확장성, 보안성의 이슈를 해결하기 위한 플랫폼이다. 알고랜드는 탈중앙화 경제시스템에서 사용자들이 편리하고 쉽게 이용할 수 있도록 운영 기반을 제공하고자 한다.

NFT의 희귀도를 확인할 수 있는 툴

NFT를 민팅 받았다면 혹은 구매하고 싶은 NFT가 생겼다면 해당 NFT의 희귀도를 확인해볼 수 있다. 이미 여러 차례 주지했듯이 같은 프로젝트의 NFT라고 하더라도 개별적으로 그 희귀도에 따라서 가치가 천차만별로 달라진다. 그러므로 희귀도는 NFT 투자에서 매우 중요한 요소가 아닐 수 없다.

희귀도를 확인하는 서비스는 레어리티 스나이퍼(raritysniper.com), 레어리티툴즈(rarity.tools), 레어리티스니퍼(raritysniffer.com), 하우레어이즈(howrare.is) 등 매우 여러 사이트에서 제공하고 있다.

컬렉션을 검색한 다음 NFT 번호를 검색하면 다음 그림처럼 전체 컬렉션에서 해당 NFT의 희귀도가 몇 위인지 랭킹으로 확인해볼 수 있다.

각 특성의 점수와 희귀도도 표시하고 있기 때문에 내 NFT가 갖고 있는 특성이 얼마나 희귀한 것인지 확인할 수 있다.

➡ **랭킹으로 확인하는 개별 NFT의 희귀도**

특성별 희귀도   랭킹

출처: 레어리티스나이퍼 raritysniper.com

이제까지 지갑을 사용해서 NFT를 사고파는 법을 배웠고 NFT 민팅에 참여하는 법과 민팅 관련한 툴들도 살펴보았다.

NFT 시장이 이제 초기 시장이고 빠르게 발전하고 있는 만큼 더욱 고도화된 NFT 거래 방법이 만들어지고 새로운 형태의 가치를 가진 NFT들도 속속 등장하고 있다. 그에 따라 더욱 더 편리하고 고도화된 툴들이 생겨날 것이다. 그렇게 되더라도 이제껏 차근차근 거래하는 법을 배운 것처럼 계속해서 시장의 변화에 귀를 기울이고 잘 적응해나간다면 당신은 NFT 초보자가 아닌 NFT 전문가가 되어 시장의 성장과 함께 발전되어갈 수 있을 것이다.

CHAPTER
8

NFT를 둘러싼
다양한 쟁점들

여전히 NFT를 둘러싼 논쟁은 많다. NFT가 단순한 유행에 그칠지 아닐지에 대한 의견은 갈린다. NFT 시장 자체적으로 해결해야 할 과제도 많다. 그런데 또 다른 관점에서 유의 깊게 보아야 할 사항은 바로 NFT와 관련된 법률과 제도의 향배다. 누구나 손쉽게 NFT를 발행할 수 있기 때문에 생기는 저작권 침해 관련 문제, 법의 관점에서 본 NFT의 법적 성격 등 논의해야 할 쟁점이 많다. 향후 NFT와 관련된 각종 법률과 제도의 변화는 시장 전체에 영향을 미치게 되므로 유심히 관찰해야 한다.

여기서는 NFT와 시장을 둘러싼 법률과 제도를 살펴보고자 한다. 여기시 언급된 법률은 대한민국 기준이며 이 장은 절대 법률 자문의 목적으로 작성된 것이 아니라는 점을 밝혀둔다. 개별 사안에 대해서는 변호사 등의 전문가의 자문을 받는 것이 바람직하다는 것을 꼭 기억하자.

정체성을 둘러싼 논쟁
NFT는 가상자산인가?

특금법 시행으로 인해 달라진 가상자산의 위상

시중에서는 가상자산을 코인, 토큰, 암호화폐Crypto Currency, 가상자산Virtual Asset 등 여러 단어로 혼용하고 있다.

　2022년 4월 기준 대한민국 법률 중 유일하게 '특정 금융거래정보의 보고 및 이용 등에 관한 법률'(이하 약칭 '특금법')만이 코인 등을 '가상자산'이라고 규정한다. 2020년 3월 24일 특금법이 개정되면서 가상자산에 관한 정의 조항이 신설된 것이다.

　그럼 NFT는 가상자산에 해당될까?

　특금법의 주된 목적은 금융거래 등을 이용한 자금세탁 행위와 공중협박 자금조달 행위를 규제하는 데 있다. 따라서 특금법 상 가상자산은 혹시 자금세탁 등의 수단으로 사용되는 것은 아닌지 모니터링 대상이 되고 가상자산 사업자는 정부에 신고하고 영업해야 하는 등 의무를 부담하게 된다.

따라서 만약 NFT가 가상자산에 해당된다면 NFT 시장관계자들에게도 특금법 상 여러 의무가 발생하게 된다. 그렇다면 먼저 가상자산의 법적 요건이 무엇인지 확인해보고 이어서 NFT 시장관계자들에게 발생할 법적 효과를 알아보자.

➡ 특금법이란?

금융거래 등을 이용한 자금세탁 행위와 공중협박자금조달 행위를 규제하는 데 필요한 사항을 규제한 법안

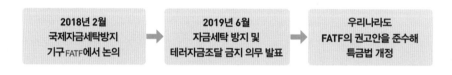

| 2018년 2월 국제자금세탁방지 기구FATF에서 논의 | → | 2019년 6월 자금세탁 방지 및 테러자금조달 금지 의무 발표 | → | 우리나라도 FATF의 권고안을 준수해 특금법 개정 |

특금법은 가상자신을 "경제적 가치를 지닌 것으로서 전자적으로 기레 또는 이전될 수 있는 전자적 증표"로 정의하고 있다. 다만 단서 조항에 "다음 각 목의 어느 하나에 해당하는 것은 제외한다"고 하고 있어 그에 해당될 경우 가상자산에서 제외된다. 오른쪽은 특금법 내용 중 일부를 발췌해 그대로 옮겨놓은 것이다.

국제자금세탁방지기구
Financial Action Task Force, FATF
자금 세탁, 테러리스트 자금 지원, 무기 확산 자금 지원을 방지하기 위한 국제 기준 설정 단체

참고로 법제처 사이트(www.law.go.kr/LSW/main.html)에서 '특정금융정보법'으로 검색하면 법 조문 전체 내용을 확인할 수 있다. 이하 여기서 언급하는 다른 법 조항도 마찬가지 방법으로 찾아볼 수 있다.

➡ 특금법 중 가상자산에 관한 조항 발췌

「특금법」

제2조(정의) 이 법에서 사용하는 용어의 뜻은 다음과 같다

…중략…

3. "가상자산"이란 경제적 가치를 지닌 것으로서 전자적으로 거래 또는 이전될 수 있는 전자적 증표(그에 관한 일체의 권리를 포함한다)를 말한다. 다만, 다음 각 목의 어느 하나에 해당하는 것은 제외한다.

  ㉮ 화폐·재화·용역 등으로 교환될 수 없는 전자적 증표 또는 그 증표에 관한 정보로서 발행인이 사용처와 그 용도를 제한한 것
  ㉯ 「게임산업진흥에 관한 법률」 제32조제1항제7호에 따른 게임물의 이용을 통하여 획득한 유·무형의 결과물
  ㉰ 「전자금융거래법」 제2조제14호에 따른 선불전자지급수단 및 같은 조 제15호에 따른 전자화폐
  ㉱ 「주식·사채 등의 전자등록에 관한 법률」 제2조제4호에 따른 전자등록주식등
  ㉲ 「전자어음의 발행 및 유통에 관한 법률」 제2조제2호에 따른 전자어음
  ㉳ 「상법」 제862조에 따른 전자선하증권
  ㉴ 거래의 형태와 특성을 고려하여 대통령령으로 정하는 것

…이하 생략…

「특금법 시행령」

제4조(가상자산의 범위) 법 제2조제3호사목에서 "대통령령으로 정하는 것"이란 다음 각 호의 것을 말한다.

1. 「전자금융거래법」 제2조제16호에 따른 전자채권
2. 발행자가 일정한 금액이나 물품·용역의 수량을 기재하여 발행한 상품권 중 휴대폰 등 모바일기기에 저장되어 사용되는 상품권
3. 그 밖에 제1호 및 제2호에 준하는 것으로서 거래의 형태와 특성을 고려하여 금융정보분석원의 장(이하 "금융정보분석원장"이라 한다)이 정하여 고시하는 것

NFT가 가상자산으로 분류된다면 달라지는 것들

다시 한 번 정리하자면 특금법 상 가상자산이 되기 위해서는 원칙적으로 다음 3가지 요건을 모두 충족해야 한다.

➡ **특금법 상 가상자산의 원칙적인 요건**

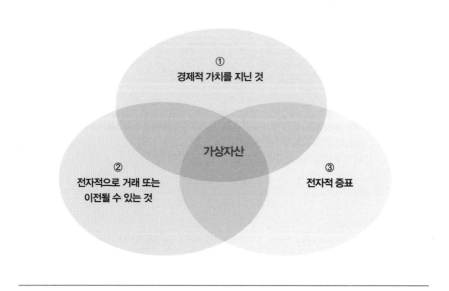

우리는 앞서 NFT가 어떻게 생성되고 거래되는지에 대해 설명했다. 또한 NFT에 대한 정의 다수가 "NFT는 블록체인에 기록되고 전자적으로 거래 또는 이전되며 디지털 원본에 대한 소유권과 거래기록을 증명할 수 있다"고 되어 있다. 그러므로 NFT가 가상자산의 요건 중 ②와 ③을 충족한다는 것에 특별한 이견이 없을 것으로 보인다.

①의 경제적 가치를 지닌 것이라는 요건은 어떨까? 가상자산이 경제적

가치를 지닌다는 것은 이제 현실적으로 당연하게 받아들여진다. 오히려 가상자산이 경제적 가치가 없다고 주장하는 쪽이 억지처럼 느껴진다. 그리고 우리는 앞서 다양한 예술품, P2E 게임, PFP 등 여러 NFT가 시중에서 고가에 거래된 사례를 확인했다. 그렇다면 NFT 역시 당연히 경제적 가치를 지닌다고 보아야 할까?

그런데 이렇듯 3가지 요건이 모두 충족된다면 NFT 역시 원칙적으로 가상자산으로 인정되어 특금법 적용 대상이 된다. 그렇게 되면 NFT 거래를 중개하는 사업자는 금융정보분석원장에게 가상자산사업자 신고가 필요할 수 있다. 가상자산사업자 신고를 위해서는 ISMS Information Security Management System 인증을 받아야 하고 NFT가 자금세탁에 사용되는 것을 방지하기 위한 자금세탁 방지체계를 구축해야 한다. 뿐만 아니라 은행으로부터 실명 확인이 가능한 입출금 계정을 발급받아야 할 수도 있다. 그러나 가상자산을 규정하는 '경제적 가치'가 무엇인지에 대해서도 의견이 분분하다. 대략 3가지 관점으로 볼 수 있을 것이다.

첫째, 가장 엄격히 해석했을 때 정부에 의해 가상자산의 경제적 가치가 공인되거나 용역이나 재화의 결제 등이 보장되는 교환가치를 가지는 경우로 한정할 수도 있다. 그렇게 되면 사실상 화폐나 통화와 동일한 지위라는 말인데 그런 가상자산은 아직 없다. 비트코인이나 이더리움 역시 정부는 공식적으로 그 가치를 인정하지 않는다. 결국 특금법 상 가상자산으로 인정될 수 있는 대상이 사실상 없으므로 규제 공백이 발생할 우려도 생겨난다.

둘째, 조금 한정적으로 해석해서 가상자산이 주관적인 면에서는 발행자가 경제적 효용을 의도하고 객관적인 면에서 그런 의도에 따라 설계되어 상당 수량이 발행되었으며 실제 현실에서도 경제적 효용을 가진 것으로 취급되고 기능하게 된다면 경제적 가치가 있다고 판단할 수도 있을 것이다. 경제적 효용이란 결제, 지급, 투자 등의 수단으로 사용될 수 있다는 것을 말한다.

2018년 대법원은 "비트코인은 재산적 가치가 있는 무형의 재산"이라고 보았다(대법원 2018. 5. 30 선고 2018도3619 판결). 2021년에는 "비트코인은 경제적인 가치를 디지털로 표상하여 전자적으로 이전, 저장과 거래가 가능하도록 한 가상자산의 일종"으로 보았다(대법원 2021. 11. 11 선고 2021도9855 판결). 또 다른 2021년 대법원 판례는 "가상자산은 국가에 의해 통제받지 않고 블록체인 등 암호화된 분산원장에 의하여 부여된 경제적인 가치가 디지털로 표상된 정보로서 재산상 이익에 해당한다"고 판시했다(대법원 2021.12.16 선고 2020도 9789 판결). 이들 사례에서 언급된 가상자산은 비트코인이다. 시중에 많은 가상자산이 존재하지만 이들 모두 비트코인과 같은 지위를 누리는 것은 아니다. 실제 프로젝트 중 일부는 사업이 중단되어 소리 소문 없이 사라지고 가상자산 거래소에 상장되지 않는 이상 일반인들이 거래하기 어렵기 때문이다.

그럼에도 대부분의 가상자산은 경제적 가치를 표방하며 발행된다. 블록체인 유효성 검증에 대한 '보상'으로 지급되고 디파이에서는 원본 가상자산에 대한 '이자'로 지급되며 관련 가상자산의 에코시스템 내에서 결제나 할인 등의 '도구'로 사용된다. 특히 가상자산 거래소에 상장되면 거래와 투자의 목적이 되어 금융투자 상품에 준하는 지위를 가진다. 따라서 단순히 시중에서 거래되는 것을 넘어 주관적 의도와 객관적 요건이 충족되는 가상자산에 한해 경제적 가치가 있다고 보는 것이다.

셋째, 가장 광의로 해석해서 가상자산을 이용해 이익을 얻을 수 있거나 가상자산 취득을 위해서 비용이 필요하다는 기준으로 해석할 수도 있다. 이렇게 되면 사실상 모든 가상자산이 경제적 가치가 있다고 봐야 할 것이다.

매우 다양한 NFT 유형이 존재하기 때문에 단언적으로 말하기 쉽지 않지만 NFT는 가상자산과 다른 면이 있다. NFT가 디지털 아트나 저작권과 결합되어 가지게 될 사회적·문화적 효용도 생각해볼 필요가 있다. 예를 들어 디지털 아트 창작자의 권리 증진이나 수익 증대 등으로 이어질 수 있다.

NFT는 일반적으로 디지털 원본에 대한 증명서로 발급되는 것이지 결제나 투자, 지급의 수단으로 발행되는 것이 아니다. 그럼에도 대중들은 NFT를 투자대상으로 보아 경제적 가치를 매겨 거래하기도 한다. 반면 가상자산처럼 수백만 개가 발행되어 잦은 빈도로 거래되지는 않는다. 그러므로 특금법 상 가상자산과 동일하게 취급하는 것은 재고할 필요가 있다고 생각한다.

아직까지는 이와 관련된 법원의 판례나 정부 기관의 가이드가 없다. 하지만 가상자산으로서 경제적 가치를 가진다는 것에 대해 둘째 관점처럼 조금은 한정적 해석이 필요하지 않을까 생각한다. 그렇지 않으면 NFT가 원칙적으로 특금법 상 가상자산에 해당하게 되므로 예외에 해당되어야 가상자산에서 제외되게 된다. 이렇게 되면 특금법 상 여러 규제대상이 되어 NFT 산업 발전을 저해할 수 있으므로 바람직하지 않을 수 있다. 이에 대해서는 사회적으로 많은 논의가 필요해 보인다. 다만 외형은 NFT이지만 실질적으로는 가상자산과 같이 기능한다면 당연히 특금법에 의해 규제될 필요는 있겠다.

참고로 국제자금세탁방지기구 FATF는 2021년 10월 가상자산 등과 관련된 자금세탁 방지 가이던스에서 "디지털 자산 중 유일하고 교환 가능하지 않으며 결제나 투자의 수단이 아니라 주로 수집품으로 사용되는 것을 NFT라고 할 수 있다"고 밝힌 바 있다. 이어서 "이러한 자산은 그 특징에도 불구하고 일반적으로는 FATF가 정의하는 가상자산Virtual Asset, VA으로 간주되지 않는다"고 밝히고 있다. 다만 "NFT에 사용되는 개념이나 마케팅 용어가 아니라 NFT의 본질과 기능이 무엇인지 고려하는 것이 중요하다"고 강조하면서 "어떤 NFT들이 표면적으로는 가상자산이 아닌 것처럼 보일지라도 해당 NFT들이 실제로는 경제나 투자의 목적으로 사용될 경우 가상자산에 해당될 수 있다"고 여지를 남기고 있다.

NFT가 가상자산에서 제외되는 예외 조항들

원칙적으로 NFT의 경제적 가치를 인정해서 넓은 범주의 가상자산의 일환으로 이해한다 하더라도 단서의 예외조항을 근거로 NFT를 특금법의 규제 대상에서 제외하는 방안도 생각해볼 수 있다.

NFT가 특금법 상 가상자산의 3가지 요건에 모두 해당한다 해도 단서에서 정한 예외에 해당하면 가상자산에서 제외될 수 있다. 어떻게 가능할까?

첫째, 이미 다른 법에서 정한 결과물 등에 해당될 경우다.

특금법 제2조제3호 '나'에서부터 '바' 항목에서 규정한 내용이다. 게임물 이용을 통하여 획득한 유·무형의 결과물(나)이나 선불 전자지급 수단이나 전자화폐(다), 주식이나 사채 등의 전자등록 주식(라), 전자어음(마), 전자선하증권(바) 등이 여기 해당한다. 이 경우 다른 법 조항에 따른 규제를 받게 된다.

그리고 '사' 항목에 의하면 거래의 형태와 특성을 고려하여 대통령령으로 정하는 것도 예외가 된다. 시행령의 세부 조항을 보면 '대통령령으로 정하는 것'이란 전자채권, 모바일 상품권, 그 밖에 전자채권 및 모바일 상품권에 준하는 것으로 거래의 형태와 특성을 고려하여 금융정보분석원장이 정하여 고시하는 것'이라고 했다.

그런데 NFT는 다른 법이 별도로 정의하고 있지도 않고 모바일 상품권도 아니다. 그러므로 특금법 '나' 항목부터 '사'까지 정한 예외사유에 해당될 가능성은 매우 낮을 것으로 보인다.

그렇다면 둘째, 같은 예외조항 '가' 항목의 경우는 어떨까?

특금법 제2조제3호 '가' 항목의 예외사유를 보면 '화폐·재화·용역 등으로 교환될 수 없는 전자적 증표 또는 그 증표에 관한 정보로서 발행인이 사용처와 그 용도를 제한한 것'도 가상자산에서 제외된다. NFT가 여기 해당될 가능성이 있을까? NFT 유형별로 나눠서 판단해봐야 할 것으로 보인다.

① 전형적인 컬렉터블 NFT의 경우다.

통상 NFT는 발행인이 그 용도를 원본에 대한 소유권 증명 용도로 소량 (1개 혹은 한정 에디션) 발행했을 것이다. 비플의 '매일: 첫 5,000일' NFT의 경우 소유자가 제3자에게 화폐·재화·용역 등으로 교환을 요구할 수 있는 권리는 없다. 따라서 이러한 컬렉터블 NFT는 '가' 항목의 예외사유에 해당해 가상자산으로 인정되지 않을 가능성이 높을 것으로 보인다. 다만 발행인이 용도를 제한한 것의 의미가 NFT 내에 어느 정도로 표시되어야 하는지에 관해서는 불명확한 면이 있어보인다.

관련해서 금융위원회 2021년 11월 23일자 보도자료에서 "NFT는 일반적으로 가상자산으로 규정하기 쉽지 않은 측면이 있으며 개별 사안별로 봤을 때 일부 해당할 가능성이 있다."고 밝히고 있다.

한편 금융위원회 2020년 11월 2일자 보도자료인 '가상자산 관련 특금법 시행령 개정안 입법예고'에서는 "화폐·재화 등으로 교환될 수 없는 분산원장 기반 신원확인Decentralized Identity 등은 가상자산의 대상이 아닌" 것으로 밝히고 있다. 즉 '가' 항목의 예외 사유가 NFT를 염두에 둔 것은 아니지만 법적 해석에 따라 NFT가 이에 해당해 가상자산에서 제외될 수는 있을 것으로 보인다. 그러나 아직 법원의 판례는 없고 불명확한 점이 많다. 조만간 정부 기관의 유권해석이나 가이드가 나오기를 기대한다.

② 특권이 부여된 NFT의 경우다.

PFP처럼 커뮤니티로서의 성격을 가진 NFT의 경우 특권을 부여함에 따라 NFT의 가치를 높이는 수단이 된다. 특권이 NFT의 필수 구성 요건은 아니지만 커뮤니티의 성격을 가진 NFT의 경우 그 가치를 크게 높이는 수단이 된다.

특권에는 커뮤니티 참여권한, 작가나 스타와의 만남, 콘서트 입장 등 여러 유형이 있을 수 있고 NFT 최초 구매자에게만 제공될 수도 있고 특정 시점의 NFT 소유자에게 제공될 수도 있으며 일회성 특권을 부여할지 반복해 부여할지도 발행자가 재량껏 선택할 수 있다. 그런데 이러한 NFT는 법조문 그대로 보면 '화폐·재화·용역 등으로 교환될 수 없는 것'으로 보기는 어려워 보인다.

특권이 부여된 NFT를 '가' 항목에 따른 예외사유로 보기 어렵다면 앞서 특금법 상 가상자산의 원칙적인 요건에 따라 가상자산에 해당될 가능성이 높다. 그러나 NFT의 가치를 높이고 의미를 더하기 위해 특권을 부여했는데 오히려 규제 대상이 되는 것은 바람직하지 않고 특금법에서 방지하고자 하는 자금세탁과도 관련이 없어 보인다.

참고로 특정 NFT가 발행자 의도와 달리 시중에서 자금세탁 수단으로 악용된다고 해도 '가' 항목의 예외사유인 '화폐·재화·용역 등으로 교환될 수 없는 전자적 증표로서 발행인이 용도를 제한한 것'에 해당된다는 이유로 가상자산에서 제외시키는 것이 타당할까? 그렇지 않다. 그럴 경우 오히려 더 강력히 특금법의 규제를 받아야 할 것이다. 이런 부분은 보완이 필요해 보인다.

결론적으로 NFT는 가상자산이 아닐 가능성이 높지만 가상자산으로 인정될 가능성도 있다. NFT 개별적으로 면밀히 판단해보아야 할 것이다. NFT가 가상자산에 해당하는지 여부는 개별 NFT의 목적, 발행자와 발행 의도와 혜택, 결제나 용역 등의 제공 여부, 보유자가 가지게 되는 혜택과 기능에 따라 달라질 수 있다.

NFT의 정체성(수집품이냐 투자 대상이냐), 거래 현황(실제 어떤 방식으로 거래 및 유통되는가), 광고 방식(어떤 방식으로 대중들에게 홍보되는가), 일반 대중의 인식, NFT가 증명하고자 하는 권리나 NFT가 가리키는 대상물이 무엇인지 등을 종합적이고 입체적으로 고려해서 판단할 수밖에 없을 것이다.

가상자산을 이용한 자금세탁 등의 방지를 위해 특금법 상 가상자산을 정의했고 이는 규제 측면에서 불가피할 것이다. 그러나 향후 제정될 가상자산 업권법은 가상자산이나 NFT를 새롭게 정의함으로써 산업 발전을 육성하고 지원하는 방안도 고려해볼 필요가 있겠다.

NFT가 가상자산으로 인정되면
거래와 소유에 대한 규제와 제약

NFT에 특금법이 적용될 경우 무엇이 달라지나?

만약 NFT가 가상자산으로 인정된다면 시장관계자들에게 어떠한 법적 효과
가 발생하는지 살펴보기로 하자. NFT 시장관계자를 편의상 NFT 최초 발행
자, 중개자, 거래자로 구분해 살펴본다.

첫째, NFT 최초 발행자는 어떤 규제를 받게 될까?

현재 가상자산이나 NFT 발행을 위해 법적인 인허가나 신고가 필요하지
는 않다. 다만 2022년 4월 기준으로 대한민국 정부는 가상자산을 이용한 자
금 모집, 즉 ICO Initial Coin Offering를 금지한다는 입장이므로 NFT 제작이
ICO에 해당되지 않도록 유의할 필요가 있다.

둘째, NFT 중개자들은 어떨까?

가장 대표적인 중개자는 NFT 거래소다. 만약 NFT가 가상자산으로 인정받게 된다면 NFT 거래소는 가상자산사업자에 해당될 수 있고 이 경우 앞서 본 바와 같이 가상자산사업자 신고의무와 자금세탁 방지의무 등을 지게 된다.

가상자산사업자 신고의무는 다음과 같다.

가상자산사업자 신고의무
법 조문 상 가상자산 전업 투자자나 전문 트레이더도 가상자산사업자로 신고해야 하는지 논란이 있으나 이 부분은 현실적으로 가상자산 전업 투자자들을 가상자산사업자 신고의무 대상으로 논의되고 있지 않다는 점에서 예외로 한다.

특금법에 의하면 가상자산사업자(이를 운영하려는 자 포함)는 상호 및 대표자의 성명 등을 금융정보분석원장에게 신고해야 한다(동법 제7조제1항 참고). 신고를 하지 않고 가상자산거래를 영업으로 한 자(거짓이나 그 밖의 부정한 방법으로 신고를 하고 가상자산거래를 영업으로 한 자를 포함)는 5년 이하의 징역 또는 5천만 원 이하의 벌금에 처해진다(동법 제17조 제1항 참조).

여기서 가상자산사업자란 가상자산과 관련하여 ① 가상자산을 매도·매수하는 행위 ② 가상자산을 다른 가상자산과 교환하는 행위, 그리고 ①과 ②의 행위를 중개·알선하거나 대행하는 행위 그 밖에 가상자산과 관련하여 자금세탁 행위와 공중협박자금 조달 행위에 이용될 가능성이 높은 것으로서 대통령령으로 정하는 행위를 영업으로 하는 자를 말한다. 일반적으로 가상자산 거래업자, 가상자산 보관관리업자, 가상자산 지갑 서비스업자 등이 주요 가상자산사업자에 해당된다.

자금세탁 방지의무는 다음과 같다.

특금법은 금융회사 등의 자금세탁 방지 등을 목적으로 한다. 가상자산사업자는 불법재산 등으로 의심되는 거래 보고 의무(제4조), 자금세탁방지체계 구축 의무(제5조), 고객확인 의무(제5조의2), 전신송금 시 정보제공 의무(소위 트래블룰. 제5조의3), 자료보존 의무(제5조의4), 가상자산사업자의 조치 의무(제8조) 등을 부담하게 된다. 또한 금융정보분석원장의 감독·검사 대상이 된다(제15조).

셋째, 일반적인 거래자들의 경우는 어떤 새로운 규제가 생겨나게 될까?

NFT가 가상자산으로 인정되고, 이로 인해 NFT 거래소 또한 가상자산사업자가 되면 NFT를 거래하는 이들 역시 의심거래 보고 대상, 세금 부과 등의 이슈로부터 자유로울 수 없다. 가상자산사업자는 금융거래 등의 상대방이 자금세탁 행위 등을 하고 있다고 의심되는 합당한 근거가 있는 경우 등에는 이를 금융정보분석원장에게 보고할 의무를 가진다. 이를 의심거래 보고Strange Transaction Report, STR 라고 한다. 따라서 가상자산 거래가 모니터링될 수 있고 경우에 따라 의심거래로 보고될 가능성도 있다. 의심거래로 판단하는 근거는 각 거래소마다 다르겠지만 일반적으로는 자금세탁이 의심되는 거래유형을 보고하게 된다. 예를 들어 정기적으로 A회원 계정에 다수의 다른 회원들로부터 가상자산이 입금된 후 B회원 계정으로 옮겨져 현금으로 출금되는 경우 같은 상황이다. C회원이 짧은 시간에 중국과 한국에서 번갈아 접속하면서 다량의 가상자산을 매매하고 전송하는 경우 등도 이에 해당할 수 있다. 금융정보분석원으로 보고된 자료 중 범죄혐의가 있는 경우 검찰이나 국세청 등 관련 기관에 통보될 수 있다. 물론 평범한 NFT 수집가나 가상자산 거래자는 이러한 일을 전혀 걱정할 필요가 없다.

NFT에 특금법이 적용될 경우 세금 문제

소득이 있는 곳에 세금이 있다. 그러나 국가는 무작정 세금을 부과할 수는 없다. 조세를 부과하고 징수하려면 법률에 근거가 있어야 한다. 이를 조세법률주의라고 한다. 우리 헌법은 헌법 제38조에 "모든 국민은 법률이 정하는 바에 의하여 납세의 의무를 진다."고 규정하고 제59조에서는 "조세의 종목과 세율은 법률로 정한다."고 하여 조세법률주의 원칙을 천명하고 있다.

개인의 소득에 부과되는 세금은 소득세법이 정하고 있다. 소득세법은 개인의 소득에 대해 그 성격과 납세자의 부담능력 등에 따라 적정하게 과세함으로써 조세부담의 형평을 도모하고 재정수입의 원활한 조달에 이바지함을 목적으로 한다.

지금부터 가상자산을 양도(매매 포함)하거나 대여함으로써 발생하는 소득을 '가상자산소득'이라고 부르도록 하겠다. 아직까지 주변에서 가상자산소득에 대한 세금을 납부했다는 말을 들어본 적이 없을 것이다. 이유는 우리 소득세법은 기본적으로 열거주의 과세방식을 취하고 있기 때문이다.

열거주의 과세방식이란 과세대상으로 열거하고 있는 소득에 대해서만 과세할 수 있다는 의미이다. 대법원 판례는 "소득세법은 이른바 열거주의 방식을 취하였기 때문에 소득세법에서 규정하고 있는 종류 이외의 양도소득은 과세대상에서 제외된다(대법원 1998. 12. 13. 선고 86누331 판결)."고 밝히고 있다.

소득세법 상 '거주자'란 국내에 주소를 두거나 183일 이상 체류하고 있는 개인을 말하고 '비거주자'란 거주자가 아닌 개인을 말한다. 대한민국에서 일반적인 생활을 영위하고 있는 사람 대부분은 '거주자'에 해당될 것이다. 우

기재부 "암호화폐 과세 불가" vs 국세청 "빗썸, 소득세 803억 내라"

암호화폐 과세 두고 정부 내 엇박자
국세청 빗썸 과제 법적 근거 논란

한겨레 자료사진

리나라 소득세법 상 거주자의 소득에는 이자소득, 배당소득, 사업소득, 근로소득, 연금소득, 기타소득, 퇴직소득, 금융투자소득, 양도소득이 있다. 소득세법은 퇴직소득과 금융투자소득 및 양도소득에 대해서는 분류과세하고 나머지 소득에 대해서는 합산해서 종합소득으로 과세한다. 여기까지 읽은 독자라면 이미 눈치 챘을 것이다.

'가만있자⋯. 소득의 명칭을 보니 가상자산 매매 수익이 포함될 만한 것은 기타소득이나 양도소득 밖에 없네? 만약 기타소득에 가상자산소득이 열거되어 있지 않으면 당분간 세금을 내지 않아도 되겠군.' 하고 생각할 것이다.

사실이다. 2020년 12월 29일 소득세법 개정 전까지는 소득세법 상 거주

2020년 7월 22일에는 2020년 세법개정안 내용을 안내하면서 "개인(거주자·비거주자)의 가상자산 소득에 대해 해외 주요국의 과세 사례 등에 비추어 과세가 필요하다"는 입장이 다시 발표되었다.

○ (기획재정부) 현행 소득세법 상 거주자의 경우 과세대상으로 열거된 소득만 과세하므로 (제16~22조), 가상통화 거래 이익은 열거된 소득이 아니어서 소득세 과세대상이 아니라고 판단

□ 기획재정부는 거주자 및 비거주자의 국내 가상통화 거래 소득에 대한 과세 등을 포함한 종합적인 과세방안을 마련하여 '20년 세법개정안에 반영할 계획

자의 가상자산소득이 과세대상 소득으로 열거되어 있지 않았다. 과세할 근거가 없어 과세가 불가능했다. 그러다 보니 주식과 같은 다른 소득과의 형평성을 고려할 때 과세가 필요하다는 주장도 나왔다. 반면 가상자산이 제도화되지도 않은 상황에서 투자자 보호 없이 과세부터 하는 것은 타당하지 않다는 논의도 있었다.

이런 논의 속에서 기획재정부는 2019년 12월 30일 배포한 보도 참고자료를 통해 국내 가상자산소득에 과세를 할 예정임을 밝혔다. 당시 기획재정부의 보도 참고자료를 보면 "현행 소득세법 상 거주자의 경우 과세대상으로 열거된 소득만 과세하므로 가상자산 거래 이익은 열거된 소득이 아니어서 소득세 과세대상이 아니"라고 기재되어 있지만 "국내 가상자산 거래 소득에 대한 과세 등을 포함한 종합적인 과세방안을 마련하여 '20년 세법개정안에 반영할 계획"이라고 밝히고 있다.

➡ 2020년 세법개정안 발표

③ 가상자산 거래소득에 대한 과세 (소득세법·법인세법)

〈현행 및 과세 필요성〉

◇ 개인(거주자·비거주자) 및 외국법인의 가상자산(예: 비트코인) 거래소득은 「소득세법」·「법인세법」상 과세대상 소득으로 열거되어 있지 않아 비과세

 * 내국법인: 순자산증가설에 따라 가상자산 거래소득도 **과세 중**

⇨ 해외 주요국의 과세 사례, 다른 소득(예: 주식, 파생상품)과의 형평 등 고려 시 **과세 필요**

2020년 7월 22일자 2020년 세법개정안 발표 중 발췌

최종적으로 2020년 12월 29일에 일부 개정된 소득세법 제21조 제1항 제27호에 "가상자산을 양도하거나 대여함으로써 발생하는 소득"이 과세대상으로 열거되었다. 해당 조항은 다음과 같다.

소득세법 개정안에 따르면 거주자의 가상자산소득은 기타소득으로 과세

➡ 소득세법 개정 내용

「소득세법」 중 발췌
제21조(기타소득) ① 기타소득은 이자소득·배당소득·사업소득·근로소득·연금소득·퇴직소득·금융투자소득 및 양도소득 외의 소득으로서 다음 각 호에서 규정하는 것으로 한다.

…중략…

27. 「특정 금융거래정보의 보고 및 이용 등에 관한 법률」 제2조제3호에 따른 가상자산(이하 "가상자산"이라 한다)을 양도하거나 대여함으로써 발생하는 소득(이하 "가상자산소득"이라 한다)

…이하 생략…

➡ **상속세**

「상속세 및 증여세법」
제2조(정의) 이 법에서 사용하는 용어의 뜻은 다음과 같다.

3. "상속재산"이란 피상속인에게 귀속되는 모든 재산을 말하며, 다음 각 목의 물건과 권리를 포함한다. 다만, 피상속인의 일신—身에 전속專屬하는 것으로서 피상속인의 사망으로 인하여 소멸되는 것은 제외한다.

㉮ 금전으로 환산할 수 있는 경제적 가치가 있는 모든 물건
㉯ 재산적 가치가 있는 법률상 또는 사실상의 모든 권리

제3조(상속세 과세대상) 상속개시일 현재 다음 각 호의 구분에 따른 상속재산에 대하여 이 법에 따라 상속세를 부과한다.

1. 피상속인이 거주자인 경우: 모든 상속재산
2. 피상속인이 비거주자인 경우: 국내에 있는 모든 상속재산

된다. 과세표준이 되는 가상자산 소득금액은 연간 손익을 통산해 계산하며 발생한 수익 중 250만 원 초과분 대해 20퍼센트 세율(지방소득세 포함 22퍼센트)로 소득세를 내야 하며 종합과세대상에서 제외해 별도로 분리과세된다.

다만 개정 소득세법 상 가상자산소득에 대한 과세는 2021년 10월 1일 이후 양도 분부터 과세될 예정이었으나 과세를 위한 인프라가 제대로 구축되어 있지 않는 등의 이유로 과세시기를 유예해야 한다는 논의가 지속되었고 2021년 12월 8일 소득세법이 개정되면서 2023년 1월 1일로 시행일이 1년 유예되었다.

그런데 기획재정부는 2022년 7월 21일 발표한 세제개편안에서 가상자산 시장 여건, 투자자 보호 제도 정비 등을 고려하여 가상자산 소득에 대한 과세 시행시기를 2년 유예하기로 하였다(시행시기 2025년 1월 1일). 다만 이는 소득세법 등의 개정이 필요한 사항으므로 국회에서 관련 법 개정안이 통과

되는지를 예의 주시할 필요가 있다.

그럼 NFT가 가상자산이 아니라는 가정 하에 NFT 매매 소득 역시 아예 세금을 낼 일이 없다고 보아도 무방할까? 아쉽게도 그렇지는 않다. 예를 들어 소득세법 상 기타소득에는 '저작자 또는 실연자實演者 · 음반제작자 · 방송사업자 외의 자가 저작권 또는 저작인접권의 양도 또는 사용의 대가로 받는 금품'(제21조제1항제5호)이 과세대상으로 열거되어 있다. 만약 NFT를 미술품으로 본다면 이 조항에 따라 과세될 것이다. 그러나 앞서 보았듯이 NFT의 성격이 미술품인지도 불명확한 상황이어서 NFT의 성격에 대한 추가적인 논의가 필요하다.

한편 상속세나 증여세의 경우는 포괄주의 방식을 취하고 있다. 포괄주의란 세법에 규정되어 있지 않더라도 비슷한 행위에 대해서 세금을 물릴 수 있는 방식을 말한다. 따라서 상속세 및 증여세법 상 "상속재산"을 상속하는 경우라면 과세대상이 된다. 참고로 법인세도 포괄주의 방식이다.

이를 보면 가상자산이나 NFT도 상속이나 증여의 경우 과세대상이 될 수 있음을 알 수 있다. 다만 NFT의 가치를 얼마로 평가해서 과세할 것인지는 추가적인 논의가 필요해 보인다.

가상자산소득에 대한 과세는 2022년 새로이 출범한 정부에서 내놓을 여러 관련 정책을 예의주시하면서 계속 지켜보아야 하겠다.

NFT와 관련된
법적 제도적 장치들
NFT 산업 발전을 위해 필요한 것

NFT에서 왜 저작권이 문제될까

향후 NFT 산업을 둘러싼 다양한 가능성이 존재한다. 그중 현재 주로 시장에서 화제가 되고 새롭게 NFT로 발행되는 대상 중 유망한 것으로 시각화된 디지털 창작물을 꼽을 수 있다. 전형적인 예로 실물 또는 디지털 상 그림이나 사진이 여기 해당한다.

그런데 이들은 NFT 관련 법적 이슈와 관련해 가장 많이 언급되는 대상이기도 하다. NFT 유형이 워낙 다양해서 일률적으로 말하기는 쉽지 않으나 여기서는 가장 많은 투자자가 이용하는 NFT 마켓플레이스인 오픈씨, 래리블, 슈퍼레어 등이 제공하는 자동화된 제작 기능을 이용하는 경우를 주로 가정해서 정리해보겠다.

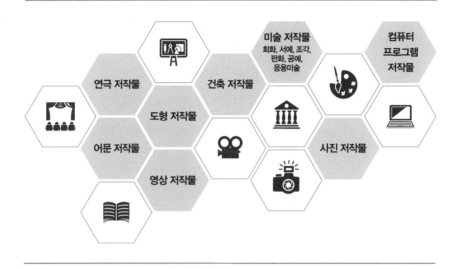

대한민국 헌법 제22조 제2항은 저작자, 발명가, 과학기술자와 예술가의 권리를 법률로 보호한다. 우리 저작권법은 저작자의 권리인 저작권을 보호하고 있다.

저작물은 저작권법 상 인간의 사상 또는 감정을 표현한 창작물로 정의되며 저작물을 창작한 자는 '저작자'로 정의한다. 저작권법은 저작물의 예시로 어문 저작물, 음악 저작물, 연극 저작물, 회화·서예·조각·판화·공예·응용미술 저작물, 그 밖의 미술·건축·사진 저작물(이와 유사한 방법으로 제작된 것을 포함), 영상·도형·컴퓨터 프로그램 저작물 등을 광범위하게 포함한다. 그러나 이것은 말 그대로 예시에 불과하다. 저작물의 범위는 매우 넓어 사실상 무한하다고 보는 것이 맞을 듯하다. 저작물의 요건 중 하나인 '인간의 사상 또는 감정'이란 매우 높은 수준만을 요구하는 것이 아니다.

저작물이 되기 위한 또 다른 요건으로 창작성 Originality도 필요하다. 그런데 세상에 완전히 새로운 것이 가능할까? 아마도 거의 존재하지 않을 것이다. 시대의 위대한 예술가들 역시 전 세대의 예술가들이 쌓아놓은 양식을 소화하고 발전시켜 위대한 예술을 창작했을 것이다. 고대 그리스 철학자 아리스토텔레스는 '모방은 창조의 어머니'라고 했을 정도다.

대법원은 "창작성이란 완전한 의미의 독창성을 말하는 것은 아니며 단지 어떠한 작품이 남의 것을 단순히 모방한 것이 아니고 작자 자신의 독자적인 사상 또는 감정의 표현을 담고 있음을 의미할 뿐이어서 이러한 요건을 충족하기 위하여는 단지 저작물에 그 저작자 나름대로의 정신적 노력의 소산으로서의 특성이 부여되어 있고 다른 저작자의 기존의 작품과 구별할 수 있을 정도이면 충분하다고 할 것이다."라고 정의했다(대법원 2014. 2. 27. 선고 2012다28745 판결 등). 정리하자면 남의 것을 있는 그대로 베끼지 않은 정도면 된다고 해석할 수 있다. 결론적으로 저작물이 되기 위한 요건은 엄격하지 않고 따라서 NFT 발행 대상이 되는 창작물 대부분은 저작물에 해당될 가능성이 높다.

한편 블로그나 인스타그램 등에서 종종 ⓒ, Copyright by 같은 표시를 볼 때가 있다. 저작물을 보호받으려면 어딘가에 등록하거나 저작권 표시를 해야 한다고 생각할 수도 있다. 그러나 우리나라에서는 저작물을 창작하면 즉시 저작권이 발생하고 어떠한 절차나 표시 또는 형식의 이행을 필요로 하지 않는다. 이를 무방식주의라고 한다. 저작권법은 "저작권은 저작물을 창작한 때부터 발생하며 어떠한 절차나 형식의 이행을 필요로 하지 아니한다."고 명시하고 있다. 그럼에도 저작권 등록제도를 통해 저작물에 관한 일정한 사항(저작자 성명, 창작 연월일, 맨 처음 공표 연월일 등)을 저작권 등록부에 등재할 수 있다. 이렇게 저작권을 등록하면 추정력, 대항력, 보호기간 연장 등의 법적효과가 발생한다. 즉 표시를 하지 않아도 저작권은 발생하지만 저작권 침해로부터 좀 더 적극적인 보호를 받을 수 있다. 따라서 중요한 저작물이라면 저작권 등록을 하는 것도 좋은 방법이다. 저작권 등록은 한국저작권위원회 사이트에서 할 수 있다.

반대로 창작물을 사용하는 입장에서는 저작권 표시가 없다고 해서 자유롭게 사용이 가능한 것으로 오해해선 곤란하다.

➡ **저작권 등록증 예시**

NFT를 민팅하거나 구매했을 때에는 어떻게 저작권이 작동하게 될까?

저작권이란 저작자가 가지는 저작물에 대한 권리를 의미한다. 구체적으로 보면 저작권은 다음과 같은 세부적인 내용으로 규정된다.

① 저작인격권
- 공표권 : 저작자가 자신의 저작물을 공표하거나 공표하지 아니할 것을 결정할 권리
- 성명표시권 : 저작자가 저작물 원본 등에 저작자의 실명 또는 이명을 표시할 권리
- 동일성유지권 : 저작자가 저작물의 내용·형식 및 제호의 동일성을 유지할 권리

② 저작재산권

- 복제권 : 저작자가 자신의 저작물을 복제할 권리
- 공연권 : 저작자가 자신의 저작물을 공연할 권리
- 공중송신권: 저작자가 자신의 저작물을 공중송신, 즉 저작물 등을 공중이 수신하거나 접근하게 할 목적으로 무선 또는 유선 통신의 방법에 의하여 송신하거나 이용에 제공할 권리
- 전시권 : 저작자가 미술저작물 등의 원본이나 그 복제물을 전시할 권리
- 배포권 : 저작자가 저작물의 원본이나 그 복제물을 배포할 권리
- 대여권 : 저작자가 상업용 음반이나 상업용 프로그램을 영리를 목적으로 대여할 권리
- 2차적 저작물 작성권 : 저작자가 자신의 저작물을 원저작물로 하는 2차적 저작물, 즉 원저작물을 번역·편곡·변형·각색·영상제작 그 밖의 방법으로 작성한 창작물을 작성할 권리

타인의 저작권을 침해할 경우 민형사상의 책임을 지게 될 수 있다.

NFT 민팅 : 저작권 보호를 위해 꼭 확인할 것들

NFT를 발행할 때에는 저작재산권 관련 권리를 꼭 확인함으로써 2021년 오픈씨에서 발생한 새드 프로그 디스트릭트Sad Frog District 삭제와 같은 불미스러운 일이 발생하지 않도록 할 필요가 있다.

저작재산권 중 복제권을 보자. 원칙적으로 저작자만이 자신의 저작물을

복제할 권리, 즉 복제권을 가진다. 복제란 "인쇄, 사진촬영, 복사, 녹음, 녹화 및 그 밖의 방법으로 일시적 또는 영구적으로 유형물에 고정하거나 다시 제작하는 것을 말하며, 건축물의 경우에는 그 건축을 위한 모형 또는 설계도서에 따라 이를 시공하는 것을 포함"한다고 규정되어 있다.

NFT를 만들려면 NFT 플랫폼에 접속해서 플랫폼이 제공하는 자동화 화면에 메인 콘텐츠와 이름 등을 정하고 대상 파일을 업로드 한다. 예를 들어 집에 걸려 있던 실물 그림을 사진으로 찍거나 스캔하는 등 디지털 파일로 변환해 NFT로 민팅한다고 하자. 저작권법에서 보았듯이 실물 그림은 저작물에 해당되고 그것을 디지털 파일로 변환해 컴퓨터나 스마트폰에 저장하는 행위는 복제권 행사가 된다. 따라서 만약 민팅을 하는 사람이 해당 그림의 저작권자가 아니고 별도의 이용허락 등을 받지 않았다면 이는 저작권 침해가 될 수 있다. 대부분의 NFT 플랫폼과 마켓플레이스 등은 서비스 이용 약관이나 제작 단계에 저작권 침해 행위를 하지 않을 것을 약속해야만 NFT를 제작할 수 있다. 만약 저작권 침해로 판정되면 회원 탈퇴나 NFT 삭제 등의 불이익이 있다고 공지되어 있다. 그러나 NFT 플랫폼이 저작권 침해 여부를 확인해주는 것은 실질적으로 불가능하다. 결국 저작권 침해 분쟁이 일어나면 책임은 오롯이 이용자가 부담하게 된다. 따라서 저작권 침해가 발생하지 않도록 스스로 주의할 필요가 있다.

한편 저작권 중 저작재산권은 전부 또는 일부 권리의 양도나 이전이 가능하다. 저작물을 창작한 저작권자라 하더라도 저작재산권을 계약 등을 통해 상대방에게 양도한 경우 상대방이 저작재산권을 행사할 수 있다. 저작권을 배타적으로 양도했다면 자신은 더 이상 저작권을 행사할 수 없게 될 수 있다.

따라서 NFT 민팅 과정에서 자신의 저작권이 어떻게 처리되는지 궁금하거나 저작권이 양도되는 것을 원하지 않는다면 저작권이 어떻게 처리된다고 기재되어 있는지 그 내용을 잘 확인해야 한다. 저작재산권 양도 등에 관한 내용은 보통 NFT 플랫폼의 회원가입 약관이나 NFT 제작화면에 제시된다. 만약 아무런 내용이 없거나 모든 저작권을 조건 없이 양도해야 한다는 등의 불공정한 내용이 제시된다면 해당 NFT 플랫폼 이용을 재고해야 한다. 저작재산권 양도 범위는 법적으로 정해지는 것은 아니고 당사자 간의 합의 사항이다. 그러므로 NFT 플랫폼의 성격에 따라 다를 수 있다. 예를 들어 누구나 자유롭게 NFT를 민팅할 수 있는 소위 오픈형 NFT 플랫폼에서는 저작권자의 권리가 상대적으로 약해 약관 상 저작권도 양도하는 경우로 규정될 수 있다. 저작권 검증 등과 관련된 특별한 절차도 없을 가능성이 높다.

반면 유명한 작가들의 작품만을 개별적으로 선별하여 민팅하는 폐쇄형이나 클럽형 NFT 플랫폼의 경우 상대적으로 작가가 파워를 가지므로 구매자는 아무런 저작권을 취득하지 못할 수도 있다. 이 경우 구매자는 NFT가 링크한 디지털 아트의 전시 정도의 권리만을 누릴 수 있을 가능성도 있다. 반면 NFT를 민팅하려는 작가의 경우 자동화된 서비스가 아니라 엄격한 심사와 검증을 거치게 된다. 만약 NFT 플랫폼을 이용하지 않고 자신이 직접 NFT를 민팅한다면 자신이 원하는 대로 자유롭게 저작권 관련 조건을 정하는 것도 가능할 것이다.

NFT 구매: 불이익을 당하지 않기 위해 체크할 것들

NFT를 구매할 때에는 '내 꺼인 듯 내 꺼 아닌 내 꺼 같은' NFT의 저작권 및 계약 관계를 반드시 세밀하게 확인해야 한다.

즉 NFT 구매자 입장에서 NFT를 구매한다고 해서 NFT가 가리키는 디지털 창작물의 저작권을 양도받는 것이 보장되지는 않는다는 것을 주의해야 한다. 쉽게 말해 NFT를 통해 디지털 창작물을 자유롭게 감상하고 자신이 소유했다고 자랑할 수는 있을지 몰라도 해당 파일을 복제해서 배포하는 경우 저작권 침해가 될 수 있다는 것이다. 해당 디지털 창작물을 블로그나 SNS에 올리는 것조차 저작권 침해가 될 수 있다. 저작권법 상 공중송신권 행사가 되기 때문이다. 따라서 구매자는 NFT 활용목적과 자신이 가지게 될 권리를 잘 확인하고 구매할 필요가 있다.

NFT 민팅 때와 마찬가지로, NFT 플랫폼의 약관이나 NFT 구매화면에서 제시되는 내용을 잘 확인할 필요가 있다. 만약 저작권을 침해한 NFT를 구매한 경우 일종의 불법복제물을 구입한 셈이 된다. 이 경우 NFT 플랫폼을 통해 환불을 받을 수 있는지조차 불분명하다.

네이버나 구글 등 웹2.0 방식의 인터넷 환경에서는 저작권법 위반 디지털 파일을 중앙에서 관리자가 삭제 등의 방식으로 처리한다. 그러나 블록체인에는 관리자가 없다. 그러므로 블록체인 상에 기록되어 링크된 NFT 관련 디지털 파일이 저작권 침해를 했을 때 처리방법이 불명확하다. 디지털 파일이 별도의 중앙서버에 있는 경우 서버에 접근해 디지털 파일을 삭제할 수 있을지도 모른다. 그러나 분산형 파일 시스템Inter Planetray File System, IPFS이라면 문제는 더 복잡해진다.

NFT를 구매할 때 부여되는 혜택에 대해서도 면밀히 확인해야 한다. 예를 들어 야구선수의 베스트 플레이 NFT를 구입하면 해당 선수와 1:1 레슨 기회를 제공한다고 하자. 또는 가수의 NFT를 구매하면 콘서트 초대권을 준다고 하자. 이러한 특권 조항은 민사상 채권채무 관계를 형성한다. 이러한 특권은 스마트 컨트랙트로 자동으로 이행되는 계약이 아니기에 오프라인 상에서 누군가가 직접 개별적으로 이행해야 하는 내용이다. 경우에 따라 이행 의지나 능력이 없거나 불가능한데도 기망의 목적으로 NFT를 발행했을 때 채무불이행에 대한 법적 분쟁이 일어날 수도 있다. 구매자는 불이행을 청구해도 조치를 받지 못하거나 단순한 금전 보상에 그치거나 이행을 청구할 대상을 특정하지 못할 가능성도 있다.

그러므로 그러한 특권을 제시하는 주체가 믿을 만하며 특권의 내용이 실행 가능하고 허위 과장 광고는 아닌지 잘 검증해야 한다. 민팅하는 입장에서는 불필요한 분쟁이 발생하지 않도록 특권의 내용을 명확히 기재해야 한다. 해지, 특전의 이행 시기와 조건, 종료 시점 등을 명확히 해두어야 분쟁을 피할 수 있다.

NFT를 민팅해 판매한다는 것은 디지털 원본의 소유권을 증명해 준다는 의미이기도 하다. 만약 자신의 창작물이 아닌 인터넷 상 디지털 사본을 원본이라고 속이고 판매한다면 형법 상 사기죄가 성립한다.

NFT 구매자는 NFT 플랫폼이 분쟁 발생 시 해결할 능력이 있으며 피해를 적절히 보상받을 수 있는지 잘 살펴 거래해야 할 것이다. NFT 플랫폼 중 일부는 약관에 자신들은 거래 기능만을 제공할 뿐 분쟁은 당사자들이 해결해야 한다는 면책조항을 마련해두고 회피하려 할 수 있다. 그러므로 가능하다면 잘 검증된 믿을 수 있는 플랫폼에서 NFT를 거래할 것을 추천한다.

NFT 마켓플레이스를 통해 구입한 NFT를 P2P로 외부의 제3자에게 양도하는 경우도 발생할 수 있다. 이 경우 NFT 플랫폼에서 제공하는 표준화된 약관이 적용되지 않기 때문에 매도인과 매수자 간의 계약 내용이 중요하므로 잘 확인해서 진행해야 한다.

NFT 산업의 발전을 위해 필요한 기술적·정책적 고민들

현재는 가스비 문제로 NFT 제작 시 블록체인 상에 직접 디지털 파일을 저장하지 않고 메타데이터를 통해 외부에 저장하는 경우가 일반적이다. 그렇기에 NFT가 블록체인 상에 존재하더라도 외부 서버의 운영이 중단되거나 외부 서버가 해킹되어 대상물이 훼손되는 경우도 발생할 수 있다.

따라서 NFT 대상물 자체가 블록체인처럼 위·변조로부터 자유롭지 않다는 점에 유의할 필요가 있다. 만약 외부 저장소를 변경해야 할 경우 NFT 메타데이터 내 기록된 링크 주소를 어떻게 변경할 수 있을지도 검토해보아야 한다.

미래에는 블록체인 발달에 따라 가스비 문제 등이 해소되어 블록체인 내에 직접 NFT 대상물을 기록하고 저장하는 일도 가능해질 것이다. 이 경우 좀 더 고유의 NFT에 가까운 것으로 평가할 수도 있겠다. 다만 앞서 살펴본 저작권 침해의 경우처럼 권리 침해가 일어나 NFT 대상물을 수정하거나 삭제·변경해야 할 경우 이를 어떻게 처리할지 하는 문제가 남는다. 일반적으로는 중앙 관리자가 권리 침해가 문제되는 정보를 직접 보고 삭제하거나 블라인드 등으로 처리한다. 그러나 탈중앙화 블록체인 내에서는 이를 처리할

중앙 관리자가 없고 권리 침해 여부를 판단할 주체도 마땅치 않다. 이 부분은 향후 과제로 남는다.

특히 명예훼손성 창작물이나 음란물이 NFT로 발행될 경우 이를 차단할 수 있는지 하는 문제도 발생할 수 있다. 또는 누군가가 당시의 취향에 따라 특정 NFT를 구매했지만 나중에 그 이력을 세상에서 지우고 싶을 때 이러한 잊혀질 권리를 실현할 방법이 있을지에 대해서도 논의가 필요하다.

NFT는 디지털 시대 창작자들에게 작품의 창작, 수익, 유통의 새로운 기회를 제공함으로써 예술과 문화 발전에 기여할 수 있다. 따라서 긍정적인 부분은 정책적으로 장려할 필요가 있다.

앞으로 여기 제시된 이슈들 외에도 NFT의 법적 성격 규정이나 NFT가 가상자산으로 간주될 경우 법적 파장, 투자 과정에서 주의할 사항 등에 대한 논의가 계속되어야 할 것이다. 중요한 것은 NFT는 가상자산과 본질적으로 다르므로 새로운 관점과 철학에 입각해 정의 내려야 한다는 점이다.

아쉽게도 현재의 특금법 체계 하에서는 NFT도 언제든 가상자산에 포함될 가능성이 있어 보인다. 물론 자금세탁 방지 등의 차원에서 불가피한 면도 있을 것이다. 그러나 불확실하거나 사려 깊지 못한 규제로 NFT 관련 산업의 발전을 막는 일은 없어야 하겠다. 일례로 특금법 상 가상자산사업자 신고를 하지 않고 영업을 할 경우 형사 처벌을 받게 된다. 블록체인 기술을 이용해 세상을 긍정적으로 변화시킬 수 있다는 비전을 가지고 NFT와 연관된 사업을 시작하려는 창업가들이 관련 규제의 불확실성으로 인한 두려움에 휩싸여

창업을 주저하게 된다면 우리 사회에 결코 바람직한 일은 아닐 것이다. 진지한 논의와 깊은 배려가 필요해 보인다.

부록

NFT 투자 관련
유용한 사이트 정리

NFT 마켓플레이스

오픈씨 (opensea.io)		다양한 블록체인 기반 NFT를 지원하는 최초이자 최대 규모의 P2P 마켓플레이스
룩스레어 (looksrare.org)		NFT 마켓플레이스 참여에 대한 보상을 토큰으로 제공하는 최초의 커뮤니티 기반 NFT 마켓플레이스
솔라나트 (solanart.io)		솔라나SOL블록체인에서 최초로 출시된 NFT 마켓플레이스
래리블 (rarible.com)		이더리움ETH, 테조스XTZ, 플로우FLOW, 폴리곤MATIC 등 다양한 블록체인 기반 NFT 거래가 가능한 마켓플레이스
파운데이션 (foundation.app)		크리에이터 기반 마켓플레이스로 다양한 NFT 작품에 초기 투자가 가능한 NFT 마켓플레이스
슈퍼레어 (superrare.com)		이더리움ETH 블록체인 기반 디지털 예술품 NFT 마켓플레이스 플랫폼으로 엄격한 큐레이션을 거친 작품만 선보이는 전략으로 타 플랫폼과 차별성을 둔 마켓플레이스
NFT트레이드 (nftrade.com)		NFT 애그리게이터 기능을 포함한 마켓플레이스로 NFT 제작, 구매, 스왑 등 다양한 기능을 제공하는 NFT 마켓플레이스

NFT 마켓 종합 정보

아이씨툴 (icy.tools)		NFT 컬렉션 바닥가격, 거래볼륨, 거래동향 및 지갑별 포트폴리오, 레어리티 확인 기능 제공
모비 (moby.gg)		실시간 NFT 마켓 분석 사이트로 다양한 NFT 컬렉션의 마켓 데이터 및 실시간 알림 기능 제공
NFT고 (nftgo.io)		NFT 마켓 데이터, 고래 유저 NFT 매수/매도 정보, 디스코드 봇, 리서치 정보, NFT 민팅 일정 등을 종합하여 제공

NFT 컬렉션 바닥가격 정보

NFT프라이스플로어 (nftpricefloor.com)		NFT 바닥 가격, 시세 변동, 거래량, 유동성 정보 및 카테고리 별 검색 툴 제공
코인게코 NFT (coingecko.com)		기존 코인 정보 검색 사이트로 별도의 NFT 바닥 가격 및 거래량, 차트 정보 제공
와그미 (wgmi.io)		NFT 컬렉션 별 30일, 7일, 1일 평균 바닥 가격을 제공하며, 판매중인 마켓플레이스 연동 링크 제공
하이퍼스페이스 (hyperspace.xyz)		솔라나SOL 체인을 기반으로 한 NFT 컬렉션 마켓 데이터 (바닥가격, 거래량, 유동성 등) 및 신규 솔라나 기반 NFT 프로젝트 민팅 일정 정보 제공
크립토슬램 (cryptoslam.io)		NFT 컬렉션 별 30일, 7일, 24시간 평균 바닥 가격 및 거래량을 제공하며, 신규 NFT 프로젝트 드롭 일정 정보 제공

NFT 희귀도 정보

레어리티툴즈 (rarity.tools)		이더리움ETH 기반 NFT 컬렉션 레어리티(희귀도) 정보 및 출시 예정 NFT 정보 제공
하우레어 (howrare.is)		솔라나SOL 기반 NFT 컬렉션 레어리티(희귀도) 정보 및 출시 예정 NFT 정보 제공
레어리티스니퍼 (raritysniffer.com)		최근 트렌드로 기록되는 이더리움(ETH) 기반 NFT 컬렉션 레어리티(희귀도) 정보 제공
레어리티스나이퍼 (raritysniper.com)		이더리움ETH, 솔라나SOL, 폴리곤MATIC 등 다양한 체인의 NFT 컬렉션 레어리티 정보 및 NFT 캘린더 제공
썬스팟 (sunspot.gg)		이더리움 체인에서 발행된 NFT의 실시간 오픈씨Open Sea 등록 및 판매 알림 서비스 제공

NFT 마켓 데이터 분석 도구

난센 (pro.nansen.ai)		실시간 NFT 컬렉션 거래볼륨, 시가총액, 평균가격, 바닥가격, 유니크 거래유저, 발생 트랜잭션 차트 및 다양한 NFT 마켓 트렌드에 대한 분석 도구 제공
논펑지블 (nonfungible.com)		NFT 1차, 2차 시장 데이터, 거래량, 판매/구매자 수를 파악할 수 있는 마켓 트래커 툴 제공
듄 애널리틱스 (dune.com)		블록체인 온체인 데이터 분석 도구로 NFT 컬렉션에 대한 온체인 정보 동시 제공
모먼트랭크즈 (momentranks.com)		카테고리에 따른 NFT 밸류에이션, 레어리티 랭킹 정보 제공

이벨류에이트마켓 (evaluate.market)		개인 지갑을 연동하여 다양한 체인을 기반의 NFT 컬렉션 관리 페이지 제공
더블록 (theclock.co)		NFT 카테고리별 거래량 등 다양한 NFT 마켓 거시적 데이터 제공

NFT 애그리게이터

지니 (genie.xyz)		메이저 NFT 마켓플레이스 통합 검색, 일괄 NFT 구매/판매 기능 제공
젬 (gem.xyz)		메이저 NFT 마켓플레이스 통합 검색, 일괄 NFT 구매/판매, ERC-20 토큰을 통한 거래 기능 제공

NFT 드랍 일정 정보

NFT캘린더 (nftcalendar.io)		금일의 NFT 드롭 일정 및 진행 혹은 향후 예정된 NFT 드롭 일정 정보와 프로젝트 소셜 채널 정보 제공
업커밍NFT (upcomingnft.art)		이더리움ETH, 솔라나SOL 등 여러 체인 기반 NFT 드롭 정보 제공
NFT솔라나 (nftsolana.io)		솔라나SOL 체인 기반 NFT 민팅 일정 제공

그 외 NFT 관련 사이트

그웨이(gwei.at)		실시간 이더리움 가스피 정보 제공
래리블애널리틱스 (raribleanalytics.com)		실시간 이더리움 가스피 달러 및 유로 환산 정보 및 프로세 스 별 가스피 정보 제공
NFT이닛 (nftinit.com)		구글 크롬 익스텐션(확장 프로그램)을 별도로 제공하며, 개 인지갑 연동을 통한 다양한 NFT 마켓 데이터 제공
트레이트스나이퍼 (app.traitsniper.com)		NFT 컬렉션 별 7일, 1일 평균 거래 볼륨을 제공하며, 개인 지갑 연동을 통한 수익률 측정 기능 제공

▶ CHAPTER 1

하나금융그룹 연구 리서치, 〈Emerging Tech & Biz〉, 2021년 8월 17일 제3호
스위스 금융그룹 UBS, '2022년 세계 미술시장 보고서'The Global Art Market in 2022
https://nftevening.com/what-are-moonbirds-why-proof-collectives-1st-pfp-nft-is-so-
successful

▶ CHAPTER 4

https://www.blockchaintoday.co.kr/news/articleView.html?idxno=20118
https://www.vice.com/en/article/4awn3m/indonesia-nft-crypto-bitcoin-ghozali

▶ CHAPTER 5

중앙대학교 위정현 교수, 2007, 〈세컨드 라이프의 본질과 산업적 가능성〉
https://www.pewresearch.org/fact-tank/2019/01/17/where-millennials-end-and-
generation-z-begins/
https://www.ttimes.co.kr/article/2021031214387799092
https://www.yna.co.kr/view/AKR20220402018000075
CITI Group, 2022, 〈METAVERSE AND MONEY〉
닐 스테픈슨, 김장환 번역, 《스노우 크래쉬》
https://www.npr.org/templates/story/story.php?storyId=129333703

최은영, 2008, 〈세컨드 라이프Second Life를 통한 문화콘텐츠 비즈니스 모델연구〉
https://www.mobiinside.co.kr/2021/05/26/metaverse-avatar/
https://www.mk.co.kr/news/it/view/2022/01/21539/
https://www.mk.co.kr/news/it/view/2021/11/1074881/
https://m.mk.co.kr/news/economy/view/2021/10/960602/
https://byline.network/2022/03/10-216/
https://www.bbc.com/korean/features-59789037
https://twitter.com/ShaanVP

▶ CHAPTER 6

https://time.com/4598518/influential-characters-2016/

▶ CHAPTER 8

법제처, www.law.go.kr/LSW/main.html
FATF, 가상자산과 가상자산 서비스 사업자에 대한 위험기반접근법 가이던스에 대한 업데이트
https://www.fatf-gafi.org/publications/fatfrecommendations/documents/guidance-rba-
virtual-assets-2021.html